Paul Sailer-Wlasits

VERBALRADIKALISMUS

KRITISCHE GEISTESGESCHICHTE EINES SOZIOPOLITISCH-SPRACHPHILOSOPHISCHEN PHÄNOMENS

Paul Sailer-Wlasits

VERBAL-RADIKALISMUS

Kritische Geistesgeschichte eines soziopolitisch-sprachphilosophischen Phänomens

Eine Analyse

Der Verlag legt großen Wert darauf, daß seine Bücher der alten Rechtschreibung folgen. Die Entscheidung bezieht sich auf die Sinnwidrigkeit der meisten neuen Regeln und darauf, daß sie sich gegen die deutsche Sprache selbst richten.

Gedruckt mit Unterstützung der Kulturabteilung der Stadt Wien, Wissenschafts- und Forschungsförderung, und der Abteilung Kultur und Wissenschaft des Landes Niederösterreich

Für David

Die Deutsche Bibliothek – CIP-Einheitsaufnahme

Sailer-Wlasits, Paul:
Verbalradikalismus – Kritische Geistesgeschichte eines soziopolitisch-sprachphilosophischen Phänomens / Paul Sailer-Wlasits. –

Wien–Klosterneuburg: EDITION VA bENE, 2012.
(Reihe: Eine Analyse)
ISBN 978-3-85167-268-8

© Copyright by Prof. mult. Mag. Dr. Walter Weiss
EDITION VA bENE
Wien–Klosterneuburg, 2012

E-Mail: edition@vabene.at
Homepage: vabene.at

Das Werk, einschließlich aller seiner Teile, ist urheberrechtlich geschützt. Jede Verwertung außerhalb der engen Grenzen des Urheberrechtsgesetzes ist ohne Zustimmung des Verlages unzulässig und strafbar. Das gilt insbesondere für Vervielfältigungen, Übersetzungen, Mikroverfilmungen und die Einspeicherung und Verarbeitung in elektronischen Systemen.

Umschlaggestaltung: Reinhard Wulz, Wien
Satz und Druckvorlage: b+R-satzstudio, Graz
Druck: CPI books GmbH, D-25917 Leck

Printed in Germany

ISBN 978-3-85167-268-8

Inhalt

Einleitung 9

Erstes Kapitel
Zur Metaphorik der Vernichtungsweihe: das Buch Deuteronomium 19
    I. Narrative Handlungsanleitung zur Auslöschung 23
    II. Hermeneutik der Völkervernichtung 30
    III. Die Erweiterung deuteronomischer Gottesfurcht. 39

Zweites Kapitel
Imperien der Worte: Athen und Rom 47
    I. Das Beherrschen des Begriffes: Platon und Aristoteles 49
    II. Krisen des Wortes zwischen Stoa und Imperium Romanum 56
    III. Roma locuta. 65
    IV. (Un)aufhaltsames Emporkommen der Redner 73

Drittes Kapitel
Die Kreuzzüge: von der Sprache der Verfolgten zur Sprache der Sieger 89
    I. Märtyrer und Mitvollzug 94
    II. Die Verdichtung christlicher Rhetorik 98
    III. Zur Polemik des gerechten Krieges 103

IV. Sprechakte der Sieger und das Wort vom
»Heiligen Krieg« 111
V. Verbalradikalismen religiöser Appelle..... 122

Viertes Kapitel
SPRACHE DER FREIHEIT:
DIE FRANZÖSISCHE REVOLUTION 135
I. Der verbale Weg zum Citoyen........... 137
II. Genese der Gesellschaftsverträge......... 142
III. Jean-Jacques Rousseau zwischen Freiheit
und Entfremdung 148
IV. Verbalradikalismus des »einen Willens«... 161
V. Vom revolutionären Wort zum Terror 170

Fünftes Kapitel
VOM WORT ZUR TAT:
1927 – ALS DIE REPUBLIK BRANNTE 177
I. Das »Linzer Programm« als kollektive
Sprachpraxis......................... 183
II. Ideologische Sprachlenkung und der
Schlüsselbegriff »Diktatur« 188
III. Das »Zentralorgan«: epideiktische
Metapher ohne Verantwortung? 196
IV. Hermeneutische Divergenz: die Bewertung
des 15. Juli 1927...................... 201

Sechstes Kapitel
DIE SPRACHKATASTROPHE DES
NATIONALSOZIALISMUS UND IHRE FOLGEN 209
I. Das Leise und das Appellative........... 212
II. Rasende Glaubenswut: der Fanatismus.... 215

III. »Wejen Ausdrücken« 225
IV. Sprachwege in die Gegenwart 229
V. Sprachrand und Sprachmitte 234
VI. »Hate speech« und Zivilisationsprozeß ... 237

Literaturverzeichnis......................... 241
Personenindex 255
Der Autor 261

Einleitung

Anhand des Erinnerns besonderer herausragender Narrationen zu außergewöhnlichen Zeiten der Geschichte kann von großen Kontinuitäten und dramatischen Brüchen erzählt werden. Diese außergewöhnlichen Zeiten bilden die Säulen für die vorliegende kritische Geistesgeschichte des *Verbalradikalismus*[1]. Besondere Ereignisse können als historische Bühnen betrachtet werden, auf welchen sich Inszenierungen sprachlicher Entwicklungen als Sprachhandlungen vollziehen. Im Erinnern von Narrationen wird zunächst der Entstehungsgrund von Geschichte freigelegt, sodaß sich auf diesem in erinnernder Retrospektion die Geistesgeschichte formieren kann. Diese zieht sich, einem Ariadnefaden gleich, durch die Chronologie, und erst im urteilenden Rückblick kann

---

1 Der in der vorliegenden Studie verwendete Terminus *Verbalradikalismus* leitet sich als zusammengesetztes Nomen zwar im grammatisch-morphologischen Kontext von den Radikalen des Verbums ab, wird jedoch nachfolgend als ein die Qualität des textuellen Ausdrucks beschreibendes Nomen verwendet. Der Begriff Verbalradikalismus hält im Laufe der ersten Hälfte des 20. Jahrhunderts allmählich Einzug in den politischen Diskurs. Zur Zeit des *Fin de Siècle* und zu Beginn des 20. Jahrhunderts entstehen in mehreren europäischen Staaten aus antirestaurativen, radikaldemokratischen Bewegungen des 19. Jahrhunderts radikaldemokratische Parteien, wie z. B. die radikalliberale Schweizer *Parti radical-démocratique* (gegr. 1894) oder die linksbürgerliche französische *Parti républicain, radical et radical-socialiste* (gegr. 1901). Mit zunehmender Bekanntheit radikaldemokratischer Parteien und den aus diesen hervorgehenden Politikern und Staatsmännern gehen allmählich auch Inhalte von Parteiprogrammen radikaler Parteien in den Wortschatz der politischen *Lingua franca* der Zwischenkriegszeit ein. Im Sog dieser Entwicklung festigt sich die Bezeichnung Verbalradikalismus zunehmend im realpolitischen Vokabular, doch die geistige Herkunft des Verbalradikalen hat – unter anderen Namen und unter anderen Auspizien – zahlreiche, Jahrtausende zurückreichende geistesgeschichtliche Wurzeln.

sie abschließenden Charakter beanspruchen; bis zu diesem muß sie sich stets mit ihrer eigenen Vorläufigkeit begnügen.

Verbalradikalismus als Phänomen setzt *vor* dem Diskursiven an, *vor* der Gewalt der Sprache, *vor* dem Performativen und auch *vor* allen illokutionären Akten und perlokutionären Effekten. Eine kurze, bündige Definition des Verbalradikalismus kann nicht gegeben werden, da das Verbalradikale als Prozeß an vielen Punkten des Diskurses ansetzt und gleichzeitig auch als Ergebnis an ebenso vielen Punkten manifest wird. Verbalradikalismus tritt an den Wendepunkten des sprachlichen Prozesses zutage, kurz bevor die Sprache in das Performative umschlägt, unmittelbar vor jenen rhetorischen Momenten, an denen die sprachliche *Anagnorisis* eintritt und einen Punkt des Übergangs vom Nichterkennen zum Erkennen markiert. Eine Annäherung an den Verbalradikalismus scheint über den Begriff des Wortmißbrauches möglich, doch der sprachliche Mißbrauch ist nur ein mittels Urteil festgestelltes Ergebnis. Der Verbalradikalismus hingegen beginnt bereits bei der Intention zur verbalen Abweichung, bei der taktischen Vorhabe des bewußten Übertretens des Bedeutungshorizontes, und er vervollständigt den diskursiven Prozeß durch das Setzen einer Tathandlung in Form des Plazierens einer abweichenden Signifikation. Verbalradikalismus bleibt zudem *als* dieses Ergebnis einer Bezeichnung bestehen und wird erinnerbar, etwa als unpräziser Sprechakt mit übersteigerten, vielleicht sogar metaphorisch angereicherten Synonymen, die eine Wortbedeutung lenken, zuspitzen oder gänzlich umwerten können. Wie eine Schwebung, wie ein „falscher Ton" dringt die verbalradikale Äußerung als Überraschung an das Ohr, unerwartet, überspitzt, übertrieben, extrem, auch verletzend, in jedem Fall als veränderter, verfälschter Kommunikationscode, überdehnt, verzerrt und unangemessen. Phänomenologisch betrachtet füllt der Verbalradikalismus zunächst die sprachliche Differenz zwischen konstativer Narration und deren Dramatisierung, um am Ende des Diskurses *als* diese Dramatisierung zu verweilen, *als* diese Dramatisierung erinnert zu werden, zu deren sprachlichem Effekt sie selbst prozeßhaft geführt hat.

Metaphorisch gewendet ist das Verbalradikale ein sprachlicher Sprengsatz, dessen Anblick und dessen stattfindende Explosion gleichermaßen Angst hervorrufen. Das Verbalradikale ängstigt als Herannahen *und* als Eintreten von Unbekanntem, das eine gegebene Ordnung stört. Es entlädt sich bisweilen in Haßsprache oder in performativen und perlokutionären Akten des Sagens, doch die eigentliche Grundbefindlichkeit der Angst, die es als verbaler Sprengsatz berührt, liegt davor, liegt bereits in seiner *Möglichkeit* zu detonieren. Der Moment *vor* der Explosion, mit seiner Furcht *vor* dem verbalen Sprengsatz, ist ein Augenblick höchster Spannung, oftmals auch höchster Angreifbarkeit, Verletzlichkeit und damit der höchsten Wirksamkeit des Verbalradikalismus. Auch aus diesem Grund befindet sich das Verbalradikale stets in der Nachbarschaft zur Macht. Wie sich dieses Verhältnis als heterogene Sprachbeziehung entwickelt hat, wird anhand besonderer Epochen und Ereignisse schlaglichtartig beleuchtet, um synoptisch in den Blick genommen zu werden.

Im ersten Kapitel steht das Deuteronomium als einer der ältesten Bestände des Alten Testaments, als einer der Grundtexte der fünf Bücher Mose am Anfang der Geistesgeschichte des Verbalradikalismus. Die fünf Bücher Mose, auch *Pentateuch* bzw. *Thora* genannt, enthalten verbindliche Gebote und Weisungen Gottes für sein Volk Israel. Diese Vorschriften umfassen auch – und das ist der prekäre geistesgeschichtliche Bestand des Deuteronomiums – ausgerechnet Aufforderungen Gottes, der Quelle alles Guten, zu gnadenlosen Tötungen von Menschen. Die Sprache der Gewalt, die göttlichen Anordnungen von Gewalt sowie deren Durchführung bilden den Kern der Fragestellungen. Die Verbindung des Gottgewollten und Guten mit konkreten Tötungsaufforderungen wird als sprachlich identitätsstiftender Bestand überprüft. Der biblische Verbalradikalismus weitet den Bedeutungsraum des Guten aus, um jenseits der literarisch-historischen und der metaphorischen Dimensionen auch die Handlungsanleitung zur Tötung in den Bedeutungsraum des Gottgewollten zu integrieren. An dieser Stelle tritt das Performative des Deuteronomiums in den Vordergrund. Seine semantische Aufladung kann weder durch die Verbindung von *Vernichtung* und *Weihe* als eine von vielen Metaphern für Gewalt sprachlich sakralisiert, noch ästhetisch bagatellisiert oder spirituell relativiert werden. Die kontrovers diskutierten Fragen des gerechten und des Heiligen Krieges finden im Deuteronomium einen Ursprung. Die sprachlichen Spuren, die diese biblische Erzählung in Wortbedeutung und -gebrauch hinterläßt, werden im Kapitel der christlichen Kreuzzüge erneut aufgenommen.

Der Weg der Macht des Wortes wird im zweiten Kapitel fortgesetzt, von der griechischen Philosophie bis zu den Höhepunkten im Römischen Reich. Von dialektischen Thesen bis zu rhetorischer Praxis auf dem Forum Romanum spannt sich der Bogen von Überzeugung und Überredung bis zu Demagogie und Sprachmißbrauch. Die Kontroverse um das ehrliche Gewinnen mit Worten und das Täuschen mittels Redekunst, um die Wahrheit und das bloße Glaubenerwecken, reicht von den griechischen Rhetoren über die Stoa bis in die Staatsführung Roms. Verbalradikalismen als Vehikel des Machterhalts haben sich in der Antike gefestigt, in den Zeiten des Aufstehens der Stoa und während des Aufstiegs Roms zur antiken Weltmacht. Trägerin dieser Entwicklung ist die griechische Bildungssprache, wobei die stoische Forderung nach verbaler Präzision rhetorisch durch die Dehnung und Übertretung des textuellen Bedeutungsraumes von Begriffen kontrastiert wird. Einer der Schlüssel zum antiken Verbalradikalismus liegt in den Mechanismen der Metapher verborgen. Die intendierten rhetorischen Bedeutungserweiterungen, die verbalradikalen Verschiebungen und Begriffsverzerrungen setzen beim Empfänger der Sprachbotschaft das metaphorische *Sehen-als* in Gang. Getragen von den großen Rhetorikern Roms und deren Schulen, die vermeintlich nur nach dem Idealbild des Redners forschen und streben, bleibt das verbalradikale Terrain durch Jahrhunderte bestehen.

Das dritte Kapitel beginnt erneut in Rom, einem der Zentren brutaler, systematischer Christenverfolgungen während der ersten nachchristlichen Jahrhunderte. Die Sprache der verfolgten Christen entwickelt sich allmählich, innerhalb eines Jahrtausends, zu einer Sprache der Sieger während der christlichen Kreuzzüge. Auf diesem Weg des sprachlichen Wandels stellt Augustinus die Frage, wie ein gerechter Krieg überhaupt zu denken sei und welche zusätzlichen Bedingungen erfüllt sein müßten, damit ein Krieg als Heiliger Krieg deklarierbar sei. Während der Zeitspanne des politisch erstarkenden Papsttums wird die Sprache der christlichen Sieger schließlich zu einer des Appells. Die Unternehmung einer bewaffneten Wallfahrt zum Zweck der Rückgewinnung der Heiligen Stätten beginnt mit dem suggestiv-verbalradikalen Aufruf von Papst Urban II., der im Jahre 1095 die Letztverantwortung Gottes für einen Kreuzzug geltend macht und persuasiv deklariert. Im Falle der späteren Kreuzzüge reichen Versprechungen und Verheißungen alleine nicht mehr aus; verschiedene Formen des Sündenerlasses stehen als Motivation im Zentrum appellativer Kreuzzugspropaganda. Verbal wird durch die unablässige Operation mit Gegensatzpaaren wie Mensch–Barbar oder Christ–Heide radikale verbale Ausschließung praktiziert. Nach dem Verebben der unmittelbaren Kreuzzugspopularität setzt sich diese später, unter anderen Vorzeichen und unter anderem Vorwand fort: als

Expansion der europäischen Seemächte, verbal, mit Waffen und im Zeichen des Kreuzes.

Der nachfolgende Abschnitt beleuchtet einen weiteren welthistorischen Wendepunkt: Der Siegeszug der *Freiheit des Wortes* wird von keinem anderen geschichtlichen Ereignis eindeutiger und eindringlicher repräsentiert, als von der Französischen Revolution. Der Weg zur Revolution wird von verschiedenen Gesellschaftsverträgen, allen voran jenem Rousseaus, gebahnt. Am Vorabend des gesamteuropäischen Kulminationspunktes politischen (Sprach-)Verhaltens, das aus einer blutigen Revolution Demokratie gebiert, betritt der *Bürger* als neuer *homo politicus* das Podium des Konvents in Paris. Die Revolution bemächtigt sich des kollektiven Sprachbewußtseins, und ähnlich wie auf dem *Forum Romanum* entscheidet wieder das gesprochene Wort über den Fortgang der Revolution. Manifeste der Wütenden, Deklarationen der Freiheit, zahllose Neologismen und sprachliche Umwertungen stehen an der Tagesordnung; die Stunde der Hingabe des Individuums an das Kollektiv hat geschlagen. Die politische Praxis des Wohlfahrtsausschusses führt unter Robespierre jedoch zur Verzerrung des *allgemeinen Willens* Rousseaus, stets präzise als *Gemeinwillen* definiert, hin zur Schreckensherrschaft des *einen Willens* Robespierres. Despotismus und totalitäre Strukturen, tausende Hinrichtungen, politische Säuberungswellen unter dem sprachlichen Deckmantel der Verteidigung der jungen Republik beherrschen das Land. Die Sprache der Männer der Revolution gestattet keine Denkalternativen mehr, sie hat sich vom revolutionären Prozeß zum Revolutionstribunal und von diesem zum blanken Terror gewandelt. Der Verbalradikalismus leuchtet durch die Kommunikation des Terrors hindurch und decouvriert diesen als verordnetes Mittel zur gewaltsamen Durchsetzung von Tugend „zum Wohle" des Volkes. Die Bedeutungsräume der Begriffe *Freiheit* und *Tugend* werden durch die revolutionäre Dynamik zu einer Rechtfertigung von Gewalt erweitert, strukturell ähnlichen Mechanismen folgend, wie dies bei den Begriffen des *Guten* und *Gottgewollten* im Deuteronomium der Fall ist. Auf diese gedehnten, geweiteten Bedeutungshorizonte werden in den Jahrzehnten nach der Französischen Revolution zahlreiche sozialistische Utopien aufbauen. Auf den übernommenen Formulierungen von *Freiheit* und *Gleichheit* werden sie ihre revolutionären Ideologien zu verwirklichen suchen.

Der endgültige Zerfall der österreichisch-ungarischen Doppelmonarchie und die Gründung der Republik Österreich bilden den historischen Hintergrund für ein kurzes Intermezzo inmitten der Chronologie welthistorischer Ereignisse und Epochen. Das nach dem Ersten Weltkrieg vorherrschende prinzipielle Mißtrauen in die staatliche Überlebensfähigkeit der vergleichsweise kleinen Republik polarisiert die politischen Lager während der Jahrzehnte der Ersten Republik. Ein von seiner politischen Dimension zunächst eher unbedeutend scheinendes Ereignis, bei dem anläßlich eines Zusammenstoßes von Mitgliedern des Republikanischen Schutzbundes mit jenen der Frontkämpfervereinigung zwei Menschen den Tod finden, eskaliert durch das Zusammenfallen und die Verkettung von politischen, sozialen und sprachlichen Entwicklungen. Ausgelöst durch ein umstrittenes Gerichtsurteil entlädt sich die Spannung am 15. Juli 1927 explosionsartig bei bürgerkriegsartigen Zusammenstößen in Wien und markiert damit einen tragischen Höhepunkt jener Polarisierung, aufgrund welcher die Tat das Wort überschreitet und eine politisch geteilte Republik, neunundachtzig Tote und ein brennender Justizpalast zurückbleiben. Das sozialdemokratische Parteiprogramm wird hinsichtlich seiner verbalradikalen Sprachpraxis ebenso einer neuerlichen Lektüre unterzogen, wie die parlamentarischen Beiträge führender Politiker der Ersten Republik, die ihre ideologische Auseinandersetzung auch nach 1927 mit innenpolitischem Fokus fortsetzen und dabei die wachsende Bedrohung durch den Nationalsozialismus zu spät erkennen.

Während der nationalsozialistischen Herrschaft gerät die Sprache in den monströsen Würgegriff geistfeindlichen Klimas, sie verroht, wird deformiert und für systematische, erbarmungslose und menschenverachtende Propaganda verwendet. Eine zusammenfassende Analyse des nationalsozialistischen Sprachmißbrauches versucht Verbalradikalismen, sprachliche Verseuchungen und Vergiftungen zu ergründen und die Relationen der Macht diskursanalytisch zum Vorschein zu bringen. Beide Arten des nationalsozialistischen Verbalradikalismus kommen zur Sprache: jene der lauten, brüllend-fanatischen Hetzreden bei Massenveranstaltungen und jene des leisen, subkutanen und in tausenden umcodierten Wörtern schlummernden, latenten Verbalradikalismus, der sich scheinbar unbemerkt in die Sprache des Alltags einschleicht und diesen durchsetzt. Das Leise und das Appellative sind die beiden Diskursstränge, anhand derer die nationalsozialistische Terminologie nachgezeichnet wird. Vom kollektiven Singular bis zu den sprachlichen Auswirkungen des politischen Fanatismus reicht die Darstellung, denn auf dem sprachlichen Ungeist des Fanatismus gründet der Nationalsozialismus, auf religiösem Führerkult, unbedingtem Gehorsam, rituellen Abläufen und kultisch strukturierten Zeremonien. Der Totalitarismus ist auf politisch-taktischen Wortmißbrauch angewiesen, ebenso auf Demagogie und auf in das Monumentale gesteigerte Sprache. Rassisch herabwürdigendes Vokabular, Neologismen, Propagandakomposita und andere Verbalradikalismen haben das gemeinsame Ziel, die Reduktion der Komplexität soweit voranzutreiben, bis eine fanatisierte Masse gesteuert werden kann.

Die historisch vergleichsweise kurze Zeitspanne seit dem Ende des Nationalsozialismus kommt in Form eines Epilogs zur Sprache. Stets mit Blick auf den Verbalradikalismus finden die Diskursanalyse und die Sprechakttheorie sowie *Wahrheit und Lüge in der Politik*[2] Erwähnung. Die nach dem Zweiten Weltkrieg zunehmende Abkehr vom ideologischen Argument und die Hinwendung zu seinem Prestigepotential ist das sprachliche Ergebnis des Kampfes um die Mitte der Gesellschaft. Die Konvergenz der Parteien zum Zweck der Sicherung von Mehrheiten überwiegt, gleichzeitig wächst jedoch eine Tendenz zur Verlagerung von verbalradikalem Vokabular, etwa auf das Gebiet der Xenophobie. Weder die nationalen noch die internationalen soziopolitischen Diskurse der Gegenwart deuten darauf hin, daß der Verbalradikalismus in naher Zukunft, aufgrund von Aufrufen zur Mäßigung des Wortes, abebben oder gar verhallen könnte. Auch seine sich über einen Zeitraum von drei Millennien erstreckende Geschichte liefert nur wenige Argumente für diese Annahme. Als sprachliches Phänomen bleibt er in den hermeneutischen Prozeß eingebunden, dessen Zirkel des Verstehens er stets von Neuem durchlaufen muß. Es besteht daher hinreichend Grund zu der Befürchtung, daß der Verbalradikalismus auch zukünftig als „Rückseite der Sprachkultur" überdauern wird.

---

2 vgl. Arendt, H.: „Wahrheit und Lüge in der Politik"

Kapitel 1:
ZUR METAPHORIK DER VERNICHTUNGSWEIHE: DAS BUCH DEUTERONOMIUM

Und im ganzen Land Ägypten wird Blut sein,
selbst in Gefäßen aus Holz und Stein.[1]

Welche sprachlichen Wege werden beschritten, wenn im Kontext einer Metaphorik der Gewalt die Schriften des Deuteronomiums von der Drohung *mit* Gewalt zu einer Anordnung *von* Gewalt gelangen? Welcher Art muß die Bedachtnahme auf das geistesgeschichtliche Gewicht der *Thora* sein, um einzelne Gesetze, Handlungsanleitungen und Kerygmata, seien sie apodiktisch oder gewaltinhärent, einander unbefangen gegenüberstellen zu können? Welcher Art muß die Vorsicht sein, um den vorgreifenden Hinblick auf die sprachliche Gewalt in ihrem je eigenen historischen Kontext zu leisten? Die „Sprache der Gewalt" ist vielleicht eine erste Metapher der gewaltvollen Sprache. Sie führt oftmals Überzeugungen herbei, festigt immer wieder Glaubensgrundsätze und begleitet manchmal sogar einen Bundesschluß. Dieser wird im Gebet sprachlich bekräftigt und erneuert, denn in der Wiederholbarkeit der Bitte liegt die Stärke des Gebets, als *re-petitio* und Erneuerung der Gabe eines Versprechens.

„*Das Papier des Alten Testaments ist blutgetränkt. Die alttestamentliche Wissenschaft hat sich, wenngleich sie in solchen Dingen eher zur Verdrängung neigt, durchaus mit dem Thema ‚Krieg' beschäftigt.*"[2] Nicht erst die

---

1 AT: 2. Mose 7, 19
2 Lohfink, N.: „Krieg und Staat im alten Israel", S. 2; Lohfink weist auf ein wichtiges übersetzungskritisches Thema hin, die zahlreichen graduellen Unterschiede und Abstufungen der Gewalt von Gegnerschaft über Handgemenge und Streit, Gefecht und Kampf bis hin zu Krieg betreffend.

zahlreichen strukturellen und graduellen Abstufungen des Begriffes *Gewalt*, sondern bereits das Zustandekommen der altgriechischen Bezeichnung *Deuteronomion*[3], in der Septuaginta-Übersetzung des hebräischen Grundtextes des *Pentateuch*, weckt Assoziationen an eine metaphorische Verschiebung. Den textuell manifesten Kern des Deuteronomiums bilden zahlreiche performative Passagen, die Wiederholungen von Gesetzen und Anweisungen enthalten, aber auch Erinnerungen an tradierte, bereits seit langem bestehende Vorschriften. Auch der Dekalog wird im Deuteronomium als *„Inbegriff des Bundes"*[4] inhaltlich wiederholt, womit dieser wie die übrigen normativen Passagen zu einem wiedererzählenden, vertiefenden und erneuernden Ansprechen des Exodus wird, zu einem metaphorischen Verweisen auf Zurückliegendes.[5] Die zahlreichen expliziten Hinweise und

---

3   Dtn. (Deuteronomium) 17, 18: *„Und es soll geschehen, wenn er auf dem Thron seines Königreiches sitzt, dann soll er sich eine Abschrift dieses Gesetzes in ein Buch schreiben, aus dem Buch, das den Priestern, den Leviten, vorliegt."* Die Übertragung des hebräischen Grundtextes von מִשְׁנֵה הַתּוֹרָה [mishneh ha-torah] in den Titel der Septuaginta als δευτερονόμιον ist nicht im Sinne eines zweiten, weiteren Gesetzes, sondern als *Abschrift* einer vorliegenden *Urschrift* zu verstehen. Anm.: Sämtliche der nachfolgend verwendeten Übersetzungen der Bücher des *„Ersten Bundes"* – AT ist im Übertragungssinne von διαθήκη bzw. *testamentum* gefaßt – insbesondere jene des *Pentateuch* und darin des *Deuteronomiums*, halten sich an die Elberfelder-Übersetzung in der revidierten Fassung von 2009. Griechische Textstellen sind der *Septuaginta* und fallweise dem *Codex Sinaiticus* entnommen, lateinische Zitate entstammen im kanonischen Sinne der *Vulgata*.
4   Braulik, G.: „Die Abfolge der Gesetze in Deuteronomium 12-26 und der Dekalog", in Lohfink, N. (Hrsg.): „Das Deuteronomium. Entstehung, Gestalt und Botschaft", S. 252
5   Einer der Vorläufertexte für das Deuteronomium und die in der vorliegenden Studie diskutierte *Vernichtungsweihe* stellt Ex. 22, 19 dar: *„Wer den Göttern opfert, außer dem Herrn allein, soll mit dem Bann belegt werden"*; vgl. Stern, P. D.: „The Biblical Herem: A Window on Israel's Religious Experience", S. 104. Abgesehen von einigen quantitativen und mehreren semantischen Un-

impliziten Aufforderungen an die biblischen Israeliten, die richtigen Konsequenzen aus der Reflexion ihrer eigenen Geschichte zu ziehen, bilden den textuell latenten Teil des Deuteronomiums. Latent, da dieser Text bloß auf das mit ihm Gemeinte verweist und in seiner Flüchtigkeit nur Spuren zu Assoziationen legt. Zwischen textuell manifesten und latenten Gesetzen, zwischen ersten, sich *per effectum* entwickelnden sprachlichen Orientierungen kreisen die hebräischen namensgebenden Anfangsworte für das Deuteronomium und für den Dekalog,[6] es sind jene mit den Bedeutungen von *Wort, Äußerung, Rede* und *Anweisung*. Doch selbst diese legen nur Fährten, die sowohl zu einer erzählenden Sprache im allgemeinen als auch zu einer anweisenden Anrede und göttlichen Botschaft im besonderen führen. Anweisungen finden sich im Deuteronomium in überwiegender Zahl in der Form direkter Interventionen Gottes auf die Menschen. Die Erzählungen *über* diese direkten Interventionen verschieben die sprachlichen Ebenen und fügen oftmals weitere ein: jene des Metaphorischen, das die Manifestation grundlegender und identitätsstiftender Ereignisse, wie etwa jenes des „*mysterium tremendum*"[7] herausarbeitet und hervorhebt.

Der entstehungsgeschichtlich heterogene Aufbau des Buches Deuteronomium kann und muß sowohl hin-

---

terschieden der Versionen des *Dekalogs* im *Exodus* und im *Deuteronomium* stellt die Begründung für die Heiligung des Sabbat die am deutlichsten hervorstechende Differenz dar. Wird sie in Ex. 20, 11 noch mit der Ruhe nach dem sechsten Tage der Erschaffung der Welt begründet, wird die Heiligung des Sabbats in Dtn. 5, 15 bereits mit dem Aufrechterhalten der Erinnerung an den Auszug aus Ägypten kontextualisiert.

6 Vgl. Dtn. 1, 1: Das „… אֵלֶּה הַדְּבָרִים [*eleh ha'devarim* …] steht als bezeichnendes „*haec sunt verba* …" am Beginn des *Deuteronomiums* sowie an zahlreichen weitere Stellen des „*devarim*"; vgl. u. a.: Ex. 20, 1 und Dtn. 5, 22

7 Otto, R.: „Das Heilige: Über das Irrationale in der Idee des Göttlichen und sein Verhältnis zum Rationalen", S. 13

sichtlich seines Inhaltes als auch im Hinblick auf die zahlreichen sprachlichen Ebenen und historischen Schichten seines Textes aus verschiedenen Perspektiven gelesen werden. Die perspektivisch getrennte Lektüre der verschiedenen narrativen Ebenen, der apodiktischen Grund- und der performativen Substrukturen mündet im *Zusammendenken und In-eins-Setzen*[8] des Deuteronomiums als Korpus innerhalb einer Gesamtaussage, welche zu den übrigen vier Büchern der Thora trotz ihrer Eigenständigkeit auf allen ihren textuellen Ebenen offen ist. Diese Offenheit erlaubt es daher auch nicht, die Gesamtaussage des Deuteronomiums, trotz seiner Sonderstellung innerhalb der Thora, auf die textuelle Schicht der *nomoi* einzuengen, wie das die Septuaginta-Übersetzung des Titels zunächst insinuiert. Denn wie die übrigen Bücher des Pentateuch ist auch das Fünfte Buch Mose im *paränetischen* Sinne anweisend, womit nicht nur die streng normativen, sondern auch die im narrativen Duktus handlungsanleitenden Passagen gemeint sind. Die Formeln bleiben auch nicht bei allgemeinen Gesetzesgruppen und abstrakten Normen stehen, sondern binden diese in Kausalketten konkreter Handlungsanweisungen ein, welche ihrerseits die historischen Machtblöcke des neunten und achten und insbesondere jene des siebenten und sechsten vorchristlichen Jahrhunderts reflektieren.

Jener Bund, den Moses stellvertretend schloß und der über die bilaterale Vereinbarung hinaus auch soziopolitischen Modellcharakter für die biblischen Stämme Isra-

---

8 *Zusammendenken und In-eins-Setzen* ist der Terminologie Martin Heideggers entlehnt. Eine detaillierte Ausarbeitung und Nebeneinanderstellung von *deuteronomischen* und *deuteronomistischen* bzw. *exilisch-deuteronomistischen* Passagen soll im vorliegenden Text nicht vorgenommen werden, da für das Ziel dieser Untersuchung eine gesamthafte Lektüre des Pentateuch und darin des Deuteronomiums im Blick auf die Ansätze verbalradikaler Sprache maßgeblich ist.

els gewann, die im Sinne der antiken *Amphiktyonie* einen vorstaatlichen Kultverband mit losen ökonomischen und politisch-militärischen Verbindungen darstellten, inspirierte etwa Max Weber dazu, im profanen politisch-ökonomischen Kontext von einer *Eidgenossenschaft*[9] zu sprechen. Das theokratische Modell der kanaanäischen Gründungsgenerationen Israels entspricht historisch am ehesten einer „... *egalitarian, tribalized community, with power scattered throughout the community*"[10], daher muß jede Lektüre des Deuteronomiums diese vorstaatlichen Strukturen berücksichtigen, insbesondere dann, wenn sie zu keinem Zeitpunkt beansprucht, in Konkurrenz zur theologischen Exegese zu treten, sondern im Sinne der *epistēme* nur einen Blickwinkel hinzufügt.

I. Narrative Handlungsanleitung zur Auslöschung

Kann der hohe Anteil an vertraglichen und gesetzlichen Selbstverpflichtungen, Forderungen und Ansprüchen des Deuteronomiums, welcher die Erzählungen von präisraelitischer Völkervernichtung integriert, überhaupt ausschließlich metaphorisch gelesen werden? Vermag die Handlungsanleitung zur Vernichtung von sieben vorisraelitischen Nationen überhaupt jemals auf die poetische Dimension reduziert zu werden, um damit einen ästhetisch-spirituellen Blickwinkel zu etablieren? Und kann die im Grunde des Deuteronomiums narrativ angelegte Frage der Gewalt auf die bloße Form einer im weitesten Sinne sakralen Handlung relativiert werden? Die alttestamentlichen Wissenschaften gebrauchen *Vernichtungsweihe* als Terminus technicus zur Beschrei-

---

9 vgl. Weber, M.: „Das antike Judentum", in ders.: „Gesammelte Aufsätze zur Religionssoziologie", Bd. III, S. 27 ff
10 Hobbs, T. R.: „A Time for War. A Study of Warfare in the Old Testament", S. 184

bung der unmißverständlich von Gott angeordneten Massentötungen. Es ist dies ein Wort, das zwar hinsichtlich der Bezeichnung *cheraem*[11] eine philologisch stringente Annäherung an den hebräischen Begriff darstellt, jedoch gleichzeitig mit der Bedeutung von Auslöschung auch euphemistische Aspekte trägt, wenn etwa die Begriffe *Vernichtung* und *Weihe* amalgamiert werden. Die vielzitierte Aussage, die Terminologie der Gewalt in den frühesten Texten des Alten Testaments sei in erster Linie ein *„literarisches Phänomen"*[12], ist zwar als formale Beobachtung unstrittig, sie reicht aber bei weitem nicht aus, um das, was einst sprachlich festgelegt wurde und von diesem Zeitpunkt an als identitätsstiftend anerkannt und verteidigt wird, in seiner Gänze zu erklären oder gar zu begründen. Denn gemessen am Gesamttext des Buches Deuteronomium erscheint der Anteil an konkreten innerweltlichen Drohungen und transzendenten Verheißungen enorm. Auch ist der Korpus des Deuteronomiums aufgrund seiner eine soziopolitische Gesamtheit beschreibenden Struktur rhetorisch heterogen ausgeführt, sowohl aus der Perspektive des Pentateuch, als auch aus jener des *deuteronomischen Geschichtswerkes*.[13] Ebenso sind die aus der Nichtbefolgung angeordneter Verpflichtungen erwachsenden Konsequenzen überaus

---

11 חָרַם [*cheraem*] ist jener hebräische Begriff, der ein Äquivalent für das Vernichten, Töten bzw. Auslöschen bezeichnet, die Übertragung der Septuaginta und deren deutsche Übersetzung liefern dazu den heterogeneren Begriff des *Bannens*.
12 Rowlett, L. L.: „Joshua and the Rhetoric of Violence", S. 61; vgl. Braulik, G.: „Studien zum Deuteronomium und seiner Nachgeschichte", S. 116 ff. Zur Rhetorik im Alten Testament vgl. auch Kennedy, G. A.: „Classical Rhetoric and Its Christian and Secular Tradition From Ancient to Modern Times", S. 137 ff.
13 Seit dem Exegeten des 12. Jahrhunderts, Abraham Ibn Esra, und insbes. seit der Reformation wird, aufgrund der zahlreichen Wiederholungen mit ihren stilistischen und inhaltlichen Modifikationen, die Diskussion über die möglichen Autoren der verschiedenen Teile bzw. Schichten des Pentateuch intensiv geführt.

zahlreich. Doch trotz aller textuellen Substrukturen und Querverweise, die dem Aufbau des Deuteronomiums seine markanten Akzentuierungen und überraschenden Schwerpunkte verleihen, bleibt das Fünfte Buch Mose, wie Lohfink festhält, *„eine Erzählung"*.[14]

Der formale Aufbau der deuteronomischen Erzählung entspricht am ehesten einem assyrischen bzw. *„hethitischen Typ von Vasallenverträgen"*[15], was die inhaltliche Abfolge der einzelnen Teile und damit ihre Stellung zueinander betrifft. Durch diese äußere Form ist sichergestellt, daß sowohl der Wiedererkennungseffekt als auch der Vertrautheitsgrad bei seinen Adressaten und Rezipienten hoch sind und sogar noch gesteigert werden, indem laufend kultische, zeithistorische und politische Querverweise auf die anderen Bücher des Pentateuch erfolgen. Sämtliche *deuteronomischen* und *deuteronomistischen* Erzählungen, Reden und Anordnungen richten sich stets an eine konkrete, soziopolitisch klar definierte Hörerschaft Israels. Sie besitzen innere Verweisstrukturen und bedienen sich, neben zahllosen anderen, auch häufig des Stilmittels der Wiederholung, wodurch sie die gewünschte wirkungspsychologische Intensivierung und natürliche Schwerpunktsetzung des Textes weiter amplifizieren.[16] Die deuteronomische Rhetorik als bewußt eingesetztes Stilmittel bleibt nicht auf konkrete Handlungsanleitungen und Vorschriften beschränkt, sondern zeigt sich als durchgängige Methode,

---

14 Lohfink, N.: „Studien zum Deuteronomium und zur deuteronomistischen Literatur", Bd. III, S. 219

15 Braulik, G.: „Studien zum Deuteronomium und seiner Nachgeschichte", S. 14. Braulik parallelisiert die Kernstücke des Deuteronomiums mit dem formalen Aufbau eines hethitischen Vasallenvertrages. Dieser beinhaltet Präambel, historischen Prolog, Grundsatzerklärung, Einzelbestimmungen, eine Liste göttlicher Vertragszeugen, Segen und Fluch; vgl. auch Lenchak, T. A.: „'Choose Life!' A Rhetorical-Critical Investigation of Deuteronomy 28,69–30,20", S. 21 ff.

16 vgl. Dtn. 6, 4–9

die von zahlreichen Verdoppelungen kontingenter Passagen bis hin zur Wiederholung zentraler Teile, wie jener des Dekalogs, reichen.

Den vielfältigen Beziehungen zwischen Gott und *seinem* Volk, dessen kommende Geschichte hier an ihrem Ursprung steht, wird in der Form eines Bundes höchste Autorität verliehen.[17] Diese ist, über die konkrete Bundesschließung am Sinai hinaus, vielfach narrativ ergänzt und als identitätsstiftende, historisch haltbare Gesamtreform konzipiert, wodurch auch sämtliche zu Gebote stehenden rhetorischen, symbolischen und nicht zuletzt metaphorischen Stilmittel zur Anwendung gelangen. Die Metapher der Feindvernichtung verweist in den deuteronomischen Kernbereichen auf den anstelle des Menschen handelnden Gott.[18] Gott überwindet und beseitigt die Feinde *anstelle der* und *für seine* auserwählten Menschen, die im Falle Israels als militärisch schwach und unterlegen gezeichnet werden, jedoch nur unter der Voraussetzung, daß diese ihm als *„sein Volk"*[19] bedingungslos und uneingeschränkt vertrauen.[20]

Die in der alttestamentlichen Forschung zitierte *Landnahme* der Israeliten liest sich in verschiedenen Schichten des Deuteronomiums, die den Weg in das ver-

---

17 vgl. Ex. 24
18 vgl. Lind, M. C.: „Yahweh is a Warrior. The Theology of Warfare in Ancient Israel", S. 147
19 In Gen. 48, 15 findet sich bereits die bekannte Metapher, welche Gott führende und beschützende Aspekte des Hirten attestiert; *„Deus qui pascit me"* in der Übertragung der Vulgata bezeichnet als Aktivum, als Tätigkeit des Hirten.
20 Dtn. 7, 6–8: *„Dich hat der Herr, dein Gott, erwählt, daß du ihm zum Volk seines Eigentums wirst aus allen Völkern, die auf dem Erdboden sind. Nicht weil ihr mehr wäret als alle Völker, hat der Herr sich euch zugeneigt und euch erwählt – ihr seid ja das geringste unter allen Völkern –, sondern wegen der Liebe des Herrn zu euch, und weil er den Eid hielt, den er euren Vätern geschworen, hat der Herr euch mit starker Hand herausgeführt und dich erlöst aus dem Sklavenhaus, aus der Hand des Pharao, des Königs von Ägypten."*

heißene Land beschreiben, als *Landgabe*[21] durch Gott. Doch bereits im zweiten Kapitel, das wie das erste in direkter Rede Moses gefaßt ist, erfolgt die Aufforderung zur Gewalt: In Form einer direkten Anweisung Gottes, soll ein vor Moses liegendes Gebiet, auf das sich die Israeliten zu diesem Zeitpunkt mit der neutralen Vorhabe, dieses lediglich durchqueren zu wollen, zubewegten, in deren Besitz gebracht werden.[22] Auf diese Anweisung hin erfolgt seitens der Israeliten allerdings noch immer nicht der sofortige Einsatz von Gewalt, sondern zunächst der Versuch, friedlich durch das betreffende Gebiet Sihons, König von Heschbon, zu ziehen. Erst als dieser einem Durchzug der Israeliten nicht zustimmt, erfolgt die kriegerische Auseinandersetzung mit der schrecklichen Konsequenz, daß sämtliche Städte Heschbons samt der darin beheimateten Bevölkerung eingenommen und vernichtet werden: *„In jener Zeit nahmen wir alle seine Städte ein, und wir vollstreckten den Bann an jeder Stadt, an Männern, Frauen und Kindern; wir ließen keinen übrig, der entkam."*[23]

Die Tötung der gesamten Bevölkerung, ohne Rücksichtnahme auf deren Alter oder Geschlecht, wird an dieser Stelle nicht nur *in extenso* erzählt, sondern in wachsender Betroffenheit über den allmählich entstehenden inneren Konflikt zugegeben, geradezu gestanden. Der *vollstreckte Bann*[24] stellt im Falle des Deutero-

---

21 Dtn. 1, 20–25; vgl. Braulik, G.: „Die Mittel deuteronomischer Rhetorik", S. 92 ff.
22 Dtn. 2, 24: *„Macht euch auf, brecht auf und zieht über den Fluß Arnon! Siehe, ich habe den Amoriter Sihon, den König von Heschbon, und sein Land in deine Hand gegeben. Fang an, nimm es in Besitz und laß dich in einen Krieg mit ihm ein!"*
23 Dtn. 2, 34
24 Anm.: חָרַם [*cheraem*] ist jener hebräische Begriff, der ein Äquivalent für Vernichten, Töten bzw. Auslöschen bezeichnet; die Übertragung der Septuaginta resultiert schließlich im heterogenen deutschen Begriff des Bannens, dessen Bedeutungsraum von der konkreten Tat zur Möglichkeit dieser Tat herabgestuft ist.

nomiums eine atavistische Metapher für jene Tötungen dar, die auf göttliche Anweisung oder in strenger Befolgung eines Gelübdes gegenüber Gott erfolgen. Entscheidend ist an dieser Stelle die Beantwortung der Frage, wie die Wendung *des zu vollstreckenden Bannes* im historischen Kontext zu bewerten sei, denn die vor der Entstehung des Deuteronomiums und des deuteronomischen Geschichtswerkes liegenden Jahrhunderte, deren Reflexion stets im Zentrum der Erzählung gehalten wird, sind Zeiten der rohen und systematischen Gewalt. Diese reicht von der brutalen Unterdrückung über Versklavung bis hin zur Verschleppung ganzer Teile der Bevölkerung – oftmals der Oberschicht – okkupierter Städte. In diesen Prozessen gewaltsamer Machtverschiebungen blieb es nicht aus, daß von seiten der antiken Großmächte der Region, den Ägyptern, Babyloniern, Assyrern und Hetitern, die Religionen von unterworfenen Ethnien und marginalisierten Bevölkerungsgruppen des Nord- bzw. Südreiches, Israel bzw. Juda, in Frage gestellt, verboten und an deren Stelle die Bekenntnisse der Hegemonialmächte oktroyiert wurden. In diesem soziopolitischen Kontext permanent anwesender Gewalt ist die Metapher vom *Vollstrecken des Bannes* dem Verstehen auf grundsätzlich andere Weise zuzuführen, als dies etwa zur Zeit der lateinischen Übertragungen oder der masoretischen Ausarbeitungen möglich ist. Narrativ spiegeln die Ebenen göttlich-menschlicher Koexistenz in anwachsender und sich abschwächender Affektgeladenheit die Struktur und den inneren Zusammenhalt der Sozietäten Israels und Judas wider und stellen, wie ein textuelles Bild, das die Schwankung von Affekten begleitet, den mühseligen Weg vom Auszug aus Ägypten bis zur kanaanäischen Landnahme dar. Wie eine sprach-

---

Vgl. auch Grimm, J. u. W.: „Deutsches Wörterbuch", Bd. I, Sp. 1114: „... *bann ist dem geistlichen oder weltlichen richter und bannherrn zuständige gewalt und gerichtsbarkeit* ... *das ausgesprochne, gebotne und verbotne, edictum, interdictum* ...".

lich wohlwollende Reflexion erscheinen daher die im Pentateuch widergegebenen Massentötungen, da diesen zunächst ritueller Opferstatus attestiert wird. Erst durch ihre Kategorisierung als *cheraem* können sie auf die Ebene eines geheiligten Aktes gehoben werden, etymologisch begleitet von der Wurzel *ḥ-r-m*, der die Herkunft des Begriffes von *geheiligt* oder *heilig* zuordenbar ist.[25]

Teleologisch betrachtet vermag die langwierige und von zahlreichen Hindernissen gesäumte Flucht in ein verheißenes Land, über die Vorstellung eines physischen Landes hinaus, auch mit einem *ersehnten Zustand* assoziiert zu werden, mit innerem und äußerem Frieden, mit Innehalten und Ruhe. Das verheißene, glaubhaft angekündigte Land vermag *in abstracto* auch als Abwesenheit permanenter existentieller Bedrohung verstanden werden. Dies führt zu der Frage nach der Zulässigkeit der Mittel, mit denen das erklärte Ziel, sei es das physische Erreichen eines konkreten Landstriches oder eines möglichen Zustandes friedlicher Lebensführung, auf legitime Weise erreicht werden kann. Die kriegerische Überwältigung einer Region und die Einnahme von Städten auf der Grundlage materieller Motivation stellt jedenfalls keine hinreichende Legitimation dafür dar, Tötungshandlungen an den dort ansässigen präisraelitischen Ethnien zu vollziehen. Massentötungen aufgrund von materiellen oder machtpolitischen Erwägungen sollen in dieser Betrachtung der deuteronomischen Texte ausgeschlossen werden, widrigenfalls wären die im Deuteronomium geschilderten Tötungen prinzipiell anders zu bewerten:[26] Rituelle Tötungshandlungen wären nicht

---

25 Vgl. Barr, J.: „Biblical Faith and Natural Theology", S. 208; vgl. auch Stern, P. D.: „The Biblical Herem: A Window on Israel's Religious Experience", S. 102 f

26 Dtn. 7, 1–2: *„Wenn der Herr, dein Gott, dich in das Land bringt, in das du jetzt hineinkommst, um es in Besitz zu nehmen, und wenn er dann viele Nationen vor dir hinaustreibt: die Hetiter und die Girgasiter und die Amoriter und die Kanaaniter und die*

länger argumentierbar, was zur Folge hätte, daß eine qualitative Wende der Narration textuell in Erscheinung treten und das Vokabular des Vorsatzes und der Vernichtung einer gesamten Ethnie im Vordergrund stehen müßte. Doch es verändert sich die Sprache der deuteronomischen Autoren nicht strukturell, und es findet auch kein Bruch in deren Wortwahl statt; das toposhaft beschreibende Vokabular bleibt unverändert bestehen, trotz immer bedrängenderem Tötungs- und Vernichtungskontext ist es neutral berichtend. Die programmatische Terminologie nennt zwar die Vernichtung explizit, dennoch verharrt sie, ohne einen der Zentraltermini für alttestamentliche Massentötung *cheraem*[27] zu reflektieren, in gleichbleibendem Duktus.

II. Hermeneutik der Völkervernichtung

Beinahe alle bibelwissenschaftlichen Erklärungs- und Legitimationsversuche der erzählten alttestamentlichen Massentötung *cheraem* stehen, wie J. Barr bemerkt, auf ebenso tönernen wie *apologetisch schwachen Beinen*.[28] Einer dieser Erklärungsversuche verfolgt etwa die Stra-

---

Perisiter und die Hewiter und die Jebusiter, sieben Nationen, größer und stärker als du, und wenn der Herr, dein Gott, sie vor dir dahingibt, und du sie schlägst, dann sollst du unbedingt an ihnen den Bann vollstrecken. Du sollst keinen Bund mit ihnen schließen noch ihnen gnädig sein."
27 Weitere Stellen der direkten Anordnung und der berichtenden Erzählung betr. חָרַם [*cheraem*] in der wörtlichen Bedeutung von *vernichten, töten* und *auslöschen* sind u. a.: Dtn. 2, 34; Dtn. 3, 6; Dtn. 20, 17; Jos. 6, 21; Jos. 7, 12; Jos. 8, 26.
28 Vgl. Barr, J.: „Biblical Faith and Natural Theology", S. 207 ff. „*Again, to maintain that biblical practices of warfare were 'timebound' – another suggested theological explanation – seems to mean that, though genocidal massacre is wrong in the modern world, there was an earlier time when there was nothing wrong with it. All such arguments are pitifully weak apologetic.*", ebda. S. 218.

tegie der *historischen Relativierung*, welche insinuiert, die Außergewöhnlichkeit einer Vernichtungsweihe weiche nicht signifikant von einer allgemeinen Praxis der Massentötungen im achten und siebenten vorchristlichen Jahrhundert ab. Diese Argumentationslinie verharrt sprachlich bei einer neutralen Position des retrospektiven Feststellens, ohne dadurch jemals die Frage nach den moralischen und ethischen Aspekten, insbesondere vor dem Hintergrund der Offenbarung, diskutieren zu müssen. Ein anderer Erklärungsversuch entpuppt sich als Strategie, mit der historisch-probabilistisch argumentiert und *a priori* eine faktische Unmöglichkeit deuteronomischer Chronologie unterstellt wird. Diese Strategie rückt die narrativ-poetische Ebene des *cheraem* im Pentateuch in den Vordergrund und nähert sich ebenfalls nicht dem Dilemma, warum ausgerechnet die Quelle des Guten eine Anweisung gegeben haben sollte, Massentötungen vorzunehmen. Indem der extreme Befehl Jahwes in der tradierten Erzählung und in deren Kommentaren nicht hinterfragt, sondern nur widerspruchslos angeführt wird, entsteht der Eindruck, daß der vernichteten Ursprungsethnie weder faktisch noch narrativ auch nur die entfernteste Chance eingeräumt war, durch Flucht oder Exodus ihr nacktes Leben zu retten.

Derartige Narration trägt dazu bei, daß im Kontext des Gottesbildes Assoziationen von Unsicherheit, Begriffe der Verzerrung mitgedacht werden, und sie wirkt sich sogar auf den gesamten Bedeutungsraum des Begriffes des Guten nachteilig aus. Diese Form der Abweichung vom *kýrion*[29] als dem im aristotelischen Sinne Üblichen der Narration, stellt eine sublime Form des Verbalradikalismus dar, eine Form der Delegation von Verantwortung durch bloßes aufzählendes Nennen der Fakten: benennen, ohne im alttestamentlichen Sinne das

---

29 vgl. Aristoteles: „Rhetorik", 1404 b 35

Gewissen zu befragen.[30] Sprachlich eingekleidet werden die Tötung der präisraelitischen Bevölkerung und die Vernichtung von Ethnien in jene von Moses getroffene Vereinbarung, der bereits ein göttlicher Plan zugrundeliegt. Mit dessen Befolgung vermag auch die sprachliche Verlagerung und Verschiebung von Verantwortung bewerkstelligt zu werden. Auf diese Weise wird die Verlagerung der Letztverantwortung der Form nach zu einem Ende gebracht. Nicht der Mensch vernichtet Menschen, sondern *es gibt* Opfer, die als Verluste prinzipiell unvermeidlich sind, Opfer, die lakonisch-distanziert aufgezählt werden, ohne daß ihnen zumindest ein eigenes, ein explizites *es gibt* die Reverenz erweisen würde. *„Und der Herr sprach zu mir: Fürchte ihn nicht, denn in deine Hand habe ich ihn und all sein Volk und sein Land gegeben! Und tu mit ihm, wie du mit Sihon, dem König der Amoriter, getan hast, der in Heschbon wohnte! Und der Herr, unser Gott, gab auch Og, den König von Baschan, und all sein Volk in unsere Hand. Und wir schlugen ihn, bis ihm keiner übrigblieb, der entkam. Und alle seine Städte nahmen wir in jener Zeit ein. ... Und wir vollstreckten den Bann an ihnen, wie wir es bei Sihon, dem König von Heschbon, getan hatten. Wir vollstreckten an ihrer ganzen Bevölkerung den Bann: an Männern, Frauen und Kindern."*[31] Es existiert keine retrospektiv eingestandene Schuld über begangenes Unrecht im Deuteronomium, es überwiegt die reine Aufzählung. Die Opfer werden zurückgelassen, unkommentiert, anonym, als Unterlassung scheinbar im Einklang mit dem göttlichen Welthandeln.

---

30   vgl. 2. Chr. 31,18: *„Denn gewissenhaft (in ihrer Treue) heiligten sie sich für das Heilige."*
31   Dtn. 3, 2–6; vgl. auch die Einnahme und Vernichtung Jerichos in Jos. 6, 21: *„Und sie vollstreckten den Bann an allem, was in der Stadt war, an Mann und Frau, an Alt und Jung, an Rind, Schaf und Esel, mit der Schärfe des Schwertes."*

Die Art und Weise, wie das voraussehende göttliche Welthandeln im Deuteronomium geschildert wird, wie die Vorwegnahme der zu vernichtenden Nationen im Deuteronomium und auch im Buch Josua durch die heterogenen Formulierungen des *in die Hand Gebens*[32] der zu erobernden Völker explizit und final dargestellt wird, ist nicht primär Ausdruck und Resultat jahrhundertelanger Repressionen, sondern trägt selbst dazu bei, ein kulturelles und soziopolitisches Bewußtsein zu erzeugen, zu verstärken und auf der ethischen Ebene zu tradieren. Die verbale Preisgabe der zur Vernichtung vorgesehenen sieben alttestamentlichen Nationen erzeugt, unabhängig davon, ob ihre historische Existenz mit der erzählten Existenz im Pentateuch übereinstimmt, eine grundsätzliche Struktur der Gewalt und ein Bewußtsein der Legitimität von Gewaltausübung, die weit über das *Parabolisch-Spirituelle*[33] hinausgeht. Die vorgesehene, vorbestimmte und schließlich retrospektiv erzählte Massentötung ist zur Zeit *Joschijas*[34] nicht nur akzidentiell in einem kulturellen Klima der Gewalt beheimatet, sondern selbst performativ, selbst Teil und Triebkraft des klimaerzeugenden Prozesses, der sich als zu erfüllender göttlicher Plan versteht. Aus dem Blickwinkel einer solchen ethischen Selbstlegitimation ist es daher von geringer Relevanz, ob die beschriebene Völkervernichtung im Zuge der *Landnahme* bzw. *Landgabe* historisch jemals stattfand oder überhaupt hätte stattfinden können.[35] In welcher deuteronomischen oder deuteronomistischen

---

32 vgl. Rad, G. v.: „Der Heilige Krieg im alten Israel", S. 7 ff
33 vgl. u. a. Braulik, G.: „Studien zum Deuteronomium und seiner Nachgeschichte", S. 30, der *„das Völkervernichtungsgebot* [als] *schriftstellerisch von Anfang an parabolisch-spirituell gemeint"* ansieht.
34 Joschija, von 640 bis 609 König des Südreiches Juda; vgl. u. a.: 2. Kön. 22 ff. Zum Thema der Kult- und Opferzentralisation vgl. Lohfink, N.: „Studien zum Deuteronomium und zur deuteronomistischen Literatur", Bd. III, S. 219 ff.
35 vgl. 1. Kön. 9, 20 f

Passage die Sprache der Gewalt auch aufscheint, sie ist eine unmißverständliche Abbildung der kulturellen und soziopolitischen Realität einer Ethnie, die sich nach M. Buber ununterbrochen in einer Lebensform der *„primitiven Pansakralität"*[36] befand, in der die Gänze des Lebens, sohin die gesamte Lebenswirklichkeit *„sakral gebunden war"*, wie G. v. Rad es formuliert, und sich die Menschen daher in jedem Augenblick „... *der Gegenwart und Hilfe Jahwes gewiß* ..."[37] sein konnten.

Auch aus einem weiteren Grund kann und soll die überbordend gewaltvolle Sprache des Deuteronomiums weder ästhetisch bagatellisiert noch spirituell relativiert werden, findet sich doch, wie J. Barr zeigt, keine biblische Stelle, an der die alttestamentliche Völkervernichtung *per se* einer fundamentalen Kritik unterzogen worden wäre.[38] Daraus jedoch den Umkehrschluß zu ziehen, daß sich sämtliche Aufforderungen und Selbstverpflichtungen zur Völkervernichtung ungeteilter Zustimmung erfreut hätten, wäre ebenso unzulässig wie die Annahme, daß die von Jahwe selbst angeordnete Gewalt bei den Israeliten mehrheitlich auf Ablehnung gestoßen wäre. Zumindest als Gedankenführung muß das Konzept der umfassenden Gewaltanwendung die Zustimmung einer Mehrheit gehabt haben, auch wenn diese im Einzelfall nur als qualifizierte Mehrheit und nicht als blutrünstige *Doppelmasse*[39] die Gewalt vollständig und rücksichtslos umsetzte. Performative Sprache, die sprachlich in Programmatik eingebettet ist, kann nur zum Teil mit den Jahrhunderten der Unterdrückung einer marginalisierten Ethnie erklärt werden, die zwischen die geopolitischen Fronten antiker hegemonialer Strukturen geraten ist und daher für sich selbst einen ideellen Ausweg verschriftlicht hat. Damit wäre das wirkungsmäch-

---

36 Buber, M.: „Moses", S. 163
37 Rad, G. v.: „Der Heilige Krieg im alten Israel", S. 29 f.
38 vgl. Barr, J.: „Biblical Faith and Natural Theology", S. 207 ff
39 Canetti, E.: „Masse und Macht", S. 72

tige Deuteronomium weit unterschätzt und auf eine soziopolitische Funktion und profane Ideologie reduziert. Doch das Deuteronomium wirft in Form einer geistigen Wirkungsgeschichte seinen Schatten Jahrtausende weit in die Zukunft: Bereits in der deuteronomischen Programmatik der göttlichen Handlungsanweisung ist der Grund dafür gelegt, daß die Diskussion um einen möglichen *„heiligen Krieg"*[40] bis weit in die Paränese des europäischen Mittelalters und der Neuzeit hineinreicht.

Mit dem kontroversiell diskutierten Thema des *„gerechten Krieges"*[41] ist auch der Fragenkomplex des Absolutheitsanspruches des christlichen Glaubens mittelbar verbunden. Nicht wie zu erwarten wäre bereits zur Zeit der Aufklärung, sondern erst durch den im Laufe des zwanzigsten Jahrhunderts auf vielfältigen Ebenen anhebenden interreligiösen Dialog beginnt die Frage nach dem Absolutheitsanspruch des christlichen Glaubens freier und differenzierter erörtert zu werden. Die Strukturen der vorstaatlichen Gesellschaftsform des alten Israel werden endlich als Erklärungsansatz für generelle Gewaltdurchsetztheit der ursprünglichen kanaanäischen Ethnien herangezogen und zugelassen.[42] Dessenungeachtet setzen dennoch die frühen Grundlegungen und die argumentative Stringenz der Bücher des Pentateuch für die Frage, ob und unter welchen Bedingungen ein *„gerechter Krieg"* an sich möglich wäre, ein erstes *Datum* und legen dieses auf zwei Weisen fest: Zum einen im Sinne eines ersten Zeitpunktes, zum anderen im Sin-

---

40 vgl. u. a. Rad, G. v.: „Der Heilige Krieg im alten Israel"; Lohfink, N.: „Krieg und Staat im alten Israel"; Lind, M. C.: „Yahweh is a Warrior: The Theology of Warfare in Ancient Israel"; Younger, K. L.: „Ancient Conquest Accounts: A Study in Ancient Near Eastern and Biblical History Writing"; Hobbs, T. R.: „A Time for War. A Study of Warfare in the Old Testament".
41 Anm.: Zum Thema *ius ad bellum* und *ius in bello* vgl. auch das Kapitel der Kreuzzüge S. 103 ff.
42 vgl. Lohfink, N.: „Krieg und Staat im alten Israel", S. 5 ff

ne des Gegebenen und des *von Gott* Gegebenen, wobei die *nicht temporale Lesart* jenen Ursprung zu erkennen gibt, von dem Gesellschaften ihre Identität beziehen und Kulturen ihre Ätiologie herschreiben. Genau in diese Grundlegung wird jedoch auch *Jahwe*, vielfach verbalradikal und innerhalb der Thora unwidersprochen, hineingezogen. Jahwe bleibt mit Zorn, Gewalt und Gottesfurcht sprachlich konnotiert und sohin aktiv und passiv, *illokutionär* und *perlokutionär*[43], doch vor allem innerhalb eines gewalttätigen historischen Kontextes irreversibel in Sprechakte der Gewalt gebettet.[44] „*Yahweh was no pacifist …*",[45] lautet die pointierte, ob ihrer Verkürztheit jedoch nicht minder radikale Formel G. E. Wrights, die in ihrem Kern gar nicht erst versucht, eine Verteidigungsposition zu beziehen oder Erklärungen zu konstruieren, sondern die statt eines Verteidigungsreflexes die anthropomorphistische Flucht nach vorne antritt.

Soll die Aufforderung zur rituellen Massentötung, der *cheraem*, mit der kulturellen Faktizität der antiken

---

43 *Illokutionär* und *perlokutionär* im Sinne Austins; vgl. Austin, J. L.: „Zur Theorie der Sprechakte", S. 112 ff.

44 Vgl. Lohfink, N.: „Studien zum Deuteronomium und zur deuteronomistischen Literatur", Bd. V, S. 37. „*Und doch tritt schon im Buch Deuteronomium der Israel drohende Zorn Gottes als Thema viel mächtiger hervor als Gottes Liebe zu Israel, so fundamental sie ist und bleibt. Offenbar ist die Rede vom ‚Zorn Gottes' heutzutage unter Theologen nicht populär – anders als etwa zur Zeit der Reformation.*" N. Lohfink verweist in diesem Zusammenhang auch auf die verschiedenen *Zornesformeln*, die D. McCarthy ausgearbeitet hat, vgl. McCarthy, D. J.: „The Wrath of Yahweh and the Structural Unity of the Deuteronomistic History", in Crenshaw, J. L. and Willis J. T. (Hrsg.): „Essays in Old Testament Ethics", S. 99 ff.

45 Barr, J.: „Biblical Faith and Natural Theology", S. 213 f. Das Zitat ist lt. J. Barr eine, dem US-amerikanischen Alttestamentler George Ernest Wright zugeschriebene Äußerung, die dieser unter dem Eindruck und im Zusammenhang mit dem Entstehen der Friedensbewegungen zur Zeit des Vietnamkrieges tätigte. Vgl. ebda. S. 214, Fn. 20.

Völker des Mittleren Ostens erklärbar sein, dann muß die *Vernichtungsweihe*, um einer drohenden *contradictio in adiecto* zu entgehen, mit dem Begriff des gütigen Gottes in Einklang gebracht werden. Denn selbst der argumentative Ausweg, der *cheraem* bestünde bloß in der Form einer retrospektiven Narration, nämlich nur als Beschreibung der letzten, abschließenden und damit auch entscheidenden Phase des Exodus, ist ein historisch-materielles Argument. Als solches verfehlt es, ebenso wie das Argument, die Erzählung von der Zerstörung ganzer Völker sei faktisch nicht relevant, da diese zum Zeitpunkt der Niederschrift des Deuteronomiums längst nicht mehr existiert hätten, den Kern der Fragestellung. Das Argument zielt darauf ab, eine mögliche soziopolitische Realität des siebenten vorchristlichen Jahrhunderts als Folie für die kulturelle Gestimmtheit einer Epoche zu verwenden, in der das neuassyrische Schreckensregime und alle seine systematischen Vernichtungszüge bereits begannen, sich aufzulösen. Es zielt ferner auf die These ab, daß aufgrund der historischen Erfahrungen und der herrschenden politischen Konstellationen die Verfasser des Deuteronomiums, in Kenntnis und Erfahrung der Terrorregime der antiken Großreiche, im besonderen des neuassyrischen Reiches, gar keine anderen diskursiven Möglichkeiten sahen, als Gott selbst die Rolle des autoritären und Massentötungen gebietenden Herrschers zuzuschreiben. Alle diese rhetorisch operierenden und wirkungspsychologisch durchaus nachvollziehbaren Argumentationen liefern zwar die Rahmenbedingungen für die von Gott angeordneten Massentötungen, wie etwa die apodiktische Bundestreue zu Jahwe, sie reflektieren jedoch an keiner Stelle, wie die Vernichtungsweihe überhaupt begründbar oder auch nur ansatzweise legitimierbar sein könnte. Auch ist die Frage des Eigeninteresses Israels im Kontext der Völkervernichtung an keiner Stelle des Deuteronomiums ethisch kontextualisiert, etwa durch textuelle

Anklänge des Mitgefühls, des Mitleids mit der vernichteten Bevölkerung, wie neben vielen anderen auch an den deuteronomistischen Stellen nachweisbar ist: *„Da sprach der Herr zu Josua: Fürchte dich nicht vor ihnen! Denn morgen um diese Zeit werde ich sie alle vor Israel zu Erschlagenen machen. Ihre Pferde sollst du lähmen und ihre Wagen mit Feuer verbrennen. Und Josua und alles Kriegsvolk mit ihm kam plötzlich über sie am Wasser Merom, und sie überfielen sie. Und der Herr gab sie in die Hand Israels, und sie schlugen sie und jagten ihnen nach bis Sidon, der großen Stadt, und bis Misrefot-Majim und bis in die Talebene von Mizpe im Osten. Und sie schlugen sie, so daß ihnen kein Entronnener übrigblieb. Josua machte es mit ihnen, wie der Herr ihm gesagt hatte: Ihre Pferde lähmte er, und ihre Wagen verbrannte er mit Feuer. In jener Zeit kehrte Josua um und nahm Hazor ein, und seinen König erschlug er mit dem Schwert. Denn Hazor war damals die Hauptstadt all dieser Königreiche. Und sie schlugen alles Leben, das darin war, mit der Schärfe des Schwertes, indem sie den Bann an ihnen vollstreckten: Nichts Lebendes blieb übrig. Hazor aber verbrannte er mit Feuer."*[46]

Auf der Ebene des biblischen Textes führt die angeordnete Völkervernichtung, schleichend und fast unbemerkt, zu einer schwerwiegenden sprachlichen Entwicklung: Eine der sprachlichen Konsequenzen des *cheraem* besteht darin, daß der signifikative Raum der Begriffe des Guten und des Gerechten negativ erweitert wird. Die Erweiterung dieses Bedeutungsraumes führt dazu, daß nicht mehr nur jenes unter gut und gerecht subsumiert werden kann, was Gott als gut und gerecht definiert oder zu erkennen gibt, sondern mit dem Pentateuch und den deuteronomischen Schichten erstmals auch das – aufgrund der Führung *Jahwes* – siegesgewis-

---

46 Jos. 11, 6–11 Anm.: Unter „Lähmen der Pferde" ist das Durchschneiden von Sehnen der Pferdebeine zu verstehen.

se Hinschlachten von Völkern zu einem Teil der zu reflektierenden Identität, der gottgewollten Geschichte der Menschen wird. *"And, though there is a wide variety of biblical depictions of warfare, there appears to be no passage that explicitly states disapproval of the ḥ-r-m* [cheraem] *or denies that it was commanded by God."*[47] Der Begriff des *gottgewollten Guten* durchläuft im Pentateuch eine Bedeutungserweiterung, eine semantische Radikalisierung in der Peripherie seines Bedeutungsraumes, letztlich jedoch eine verbale Deformation: Denn unter besonderen Umständen, die einem göttlichen Willen entspringen, in dessen begründeten Ratschluß der Mensch keinen Einblick hat, ist auch das Hinschlachten von ganzen Stämmen oder Völkern, mit allen ihren wehrlosen Alten, Frauen und Kindern, noch im Begriff des gottgewollten Guten und Gerechten integrierbar, gewiß nur peripher und zudem unabhängig davon, ob die Tötungsakte historisch jemals stattgefunden haben konnten oder nicht.[48]

III. Die Erweiterung deuteronomischer Gottesfurcht

Der Prozeß semantischer Amplifikation entspricht oftmals in Teilen seines Ablaufes jenen Elementen, die auch in der Funktionsweise des metaphorischen Übertragens und Erweiterns von Bedeutungen feststellbar sind. Der *manifeste* Text, der das Gute und Gottgewollte sichtbar bezeichnet, erhält seine Bedeutungserweiterung durch die Übertragung von Aspekten mehrerer Nomina, die

---

[47] Barr, J.: „Biblical Faith and Natural Theology", S. 210
[48] Im Unterschied zur deuteronomischen Wortwahl wird im Buch Levitikus der Versuch unternommen, die Tötungsanordnung Gottes durch Passivierung abzumildern, wenn davon die Rede ist, daß das Land die Menschen *ausgespien* habe; vgl. Lev. 18, 25–28.

alle um die göttlichen Anweisungen zum *cheraem* angesiedelt sind und die *per effectum* auch dem Begriff der Gottes*furcht* – als Erschauern vor dem Numinosen, als „*Moment des tremendum*"[49] im Sinne R. Ottos – seine Substanz und Glaubwürdigkeit verleihen. Doch die aus dem *latenten*, demgemäß weder *a priori* textuell sichtbaren noch direkt mit dem Guten und Gottgewollten konnotierten Text stammenden Nomina, etwa Zorn, Brutalität und rücksichtsloses Töten, erhalten durch die Übertragung ihrer Aspekte, die mit dem Vernichten von Menschen konnotiert sind, einen ersten sprachlichen *Zugang* zum Begriff des Guten und Gottgewollten. Diese Nomina erhalten den Zugang zum Guten und Gottgewollten jedoch nicht als direkte metaphorische Übertragung, sondern, kantisch gewendet, nur als Schema, als vermittelndes Verfahren metaphorischer Übertragung.[50] Auf schematisch-metaphorischem Wege verläuft die Erweiterung eines Begriffes des Gottgewollten als Ausdehnung der Anschauung, als Ausweitung seines integrativen Bedeutungsumfangs, als Erweiterung des äußersten Randes des deuteronomischen Willens Gottes. Mit der Bedeutungserweiterung auf der begrifflichen Ebene des *gottgewollten Guten* ist nicht das Verbalradikale selbst freigelegt, sondern dessen Mechanismus: Der nunmehr gedehnte Bedeutungsraum entspricht einer Übertretung des antizipierten Sprachhorizontes; der „falsche Ton" hat seine textuelle Integration erzwungen. *Cheraem* zu integrieren und vor dem Hintergrund der Offenbarung als Teil der je eigenen ideellen Herkunft akzeptieren zu

---

49 Otto, R.: „Das Heilige: Über das Irrationale in der Idee des Göttlichen und sein Verhältnis zum Rationalen", S. 14 ff. und S. 97 ff. Als eines der Beispiele führt R. Otto Ex. 2, 6 an: „*Da verhüllte Mose sein Gesicht, denn er fürchtete sich, Gott anzuschauen.*"
50 Zum Schematismus Kants im metaphorologischen Kontext vgl. Sailer-Wlasits, P.: „Die Rückseite der Sprache. Philosophie der Metapher", S. 122 ff.

können, verlangt der religionshistorischen Reflexion weit mehr ab, als materielle Grausamkeiten, die sich in der kulturellen Geschichte der Menschheit zugetragen haben, als unabänderlich und damit historisch distanziert hinzunehmen. *Cheraem* als äußersten Rand des Willens Gottes integrieren zu können bedeutet, tiefes Erschauern und unbeschreiblichen Schrecken mit Wahrhaftigkeit und Gottvertrauen zu verbinden.

Die Begriffe des Gottgewollten und der Gottesfurcht erfahren im Alten Testament eine substantielle semantische Auflading mit Aspekten anderer, aus Sicht ihres Bedeutungsumfeldes fremder Nomina und lassen den Prozeß der Abweichung vom üblichen Wortgebrauch nachvollziehbar werden. Zwar sind die positiven Aspekte der Gottesfurcht – jene der Anbetung, der Ehrerbietung und des sittlichen Bekenntnisses – trotz der groben Mechanismen des sozialen Zusammenhaltes im achten und siebenten vorchristlichen Jahrhundert intakt und stellen als tiefster Respekt vor dem Numinosen eine von vielen Ausprägungen der *Jahwefurcht* dar,[51] doch der Schrecken und die konkrete Furcht im Angesicht des göttlichen Zornes bleiben erheblich, insbesondere nach dem Bruch des Bundes und dem Abfall Israels von Jahwe. Zudem kommt jene Grundbefindlichkeit der Angst zum Vorschein, die einer unbestimmten Furcht vor dem Ergrimmen Jahwes entspricht, einem Erschauern vor seiner herannahenden, unausbleiblichen Reaktion, die – anthropomorphisierend gelesen – in einer durchaus menschlichen Reaktion auf eine Verletzung seiner Zuneigung seinem auserwählten Volk gegenüber besteht. Der Zorn Jahwes in der Fassung Martin Luthers scheint näher und ursprünglicher entlang des göttlichen Zornes geschrieben zu sein; näher, da der abendländische Zivili-

---

[51] Vgl. Becker, J.: „Gottesfurcht im Alten Testament", S. 57 ff; vgl. auch McCarthy, D. J.: „The Wrath of Yahweh and the Structural Unity of the Deuteronomistic History", in Crenshaw, J. L. and Willis J. T. (Hrsg.): „Essays in Old Testament Ethics", S. 99 ff.

sationsprozeß noch keine Spuren der Aufklärung trug, ursprünglicher, da die Sprache des Zornes und alle dem Zorn zugehörige Metaphorik im sprachlichen Prozeß noch nicht gänzlich abgeschliffen war und den grimmigen Klang des *Gottesschreckens*[52] noch nicht verloren hatte: *„Da wird der HERR dem nicht gnedig sein ... Das er alle jr Land mit schwefel vnd saltz verbrand hat, das sie nicht beseet werden mag, noch wechset, noch kein kraut drinnen auffgehet. Gleich wie Sodom, Gomorra ..., die der HERR in seinem zorn vnd grim vmbgekeret hat. So werden alle Völcker sagen. Warumb hat der HERR diesem Land also gethan? Was ist das fur so grosser grimmiger zorn? So wird man sagen. Darumb. Das sie den Bund des HERRN jrer veter Gott, verlassen haben, den er mit jnen machet, da er sie aus Egyptenland füret ... Darumb ist des HERRN zorn ergrimmet vber dis Land das er vber sie hat komen lassen alle Flüche, die in diesem Buch geschrieben stehen."*[53]

Alle jene Aspekte, die im phänomenologischen Sinn als konkrete Angst oder überwältigender Schrecken vor Jahwe, seinen Handlungen und Drohungen aufgefaßt werden, sind in ihrem semantischen Kern stets mit dem Numinosen und seiner archaischen Ambivalenz verbunden. Angst gepaart mit Gottesvertrauen, Erschauern vor dem erhabenen Unbegreiflichen bei gleichzeitiger Siegessicherheit im Falle seiner Intervention: *„Zu den Eigentümlichkeiten des Heiligen Krieges gehört, daß Jahwe selbst durch wunderbares Eingreifen den Erfolg verbürgt. Dieses Eingreifen kann ... in einem von Jahwe gewirkten, unerklärlichen Schrecken der Feinde bestehen, dem Gottesschrecken im eigentlichen Sinne."*[54] Trotz

---

52 Der Begriff *Gottesschrecken* ist der Terminologie G. v. Rads entlehnt; vgl. ders.: „Der Heilige Krieg im alten Israel", S. 12.
53 Dtn. 29, 20–27; in der Übersetzung von Martin Luther, zit. nach seiner letzten selbst bearbeiteten Bibel-Ausgabe von 1545, *„Die gantze Heilige Schrifft: Deudsch. Das fünffte buch Mose"*.
54 Becker, J.: „Gottesfurcht im Alten Testament", S. 67; vgl.

des sprachlichen Zivilisationsprozesses, der in Jahrtausenden die Gottesfurcht semantisch abgeschliffen hat, bleibt die göttliche Anordnung mit dem Anfang der Geschichte als Identitätsstiftung verbunden. Darin unterscheidet sich der martialische Gott des Deuteronomiums von dem späteren, weltenbauend-milden *demiurgós* aus dem platonischen *Timaios*[55], der sich, beinahe bescheiden wirkend, bereits mit dem vernunftdurchströmten Abbild des Urbildes zufrieden gibt.

Der Gotteswunsch, die Anordnung des *cheraem*, bleibt nicht als manifestes Zeichen im Wortgebrauch bestehen und wird daher auch nicht sichtbar tradiert. *Cheraem* bleibt lediglich als Spur in den Bezeichnungen *gottgewollt*, *gottesfürchtig* und sogar im Begriff des *gottgewollten Guten* erhalten. *Cheraem* deutet, zwar abgeschwächt zu einer Fährte und diachronisch verdünnt, auf das Vergangene, wie alle Spuren, die von vorübergegangenen Ereignissen hinterlassen wurden.[56] Narrative Fährten initiieren den erinnernden Nachvollzug stets aufs neue, sie erneuern Bekenntnisse zu dem, was war. Die biblische Erzählung hinterläßt Spuren in der Wortbedeutung und im Wortgebrauch; diese wurden niemals verwischt, sondern mit der Vorhabe hinterlassen, Späterkommenden die Freiheit zu gewähren, ihre Ordnung von einer *fides imperata* zu einer *fides elicita* im kantischen Sinne zu entwickeln und zu festigen. Eine pazifistische Botschaft, welche die sprachliche Schärfe des deuteronomischen Textes etwas mildert, ist mit dem wundersamen Wirken Jahwes verknüpft, der für sein auserwähltes Volk auch als Verteidiger par excellence

---

auch Stern, P. D.: „The Biblical Herem: A Window on Israel's Religious Experience", S. 98, *„The overall mood of the chapter* [Stern bezieht sich hierbei auf Dtn. 20] *is a serene confidence that with the aid of YHWH any war could be won, even against an overwhelming numerical superiority of the enemy."*
55   vgl. Platon: „Timaios", 37 ff
56   vgl. Lévinas, E.: „Die Spur des Anderen", S. 230

auftritt. Sein Handeln, das den biblischen Israeliten als Wunder entgegentritt, wird zwar narrativ als militärische Aktion tradiert, dennoch rückt allmählich nicht mehr sein Agieren, sondern die Wirkung seines Eingreifens in den Vordergrund der Texte. *„Israel's power base was Yahweh, not Yahweh as he fought through Israel's army but Yahweh as he worked by miracle. ... Israel's fearlessness was to be based upon Yahweh's word and miracle."*⁵⁷

Die sprachliche Bedeutungserweiterung von der *pietas* zum *timor domini* reicht weit hinein in die dem Pentateuch nachfolgenden Millennien. Der Begriff der *Gottesfurcht* schwächt sich nur sehr langsam ab, bis er schließlich auch in weiten Teilen der profanen Welt zu einem Inbegriff tugendhafter Lebensführung transformiert wird: *„Seine Gottesfurcht war wie das feineste Gold, damit seine andere Qualitäten herrlich bekrönet worden."*⁵⁸ *Gottesfürchtiges Leben* wird zu einer Bezeichnung, in der, über den tiefen Glauben und den grundsätzlichen Respekt vor der Transzendenz hinaus, eine submissive Komponente vorauseilender Furcht als *pietas* – *„... einer passiven Verehrung des göttlichen Gesetzes, statt der Tugend, der Anwendung eigener Kräfte* [hinsichtlich] *der ... verehrten Pflicht ..."*⁵⁹ – enthalten ist. Das Wirken Jahwes für sein auserwähltes Volk bleibt auch nicht bei der Erwählung Israels stehen, sondern führt dazu, daß dem deuteronomischen Israel in seiner Gänze Heiligkeit attestiert wird: *„... und daß er dich als höchste über alle Nationen stellen will, die er gemacht hat, zum Ruhm und zum Namen und zum Schmuck, und daß du dem Herrn, deinem Gott, ein heiliges Volk*

---

57   Lind, M. C.: „Yahweh is a Warrior. The Theology of Warfare in Ancient Israel", S. 155 ff.
58   Brandt, F.: „Gläntzende Taubenflügel. Ausführlicher Bericht von dem Leben und Todt Herrn Friederich Taubmanns", S. 66
59   Kant, I.: „Die Metaphysik der Sitten", S. 878

*sein willst, wie er geredet hat."*⁶⁰ Die Besonderung und das Abgrenzen des *deuteronomischen* Israel von allen anderen Völkern und auch das Attestieren von Heiligkeit sind daher nicht als isolierte verbale Botschaft eines für sich stehenden Heraushebens zu lesen, sondern als Heiligkeit in besonderem Kontext: Das Zuschreiben von Heiligkeit zeichnet sich dadurch aus, daß es sich stets vom Bundesschluß herleitet und sich damit im sprachlichen Nahebereich des „*Gelobens eines Gelübdes*"⁶¹ befindet, aber gleichzeitig auch in narrativer Nähe zu dem performativen *Verheißen* der Landgabe verbleibt.⁶² Die Heiligkeit des deuteronomischen Israel ist sprachlich weit entfernt von jedem *cheraem* und stellt sich somit als Resultat dar, als Folge des Verheißens, dem ein Gelübde zugrundegelegt ist: Eine textgewordene Wirkung, die sich – metaphorisch gewendet – über *Erez Israel* und seine Menschen ergießt, als Bekenntnis und Vermächtnis, als Testamentum, denn „*Heiligkeit bedeutet Gottesnähe. Gottesnähe vollzieht sich für das Deuteronomium sichtbar.*"⁶³ Der Nachvollzug des Verbalradikalen als

---

60   Dtn. 26, 19; vgl. auch Dtn. 7, 6.
61   Vgl. u. a.: Richter 11, 30 f. in der deutschen Übersetzung von Martin Luther, zit. nach Luthers letzter selbst bearbeiteter Ausgabe der Bibel von 1545, „*Die gantze Heilige Schrifft: Deudsch. Das buch der Richter*". Auch diese Stelle hat Luther aller Wahrscheinlichkeit nach nicht aus der Septuaginta, sondern vom hebräischen, d. h. masoretischen Grundtext übersetzt: „*Vnd Jephthah gelobt dem HERRN ein Gelübd, vnd sprach. Gibstu die kinder Ammon in meine hand ..., wenn ich mit frieden widerkome, von den kindern Ammon, das sol des HERRN sein ...*" Vgl. auch Luthers „*Euangelion Sanct Marcus*", Markus 14, 11: An dieser Stelle ist das Geloben „*qui audientes gavisi sunt et promiserunt ...*" der Vulgata von Luther mit einem synonymen Begriff aus dem Bedeutungsraum des *Versprechens*, mit *verheißen* übersetzt: „*Da sie das höreten, wurden sie fro, vnd verhiessen jm ...*"; vgl. auch Buber, M.: „Moses", S. 155 ff.
62   vgl. Lohfink, N.: „Studien zum Deuteronomium und zur deuteronomistischen Literatur", Bd. V, S. 275
63   ebda.: Bd. III, S. 252

brachialer Mechanismus der Ausdehnung des Bedeutungsraumes auf der Ebene des Wortes ist anhand des *gottgewollten Guten* und mit Hilfe der deuteronomischen Texte möglich geworden. Auf der Ebene des Satzes, der Rede, des Textes und der Ideologie sollen nachfolgend weitere Mechanismen des Verbalradikalen freigelegt werden, welche die *„Vollzugsweise des Verstehens"*[64] verrücken und erschüttern.

---

64 Gadamer, H.-G.: „Wahrheit und Methode", S. 312

Kapitel 2:
IMPERIEN DER WORTE: ATHEN UND ROM

Allein der Vortrag macht des Redners Glück[1]

Lange bevor das gesprochene Wort zu einem staatstragenden und gleichzeitig staatsgefährdenden Instrument des Imperium Romanum werden konnte, lagen die theoretischen Grundzüge der Macht des Wortes bereits vor, eingebettet in platonische Dialoge und in die aristotelischen Analysen der *Rhetorik* und der *Poetik*.[2] Einige

---

1 Goethe, J. W. v.: „Faust I", 546; inhaltlich hat Goethe diese Passage des Dialogs zwischen Faust und Wagner vermutlich von Cicero übernommen: *„Actio, inquam, in dicendo una dominatur"*, *„Der Vortrag allein, sage ich, nimmt die beherrschende Stellung in der Redekunst ein."*; vgl. Cicero, M. T.: „De Oratore", III, 212 f.
2 Daß Platon seine erste Definition der Rhetorik dialogisch entwickelte und sich nicht auf tradierte Definitionen beziehen konnte, festigt die These, daß die Rhetorik zwar als Redetechnik und Stilistik bereits praktische Anwendung fand, jedoch weder als ausgereifte formale Disziplin existierte, noch ausführlich ausgearbeitet und als solche definiert vorlag. Theisias, antiker Rhetor und Schüler des Korax aus Syrakus, wird im platonischen Phaidros, seine Lehrmeinung zur Rhetorik betreffend, ausführlich thematisiert; vgl. Phaidros 267 u. 273 ff. Vieles spricht dafür, Korax und Theisias, Sizilier des fünften vorchristlichen Jahrhunderts, an den historischen Beginn einer systematischen Rhetorik zu stellen; vgl. Stroh, W.: „Die Macht der Rede", S. 43 ff. Ricœur hingegen ortet den Ursprung der Rhetorik bei Empedokles, doch weder in Empedokles' Naturphilosophie noch in seiner Ethik oder seinen übrigen Fragmenten finden sich explizite Bezugnahmen auf die Rhetorik, wenngleich sich Empedokles episch-poetischer Stilmittel bediente und weit über seine sizilische Heimat Akragas (Agrigento) hinaus als hervorragender Redner galt. Korax und Theisias könnten tatsächlich den Anfang einer wirkungsmächtigen Entwicklung gebildet haben, denn sie waren auf forensische Reden spezialisiert, und das Ende der Tyrannis von Syrakus in der ersten Hälfte des fünften Jahrhunderts mit den entstandenen Fragen nach der Neuaufteilung von Grund und Boden könnten den Hin-

der frühesten umfassenden Versuche, die Rhetorik zu beschreiben und zu definieren, finden sich in den platonischen Dialogen *Gorgias* und *Phaidros*, welche die gleichnamigen Protagonisten jeweils mit *Sokrates* führen.

Vor dem soziopolitischen Hintergrund der zu ihrer Hochblüte entwickelten *pólis*, dem faktischen Zentrum antiker Rhetorik, wird im Dialog *Gorgias* anhand der Rhetorik eine ethische Gesamtschau der antiken Welt unternommen, eine dialogisierende *tour d'horizon* der sittlichen Bestimmung des Menschen. Dabei dient die Rhetorik primär als Mittel, als verbale Reflexionsfläche, um die positiven und negativen Seiten antiker Lebensführung dialogisch widerzuspiegeln, und auch dazu, die Rhetorik selbst autoreflexiv zu beleuchten. Durch die im Kern der Rhetorik angelegte Dialektik gelangen sowohl ihre positiven Aspekte zum Vorschein, wenn sie etwa die Position einer vor absehbarem Unheil eindringlich warnenden Instanz einnimmt, als auch ihre Schattenseiten mit den zahlreichen Facetten und Abstufungen hinsichtlich demagogischen Mißbrauches. Doch obwohl die Rhetorik mit ihrer Spannweite das Ganze der Bestimmung des Menschen umfaßt und sämtliche der ihr innewohnenden rhetorisch-dialektischen Mechanismen zum Austrag gelangen können, bleibt sie im Verhältnis zur Dialektik stets in untergeordneter Position: Im Falle

---

tergrund der forensischen Rede als Vorform allgemeiner Rhetorik gebildet haben. Gorgias von Leontinoi (Lentini) und sein athenischer Schüler Isokrates zählten ebenfalls zu den wirkungsgeschichtlich bedeutendsten Rhetoren und Rhetoriklehrern der Antike. Die ersten umfassenden theoretischen Ausarbeitungen der Rhetorik finden sich jedoch erst in den platonischen Dialogen *Gorgias* und *Phaidros* und – *in extenso* – in der *Rhetorik*, *Poetik* und der *Dialektik* des Aristoteles. Vgl. Platon: „Gorgias", in: „Sämtliche Dialoge", Bd. I; vgl. Hellwig, A.: „Untersuchungen zur Theorie der Rhetorik bei Platon und Aristoteles", S. 25 ff.; vgl. Ricœur, P.: „Die lebendige Metapher", S. 15; vgl. Fuhrmann, M.: „Die antike Rhetorik", S. 15 ff.

ihres Einsatzes als sprachliches Mittel gewichtig, jedoch harmlos im Falle ihrer Nichtanwendung.

I. DAS BEHERRSCHEN DES BEGRIFFES: PLATON UND ARISTOTELES

Platon läßt *Gorgias* und *Sokrates* im dialogischen Aufeinanderzugehen seine grundlegenden *Zugänge* zur Rhetorik entwickeln, mit dem Ziel, ihr Wesen und ihren Zweck auszuarbeiten. Obwohl die rhetorische Praxis während der griechischen Antike zwischen Wissenschaft, Kunst und bloßer Fertigkeit des Umganges mit dem Wort oszilliert, dominiert bei Platon zunächst der Zweck ihre Bestimmung. Im Vordergrund steht das sprachliche Vermögen, „*rhetoriké téchnē*"[3] genannt, mit dem durch das Beherrschen des Wortes auch die Überzeugung, Überredung und – final gedacht – Beherrschung der Massen herbeigeführt werden kann.[4] In ihrem materiellen Kern stellt die Rhetorik jene Art der Überredungsweise dar, die primär nicht nach der Vermittlung von Wissen und Wahrheit strebt, sondern im Idealfall in eine Fertigkeit des Glauben-Erweckens mündet.[5] In dieser Zielsetzung ist bereits eine erste fundamentale Kritik an der Rhetorik enthalten, die überdies aus ihr selbst entspringt: Der Anspruch, nicht das Streben nach Wahrheit, sondern das Glauben-Erwecken in der eigenen Definition zu tragen, insinuiert bereits, daß ein beabsichtigter oder akzidentieller Mißbrauch der

---

3 Platon: „Gorgias", 449 c
4 Vgl. ebda.: 452 d; vgl. auch „Phaidros", 261 a. Die Terminologie „*Beherrschung der Massen*" bezieht sich hierbei primär auf Reden an den antiken Gerichtsstätten sowie in den Rats- bzw. Volksversammlungen, nicht jedoch auf die heutigen, im 19. und 20. Jahrhundert mit totalisierenden Aspekten konnotierten Begriffe der Masse und der Demagogie.
5 vgl. ebda.: 455 a; vgl. auch „Phaidros", 267 a und 271 c

Rhetorik nicht die Ausnahme, sondern die Regel darstellt.

Platon läßt Sokrates auf verschiedene Weisen die Kritik an der Rhetorik herleiten, die stilistischen Mittel dieser Deduktionen sind Beispiele vollendeter dialektischer Züge und gleichen selbst einem rhetorischen Lehrstück. Die kritischen Anmerkungen reichen von *„Schmeichelei"* über *„Schattenbild eines Teiles der Staatskunst"* bis hin zur lapidaren Erklärung, die Rhetorik entspräche keiner Kunst, sondern lediglich einer *„gewissen Übung"*⁶. Die Geübtheit bzw. Fertigkeit, die *empeiría* bzw. *téchnē*, spiele – und dies bleibt einer der zentralen Vorwürfe an den Sophisten *Gorgias* – nicht bei den wissenden Zuhörern, sondern nur bei den Unwissenden eine entscheidende Rolle bezüglich dessen, was sie für wahr halten. Sokrates gelingt es nachzuweisen, daß ein in der Redekunst bestausgebildeter Redner keine oder lediglich rudimentäre Sachkenntnis in der vorgetragenen Materie zu haben braucht, um vor unkundigen Zuhörern glaubwürdiger zu erscheinen, als etwa ein Fachmann, welcher der Rhetorik unkundig ist.⁷ Da die nichtwissenden Rezipienten für gewöhnlich die Mehrheit bilden, wähnt sich die Masse durch den Rhetor, der selbst kein Wissender zu sein braucht, belehrt und überzeugt, tatsächlich wird sie jedoch nur überredet. Vor der unkundigen Masse ist der Redekundige zumeist in der Lage, seine redetechnischen Überredungsverfahren zur Erreichung der Glaubwürdigkeit auch ohne Sachkenntnisse in verschiedenen Fachgebieten erfolgreich einzusetzen.

Bereits der platonische Wortgebrauch zeigt, wie sehr die Rhetorik in ihrem Anfang beinahe ausschließlich von ihrer wirkungspsychologischen Seite her gedacht

---

6   Ebda.: 462 c. Die Übersetzung von ἐμπειρία mit *Übung* anstelle von *Erfahrenheit* soll den Gegensatz zu den Künsten verdeutlichen.
7   ebda.: 459

ist, und wie die Termini des *Überredens* und *Überzeugens* nahezu synonyme Verwendung finden.[8] Gerade aufgrund dieses sprachlichen Mangels läßt Platon den Sokrates eine präzise Differenzierung von *Überredung* und *Überzeugung* vornehmen, denn es stand ihm nur eine einzige Bezeichnung für *überzeugen* und *überreden* zur Verfügung, die überdies auch noch im Kontext mit *täuschen* und *für sich gewinnen* Verwendung fand: *peíthein*.[9] Sokrates nennt beide dieser auf einen Zweck gerichteten Weisen der *Überredung*: Er differenziert diejenige Weise der Überredung, die *„Glauben hervorbringt ohne Wissen"*[10], von jener, die zu *„Erkenntnis und Wissen"* führt. Im Entstehenlassen von Glauben, im Glaubenmachen, sei die *„Redekunst ... Meisterin"*[11], denn bereits der *„Kunstgriff der Überredung"*[12] reiche aus, um bei der Masse Glauben zu finden. Indem der Redner weder *a priori* noch ausnahmslos dazu verpflichtet ist, Erkenntnis und Wissen zu vermitteln, ist in der Kunst der Rede die Möglichkeit impliziert, sich systematisch über die Verpflichtung zur Wahrheit hinwegzusetzen. In der rhetorisch geführten Auseinandersetzung obsiegt nicht die Wahrheit, sondern das von der Masse für wahr Gehaltene, nicht die Erkenntnis oder das Wissen, sondern das Resultat des Glaubenmachens, die Illusion. Es gelangt daher auch nicht notwendigerweise das Recht zu seinem Durchbruch, sondern das für gerecht oder für Recht Gehaltene. Die Wirkung des Rhetors auf seine Rezipienten, die Kraft und Gewalt seiner Worte, sie erfüllen zur Gänze die Zielsetzung der Kunst der schönen Rede, im besonderen dann, wenn die Verpflich-

---

8 Platon: „Phaidros", 271 c, „... *daß die Bedeutung der Rede in der Seelenführung liegt,* ..."
9 vgl. Platon: „Gorgias" 452 ff.; vgl. Fuhrmann, M.: „Die antike Rhetorik", S. 12 f
10 ebda.: 454 e
11 Ebda.: 455 a; vgl. ebda.: 453 a: πειθοῦς δημιουργός.
12 ebda.: 459 b: μηχανὴν δέ τινα πειθοῦς

tung zur Wahrheit nicht der ursprünglichen Intention seiner *léxis* entspricht: „*Sie* [die Rhetoren Teisias und Gorgias]*, die erkannten, daß vor der Wahrheit der Schein müsse geehrt werden; die das Kleine groß erscheinen lassen und das Große klein durch die Gewalt ihrer Rede; das Neue alt darstellen und sein Gegenteil neu, und Gedrängtheit ebenso wie endlose Länge der Ausführungen über jeden Gegenstand erfanden.*"[13]

In platonischer Tradition zielt auch Aristoteles' umfassende Ausarbeitung der Rhetorik auf den Gegensatz von Wahrheit und Wahrscheinlichkeit ab: „*Die Rhetorik stelle also das Vermögen dar, bei jedem Gegenstand das möglicherweise Glaubenerweckende zu erkennen.*"[14] Mit dem *Glaubenerweckenden* ist jedoch nicht nur der epistemologisch offene Fragenbereich des *Glaubhaftmachens* selbst angesprochen, die Konsequenz ist weitaus schwerwiegender: Dieser Satz zielt auf den Kern der Theorie der Beredsamkeit, denn er impliziert, daß die Rhetorik im Unterschied zu allen anderen Disziplinen nicht auf den Inhalt des jeweiligen Wissensgebietes fokussiert, sondern lediglich auf das *Glaubhaftmachen* eines beliebigen vorgegebenen Gegenstandes. Nicht das *Was* der materiellen Entwicklung und Fundierung von Gegenständen innerhalb eines Wissensgebietes bildet den Kern der Rhetorik, sondern das *Wie* der Darstellung aller Gegenstände beliebiger Wissensgebiete. Damit beraubt Aristoteles die Rhetorik ihres Anspruches, Gegenstände eines eigenen, definierten Wissensgebietes zu erforschen und zu lehren, und er attestiert ihr damit, nur den Rang einer *methodischen Zwischenposition* zu bekleiden, inmitten von Staatslehre, Ethik, Dialektik und Charakterologie.[15]

---

13 Platon: „Phaidros" 267 a
14 Aristoteles: „Rhetorik", 1355 b 2
15 Die *Charakterologie* im Sinne Aristoteles' entspricht im Ansatz einer rudimentären, auf die rhetorischen Effekte beim Rezipienten bezogenen, wirkungspsychologischen Vorform.

Die Zwischenposition der Rhetorik stellt sohin keine fächerübergreifende inhaltliche Interdisziplinarität dar, sondern lediglich eine formale Verbindung auf methodisch-praktischer Ebene, die Darstellung, Glaubhaftmachung und Wirkung betreffend. Auch aus diesem Grund bezeichnet Aristoteles die Rhetorik als *Nebentrieb*, als *Abbild* und als *korrespondierendes Gegenstück* der Dialektik, die fallweise sogar in das Gewand der Staatslehre schlüpfe. Programmatisch steht dieses Argument daher am Beginn der aristotelischen Rhetorik: „*Die Theorie der Beredsamkeit ist das korrespondierende Gegenstück zur Dialektik; denn beide beschäftigen sich mit Gegenständen solcher Art, deren Erkenntnis auf eine gewisse Weise allen und nicht einer speziellen Wissenschaft gemeinsam ist.*"[16] Die Rhetorik als *antístrophos*, als Gegenstrophe, stellt kein Gegenteil der Dialektik, sondern eine, in wesentlichen Aspekten von ihr unterschiedene Parallelentwicklung dar, ein in Teilen korrespondierendes Gegenstück. Dieser Gedanke ist platonisch, spielt er doch auf die sokratische Analogie im *Gorgias* an, in welcher die Rhetorik als *antístrophos*, als korrespondierendes Gegenstück, in einen Vergleich mit der Kochkunst (sic!) hineingezogen wird:[17] Denn so wie die Kochkunst im Vergleich zur Heilkunst bloß eine Schmeichelei für den Körper sei, könne die Rhetorik als sophistische Schmeichelei für Seele und Geist bezeichnet werden, da sie aufgrund ihrer illusionären Wirkung einen gewissen Wohlgefallen nach sich ziehe. Mit dieser ironisch-pointierten und zugleich metaphorischen These legen Platon und Aristoteles zwar nicht die gesamte Definition der

---

16 Aristoteles: „Rhetorik", 1354 a: „Ἡ ῥητορική ἐστιν ἀντίστροφος τῇ διαλεκτικῇ." Im altgriechischen Terminus στροφή ist neben der *Strophe* selbst auch die Bedeutung einer *Wendung* und sogar das *Synonym von List* und damit ein im Nahebereich des Illusionären befindlicher, wahrhaftigkeitsferner Aspekt mitgemeint.
17 vgl. Platon: „Gorgias" 465 c ff.

Rhetorik vor, doch erzeugen sie damit jene Grundstimmung, in der die Rhetorik fortan situiert bleibt, im Spannungsfeld zwischen Dialektik und Poetik, oszillierend zwischen Analogon und Metapher.

Die zweite Anspielung Aristoteles' besteht in seiner bewußt gesetzten Bezeichnung *antístrophos*, die als *Gegenstrophe* des Chores im antiken Drama gemeinhin bekannt war. Die metaphorische Dimension, die Aristoteles damit gleich zu Beginn seiner Rhetorik öffnet, erwächst aus dem Verhältnis von *Anti-Strophe* zu *Strophe*, denn im antiken Drama repräsentierte die Bezeichnung *antístrophos* sowohl ein kritisches, verneinendes Gegenüber des Chores, als auch ein bestätigendes, wiederholendes Gegenüber. Als ambivalenter Signifikant vereinigte die *Anti-Strophe* damit sowohl die Rolle eines die *Strophe* inhaltlich abschwächenden als auch verstärkenden *contrarium*. Vor diesem Hintergrund spannt die aristotelische Festlegung, die Rhetorik als *Anti-Strophe* der Dialektik zu definieren, ein breites hermeneutisches Spektrum an Verstehensmöglichkeiten auf: Teile der Rhetorik bilden einen Gegensatz zur Dialektik, gleichzeitig jedoch entsprechen sie in funktionalen Grundzügen der Dialektik selbst und zudem verselbständigen sie sich immer wieder, indem sie sich aus der Dialektik methodisch herauslösen, so wie der Protagonist sich aus dem antiken Chor herauslöst und mit diesem per *strophē* und *antistrophē* dialogisiert.[18]

Bezugnehmend auf die rhetorische Praxis in der antiken *pólis* ist die Disziplin der Beredsamkeit durch Ari-

---

18 In der Frühzeit der griechischen Tragödie stand vielfach nur ein einziger Schauspieler dem Chor gegenüber, oft war dieser „erste" Schauspieler der Dichter selbst, der sich aus dem Chor löste und als *Exarchos* mit diesem in der Form Strophe–Antistrophe dialogisierte. Vgl. Kindermann, H.: „Theatergeschichte Europas", Bd. I, S. 33 ff. Die Chorlieder, *Paradoi* und *Stasima*, welche die gesprochenen Teile Prolog, Episodien und Exodus miteinander verbanden, bestanden fast ausnahmslos aus Strophe und Antistrophe. Vgl. Musenides, T.: „Die Bühnenkunst der Antike", Bd. I, S. 18 ff.

stoteles wesentlich weiter gefaßt als der platonische Ansatz. Die Voraussetzungen für ihre erfolgreiche Umsetzung sind für den Rhetor aristotelischen Zuschnitts vielfältig: Für diesen sind philosophische Grundkenntnisse der Logik zur Führung seiner Argumentation ebenso unabdingbar wie Basiswissen auf dem Gebiet der Dialektik, um in der Praxis rasch die Schwächen in logischen Folgerungen eines rhetorischen Kontrahenten detektieren zu können. Auch das Wissen um ethische Grundsätze zählt zu den Voraussetzungen erfolgreicher rhetorischer Anwendung, jedoch nicht primär, um der Wahrheit zum Durchbruch zu verhelfen, sondern um das Glaubhaftmachen der Rechtschaffenheit des Redners vor seinen Rezipienten erfolgreich und zu seinen Gunsten durchsetzen zu können. Des weiteren trägt auch psychologisches Verständnis entscheidend dazu bei, den jeweiligen Zuhörerkreis besser einschätzen und die kollektiven Reaktionen charakterologisch besser antizipieren und dadurch unmittelbar steuern zu können. Gemeinsam ist allen diesen Ansätzen, daß sie die Rhetorik als eine nur zum Teil auf die Fundierung theoretischer Erkenntnis hin orientierte Disziplin fassen und statt dessen die praktische Erweiterung argumentativer Kompetenz in den Vordergrund stellen. Der Rhetor ist weder der Wahrheit als oberstem *télos*, noch dem nachweislich Wahren und Überprüfbaren verpflichtet, sondern nur dem *Schein des Wahren*, dem *Für-wahr-gehalten-Werden*, der *Wahr-scheinlichkeit*.[19] Seine Aussagen kreisen

---

19 Vgl. Aristoteles: „Rhetorik", 1355 b 2: *„Die Rhetorik stelle also das Vermögen (Fähigkeit) dar, bei jedem Gegenstand das möglicherweise Überzeugende (Glaubenerweckende) zu betrachten (zu erkennen). Dies ist nämlich die Aufgabe keiner anderen Fertigkeit (téchnē)"*; vgl. auch Platon: „Gorgias", 465 a: *„Eine Kunst aber leugne ich, daß es sei; sondern nur eine Übung, weil sie keine Einsicht hat ‚von dem', was sie anwendet, was es wohl seiner Natur nach ist, und also den Grund von einem jeden nicht anzugeben weiß; ich aber kann nichts Kunst nennen, was eine unverständige Sache ist."*

um die Begriffe *glaubwürdig, überzeugend, glaubenerweckend* und *wahrscheinlich*, Begriffe, durch welche die Rhetorik sich von allen anderen Fertigkeiten unterscheidet, und in deren Unterton bereits Demagogie anklingt, denn bevor „... *sie gehaltlos wurde, war die Rhetorik gefährlich.*"[20]

II. Krisen des Wortes zwischen Stoa und Imperium Romanum

Die Rhetorik und die mit ihr transportierte, in sie eingebettete verbalradikale Bedeutungserweiterung wurde nicht an sich, sondern erst im Zusammentreffen geistesgeschichtlicher und machtpolitischer Konstellationen gefährlich. Dies war im Aufstehen der älteren und mittleren Stoa und dem gleichzeitigen Erstarken Roms gegeben, dessen Aufstieg zur führenden Macht im Mittelmeerraum während des zweiten vorchristlichen Jahrhunderts seinen vorläufigen Höhepunkt fand. In platonischer und aristotelischer Tradition begreift die Stoa die Rhetorik zunächst ebenfalls als Gegenstück zur Dialektik, ihr Fokus bleibt jedoch stärker auf die Dialektik gerichtet, als „... *Wissenschaft von dem, was wahr, von dem, was falsch, und von dem was keines von beiden ist.*"[21] Indem die Rhetorik aus dem Blickwinkel der Dialektik betrachtet wird, verbleibt sie im Unterschied zur Dialektik derivatartig und damit weiter von der Wahr-

---

20 Ricœur, P.: „Die lebendige Metapher", S. 15
21 Diogenes Laërtius, VII, 42; in Hülser, K.: „Die Fragmente zur Dialektik der Stoiker", Bd. I, Frgm. 33. Anm.: Sämtliche wörtlichen Zitate sind der Fragmentsammlung von K. Hülser entnommen, die Sammlung von H. v. Arnim, „*Stoicorum Veterum Fragmenta*", wird aufgrund ihrer primären Gliederung nach den einzelnen Stoikern nicht gesondert zitiert, sondern es wird hiermit nur allgemein auf die Konkordanz Hülser–v. Arnim, in Hülser, K.: „Die Fragmente zur Dialektik der Stoiker", Bd. IV, S. 1789 ff., verwiesen.

heitsfindung entfernt. *Chrysippos* und zahlreichen andern Stoikern zufolge beschränkt sie sich auf die Formen, Anlässe und den Aufbau möglichst effektiver, wirkungsreicher Vorträge.[22] Nicht nur die paradigmatische Geste des *Zenon von Kition* illustriert die Differenz von Dialektik und Rhetorik: *Zenon* pflegte auf die Frage nach dem Unterschied von Dialektik und Rhetorik die Faust zu ballen, um die Dichte, Konzentration und Spannung der Dialektik darzustellen, und danach die Faust wieder zu öffnen, um die Rhetorik mit einer öffnenden, entspannenden Handbewegung anschaulich zu machen und mit Aspekten des Weitläufigen, Offenen und Erzählerischen zu konnotieren.[23] Diese Geste entspricht auch der *kataleptischen* Vorstellung, die *Zenon* als *das* sensualistische Kriterium in die Philosophiegeschichte des Erkenntnisvermögens einführt. Darunter versteht er ein nicht nur metaphorisch ausgedrücktes, physisches Ergreifen der Dinge, denn in platonischer Tradition faßt *Zenon* die Seele als körperlich auf, deren *Er*greifen einen Anteil am *Be*greifen ihres Wesens hat. Wie *Zenon* das wirklichkeitsabbildende Begreifen des Wesens auf den Begriff bringt, ist in Ciceros *Lucullus* überliefert: „*Zuerst hielt er dem Gegenüber die Rechte mit ausgestreckten Fingern hin und sagte:* »*Eine Erscheinung muß man sich so vorstellen.*« *Darauf zog er die Finger ein bißchen zusammen und sagte:* »*Die Zustimmung so.*« *In der Folge drückte er sie ganz zusammen, machte eine Faust und erklärte, dies stelle das* »*Begreifen*« *dar; von diesem Vergleich leitete er auch den bislang ungebräuchlichen Begriff für die Sache her: katálepsis.*"[24] Ze-

---

22 vgl. Plutarchus, De Stoic. repugn. 28, 1047 A; in Hülser, K.: „Die Fragmente zur Dialektik der Stoiker", Bd. I, Frgm. 51
23 vgl. Sextus Empiricus, Adv. Math. II 6sq; in ebda., Bd. I, Frgm. 35
24 Cicero, M. T.: „Akademische Abhandlungen. Lucullus", St. 145; vgl. Platon: „Theätet", St. 191 f.; vgl. auch Pohlenz, M.: „Zenon und Chrysipp", in Kees, H. (Hrsg.): „Nachrichten aus der Altertumswissenschaft", Bd. II, S. 180 ff.

nons Veranschaulichung seines kataleptischen Zuganges macht den Stellenwert der Rhetorik selbst klar, die damit im Unterschied zur konzentrierten, geballten Dialektik eine offene, auf die Erscheinung bezogene, sich mit der Erscheinung begnügende Dimension zugewiesen erhält.

Die stoische Haltung zur Rhetorik, stets und unmißverständlich der Wahrheit und nicht der Darstellung verpflichtet zu sein, ist sowohl konsequent platonisch als auch aristotelisch formuliert, streicht jedoch die Verpflichtung zur Wahrheit dialektisch noch weit schärfer hervor: Die drei aristotelischen Redegattungen zum Zweck der Glaubhaftmachung beziehen sich auf die verteidigende bzw. anklagende Gerichtsrede, die beratende politische Staats- bzw. Volksrede und die epideiktische Rede, eine darstellende und gleichzeitig bewertende Prunkrede, *génos épideiktikón*, die aus dem dialektischen Verhältnis von Lob und Tadel ein objektives Bild entstehen lassen soll.[25] Bereits die ältere Stoa geht über diese Differenzierung hinaus, indem sie nicht nur postuliert, daß die Rhetorik die *„Wissenschaft vom guten Reden"*[26] sei, sondern auch, daß *gutes* Reden stets mit dem Reden von Wahrem und Wahrhaftigem verbunden und gleichgesetzt werden müsse, denn „... *das gute Reden besteht ... darin, Wahres zu reden."*[27] Eine der Begründungen für

---

25 vgl. Aristoteles: „Rhetorik", 1358 b und 1407 a
26 Quintilianus, M. F.: „Institutio oratoria", II 15, 34: *„huic eius substantiae maxime conveniet finitio »rhetoricen esse bene dicendi scientiam«."* M. Fabius Quintilianus geht in seinem Hauptwerk *Institutio Oratoria* so weit, das *gute Reden* an eine *gute Lebensführung* zu binden: *„Denn diese Bestimmung umfaßt alle Vorzüge der Rede auf einmal und in unmittelbarem Zusammenhang damit auch die sittlichen Lebensgrundsätze des Redners, da er nur dann gut reden kann, wenn er ein guter Mensch ist.",* ebda.: II, 15, 34 und II, 15, 38; vgl. auch ebda.: I, Prooemium, 9.
27 Anonymus, Proleg. in Hermog. de statibus p. 192, 6; in Hülser, K.: „Die Fragmente zur Dialektik der Stoiker", Bd. I, Frgm. 49: „... τὸ ἀληθῆ λέγειν." Die *Ars anonyma Bernensis* ist eine aus dem 10. Jhdt. überlieferte Handschrift, deren Quelle vermutlich aus dem 3. und 4. Jhdt. stammt und auf Porphyrios, Sopa-

diese enorme Anforderung liegt in der von den Stoikern als zweigliedrig aufgefaßten Rede selbst: Diese besteht aus einer inneren und einer äußeren Rede, wobei die innere Rede mit dem Verstand und der Vernunft übereinstimmt, und die äußere Rede die nach außen getragene Vernunft, den verbal geäußerten Verstand darstellt.[28] Was die formalen Anforderungen an die Rede betrifft, fordert die Stoa unverfälschte, hochstehende Sprache, Deutlichkeit und Verständlichkeit, Kürze und Präzision der Darstellung sowie Angemessenheit in bezug auf das gegebene Thema, und sie postuliert ihre radikale Abkehr von Metaphorischem, indem sie vehement auf die *„Verwendung der Wörter in ihrer eigentlichen Bedeutung"*[29] dringt.

Die Forderung nach dem *verbum proprium*, von den Stoikern *kyriología* genannt, stellt ein oft wiederholtes Postulat dar, eine Forderung nach verbaler Präzision, nach textueller Wahrheit hinsichtlich der Bedeutung von Begriffen. Die stoische *kyriología* wurzelt in der aristotelischen Rhetorik und Poetik, in denen mit dem Begriff „*kýrion*"[30] deren Grund gelegt ist. Wurde im Deutero-

---

tros u. a. verweist; vgl. Pohlenz, M.: „Die Stoa. Geschichte einer geistigen Bewegung", S. 52 ff.

28 Vgl. Porphyrius, De abstinentia III, 2 p. 187, 20; in Hülser, K.: „Die Fragmente zur Dialektik der Stoiker", Bd. II, Frgm. 529 A. In diesem Kontext vergleicht *Philo* die innere Rede mit einer Quelle und die äußere Rede mit dem Abfließen; vgl. ebda.: Frgm. 530 ff.

29 Herodianus, De soloecismo et barbarismo, p. 308, 14–309, 5; in Hülser, K.: „Die Fragmente zur Dialektik der Stoiker", Bd. II, Frgm. 595 A. Die gewählte, unverfälschte und hochstehende Ausdrucksweise betraf – als Forderung *hellēnismòs* genannt – die griechische Sprache, welcher *barbarismòs* als „fremdländische Ausdrucksweise" und auch *soloikismòs* als „Ungrammatikalität" entgegengesetzt waren.

30 Aristoteles: „Rhetorik", 1404 b 35. Von Aristoteles wird das κύριον erwähnt, um die herrschende, allgemeingültige und „Verkehrsgeltung" besitzende übliche Bedeutung zu bezeichnen, bei Herodianus und anderen lautet die Substantivierung demnach κυριολογία, vgl. ebda.: Frgm. 595 A.

nomium der einzelne Begriff nur über seine Bedeutungsgrenzen hinaus gedehnt und erweitert, findet sich in der griechischen Rhetorik ein Schlüssel dieses Mechanismus in Form einer ersten Definition der Metapher. Diese legt den Zugang zur intendierten rhetorischen Bedeutungserweiterung und führt zum Verständnis der Verschiebung des *vor* dem *Performativen* und *vor* dem *Perlokutionären*[31] liegenden verbalradikalen Agens der Begriffsverzerrung. Die aristotelische Definition lautet: *„Eine Metapher ist die Übertragung eines, einem anderen gehörenden, Nomens, entweder von der Gattung auf die Art, oder von der Art auf die Gattung oder von einer Art auf eine andere, oder nach den Regeln der Analogie."*[32] Es wird ein einem anderen Bedeutungsraum zugehöriges, fremdes Nomen übertragen, ein Wort, das somit in uneigentlicher Bedeutung, *non proprie*, verwendet wird. Die von Aristoteles genannte *epiphorá* bezeichnet mit dem *epi-phéro* das Darübertragende, Darauflegende einer verschiebenden Übertragung, welche das *metá-phérein* im Sinne einer Deplazierung des Wortsinnes vervollständigt und damit die *Bewegung* rund um das ursprünglich Ausgesagte erst in Gang setzt. Sämtliche um die Metapher kreisende Begriffe, jene des Übertragens, Hinübertragens, Bedeutungsveränderns, sollen die sprachliche Differenz, die zwischen dem *verbum proprium* und seinem metaphorischen Gegensatz klafft, erklärend verbinden und überbrücken. Daher entstammen auch alle diese auxiliaren Begriffe dem etymologisch weiten Feld der *kínēsis*, jenem der Bewegung, die selbst eine Metapher der Bedeutungsveränderung ist, die sich jedoch im verbalradikalen Kontext allmählich zur Erschütterung des ursprünglichen Wortsinnes entwickelt.

---

31   *Performativ* und *perlokutionär* im Sinne J. Austins, in ders.: „Zur Theorie der Sprechakte", S. 112 ff.
32   Aristoteles: „Poetik", 1457 b 8. „Μεταφορὰ δέ ἐστιν ὀνόματος ἀλλοτρίου ἐπιφορὰ …"

In der aristotelischen Definition der Metapher schwingt die Latenz einer übertragenen, nicht von Anfang an ausgesprochenen Bedeutung mit, einer visiblen Verschiebungstätigkeit auf der Ebene des Wortes. Die Metapher, sowohl in der Rhetorik als auch in der Poetik beheimatet, läuft dem *verbum proprium* zuwider. Sie muß sich vom *proprium* entfernen, um eine textuelle Übertragung, eine gedankliche Verschiebungstätigkeit von Attributen eines Nomens hin zu einem anderen, ein Vorstellen unter dem Aspekt von, im Sinne des metaphorischen *Sehen als*, überhaupt in Gang setzten zu können.[33] Auf diese Weise erfährt der primär repräsentierte, textuell visible Begriff eine metaphorische Bedeutungsverschiebung, oftmals eine scheinbare Bedeutungserweiterung, als Wirkung einer verändernden Bewegung, eines Überganges von Aspekten eines Begriffes zu einem anderen. Die metaphorische Bedeutungsverschiebung entspricht einer inhaltlichen Akzentuierung des ursprünglich Ausgesagten, als Schwerpunktsetzung und Amplifikation im Kontext der ursprünglichen Intention.

Ausgehend von der stoischen Forderung nach dem *verbum proprium* stellt die Metapher nicht nur eine Bedrohung für die adäquate Wortwahl dar, sondern bereitet das verbalradikale Terrain geradezu auf, indem sie nicht nur hermeneutisch auf der Ebene des Wortes das Verstehen von einer ursprünglichen oder, aristotelisch gesprochen, *üblichen* Wortbedeutung hin zu einer anderen, mit der Rede intendierten Bedeutung lenkt, sondern

---

[33] Vgl. Black, M.: „Models and Metaphors", S. 25 ff. Auf den kommunizierten Hauptgegenstand werden ein oder meist mehrere fremde, diesem Hauptgegenstand nicht *a priori* zugehörige Aspekte übertragen. Black nennt diese projizierten Aspekte „*associated implications*"; er versteht darunter Aspekte, die einem anderen Nomen gemeinhin assoziativ attribuiert werden, er bezeichnet diese auch als „*commonplaces*", die auf primäre, textuell visible Nomina assoziativ bezogen werden; vgl. Sailer-Wlasits, P.: „Die Rückseite der Sprache. Philosophie der Metapher", S. 28 ff; vgl. Rolf, E.: „Metapherntheorien", S. 35 ff.

auch auf der Ebene des Kontextes irreparable Bedeutungs- und damit Vorstellungsverschiebungen zu bewirken in der Lage ist. Als ob die Funktion der Metapher selbst eine „*Mißhandlung der unversehrten Rede*"[34] darstellte, steht sie im Zentrum jenes Prozesses, der die Bedeutungserweiterung der Worte trägt und vorantreibt, eines Prozesses des Integrierens, Ausschließens und des permanenten Entscheidens. *Krisis* als Entscheidung führt zum Beherrschen des heterogenen Diskurses *qua* Beherrschung seiner Sprachregelungen. An dem Punkt des sprachlichen Entscheidens verschmelzen Sprache und Macht, und es wird festgelegt, in welcher Form sich die Entwicklung des Wissens aus Praktiken der Macht herleitbar macht, sodaß „*... in jeder Gesellschaft die Produktion des Diskurses zugleich kontrolliert, selektiert, organisiert und kanalisiert wird – und zwar durch gewisse Prozeduren, deren Aufgabe es ist, die Kräfte und die Gefahren des Diskurses zu bändigen, sein unberechenbar Ereignishaftes zu bannen, seine schwere und bedrohliche Materialität zu umgehen.*"[35] Die Entscheidung für oder gegen die Bedeutungserweiterung, für oder gegen die Metapher, lenkt den Blick auf die Art und Weise, wie Macht ausgeübt wird, wie sie sprachlich *sowohl durch*

---

34 Ps.-Zonaras, Lexicon s. v. soloikismos, col. 1661; in Hülser, K.: „Die Fragmente zur Dialektik der Stoiker", Bd. II, Frgm. 596 A. Ps.-Zonaras nennt im Kontext seiner Ausführungen die *Mißhandlung der unversehrten Rede* betreffend u. a. den *soloikismos* und den *barbarismos*, worunter Ungrammatikalität und „fremdländische" [Anm.: d. h. nicht-griechische] Ausdrucksweisen subsumiert wurden, die neben vielen anderen Schwächen fehlerhafte Satzgefüge, Pleonasmen, hinsichtlich der Prosodie inkorrekte Betonung sowie mangelhafte Metrik zur Konsequenz hatten und das Sprachempfinden substantiell störten. Das o. g. Lexikon wurde Ps.-Zonaras zugeschrieben, mit einem Entstehungszeitpunkt in der ersten Hälfte des 12. Jhdts., vermutlich entstand es jedoch erst im 13. Jhdt. und verwendet seinerseits als Quelle ältere Lexika.
35 Foucault, M.: „Die Ordnung des Diskurses", S. 10 f.; vgl. ebda.: S. 28 ff.

die Herrschenden als auch durch die Beherrschten hindurch verläuft und sich als Konsequenz in elementarsten Sprachhandlungen illokutionär und perlokutionär materialisiert.[36]

Ebenso stellt der sprachliche Konsens kein voraussetzungsloses Gegebenes, sondern ein sprachlich-hierarchisches Konstrukt dar. Sprachkonsens setzt sogar eine Reduktion von Heterogenität voraus, da zu jedem Beginn eines Diskurses die sprachliche Heterogenität wesentlich mehr Wahrheiten zu umfassen vermochte, als der nach Durchlaufen des rhetorisch-intentionalen Disqualifikationsprozesses übriggebliebene Rest. Der radikale Regreß zu den Wurzeln des Wortes, zu seinem Etymon, kann gerade im stoischen Kontext und dessen Forderung nach dem *verbum proprium* durch die Metapher der Abnutzung und Auslöschung geleistet werden: Die ursprüngliche, erste und im wörtlichen Sinne *radikale* Bedeutung des Wortes liegt anfangs ganz nahe an dem durch es Repräsentierten. Erst durch den nachfolgenden philosophischen Diskurs und den hermeneutischen Fortgang „... *geraten die erste Bedeutung und die erste Verschiebung in Vergessenheit.*"[37] Die Nähe der ursprünglichen Sprache zum Repräsentierten verhilft dazu, die Vorstellung der Dingheit eines Gegenstandes einem denkenden Anschauen zuzuführen, da eine dem Gegenstand benachbarte, nächstmögliche und nächstliegende Sprache Verwendung findet. Doch unmittelbar danach, sobald die Nutzung des Wortes im philosophischen Diskurs beginnt, entstehen Begriffsbildungen und Bedeutungsveränderungen, ausgehend vom und in bezug auf das betreffende radikale Wort.[38] Die stoische Forderung nach der radikalen Anwendung einer direkten, eigentlichen Wortbedeutung stellt einen ausschließenden An-

---

36 vgl. Deleuze, G.: „Foucault", S. 99 ff
37 Derrida, J.: „Die weiße Mythologie", in „Randgänge der Philosophie", Wien 1988, S. 207
38 vgl. ebda.: S. 206 ff

spruch dar. Trotz oder gerade aufgrund der umfassenden Ausarbeitung der Stoiker, was die Differenzierung und Definitionen der Tropen betrifft, von *Metapher* über *Katachresis* und *Metalepsis* bis zu *Synekdoche*, *Metonymie* und *Antiphrasis*[39], steigern diese und besonders ihre kompromißlose *kynische* Schule die aristotelischen Ansprüche, Worte in ihrer eigentlichen Bedeutung zu verwenden, bis in das Extrem: Bereits minimale Abweichungen der Wortbedeutung, Syntax oder Grammatik führen dazu, daß prinzipiell richtig gedachte und *cum grano salis* korrekte Verbalisierungen pauschal als falsche Aussagen bezeichnet werden. Dieser radikale und auf die *radices* der ursprünglichen Wortbedeutung rekurrierende Anspruch, der seinerseits auf den Ausführungen des platonischen *Kratylos*[40] gründet, sollte sich durch eine erhebliche Wirkungsgeschichte auszeichnen und vielfach rezipiert werden, nicht zuletzt von Cicero.[41] Verbalradikalismen der politischen Klasse Roms entstehen daher nicht akzidentiell, sondern werden bewußt und in vollem Unrechtsbewußtsein zur Erreichung des politischen Zieles rhetorisch entwickelt und eingesetzt.

---

39 vgl. Barwick, K.: „Probleme der stoischen Sprachlehre und Rhetorik", S. 90 ff.; vgl. auch Cicero, M. T.: „Brutus", 118 ff
40 vgl. Platon: „Kratylos", St. 391–429
41 Vgl. Cicero, M. T.: „Epistolae ad familiares", Lib. IX, 22, 3 ff; Brief M. T. Ciceros an Lucius Papirius Paetus; vgl. ders.: „De officiis", I, 35, 126 ff. Nicht zuletzt aufgrund der ungleich umfassenderen Verfügbarkeit römischer Texte im Vergleich zu erhaltenen griechischen Reden sowie aufgrund der spärlichen, kaum vorhandenen Quellen zur hellenistischen *Praxis* der Rede soll die römische Theorie und Praxis der Rhetorik für die geistesgeschichtliche Analyse des Verbalradikalismus herangezogen werden.

III. ROMA LOCUTA[42]

Die geopolitische Expansion des republikanischen Rom mit seinen Siegen über Karthago und Hannibal, die Festigung der römischen Vorherrschaft im gesamten Mittelmeerraum und die Ausweitung des Machtbereiches in

---

42 Augustinus, A.: „Sermo 131, c. X, 10"; in: „Sancti Aurelii Augustini Opera Omnia", Patrologia Latina, Bd. 38, S. 734. Das Augustinus zugeschriebene Zitat, *„Roma locuta, causa finita"*, ist sowohl verkürzt als auch verändert, es lautet vollständig: *„Iam enim, de hac causa duo concilia missa sunt ad Sedem Apostolicam: inde etiam rescripta venerunt. Causa finita est: utinam aliquando finiatur error!"* Übers. d. A.: *„In diesem Fall haben nämlich bereits zwei Synoden ihre Akten an den apostolischen Stuhl gesendet, von dort ist auch eine Stellungnahme eingelangt. Die Angelegenheit ist beendet. Wenn doch irgendwann auch der Irrtum aufhörte!"* Die im Laufe der Jahrhunderte unzulässigerweise auf das bloße Zitat verkürzte Aussage, *Roma locuta, causa finita*, betrifft einen von Augustinus differenziert bewerteten und begründeten Sachverhalt. Die Verkürzung und Modifikation zeigt bereits selbst Ansätze verbalradikaler Züge, wird sie doch dazu mißbraucht, eine Aussage innerhalb eines spezifischen Kontextes in eine allgemeingültige Aussage zu transformieren, um sodann mit einer generalisierenden Feststellung Rom pauschal der autoritären Sprechakte zu verdächtigen. So sehr diese Verdächtigung in anderen Fällen der christlichen Kirchengeschichte ihre Berechtigung haben mag, beanspruchen die Worte Augustinus' in diesem Kontext keineswegs Allgemeingültigkeit, sondern beziehen sich ausschließlich auf den von ihm innerhalb der nordafrikanischen Kirche über Jahre bekämpften Pelagianismus. Die nordafrikanischen Synoden verurteilten bereits 416 die Lehre des Pelagius. Auf Betreiben der afrikanischen Bischöfe schloß sich Innocentius I., Bischof von Rom, diesem Urteil an. Dies teilte Innocentius der afrikanischen Kirche mit, wie Augustinus in der zitierten Stelle anführt. Allerdings war damit die Angelegenheit bei weitem nicht erledigt, wie Augustinus mit *causa finita est* erhoffte, da der Nachfolger Innocentius' als Bischof von Rom, Zosimus, die Lehre des Pelagius wieder rehabilitierte, nur um sie danach auf neuerlichen Druck der afrikanischen Kirche wieder zu verurteilen. Vgl. Haller, J.: „Das Papsttum. Idee und Wirklichkeit", Bd. I, S. 90 ff.; vgl. auch: Haendler, G.: „Die Rolle des Papsttums in der Kirchengeschichte bis 1200", S. 84 ff.

den gesamten hellenischen Großraum, nach Kleinasien und Nordafrika führt bereits weit vor der Kaiserzeit, etwa ab dem dritten und verstärkt ab dem zweiten vorchristlichen Jahrhundert zu der bekannten geistigen Öffnung Roms, mit rasanter Rezeption kultureller und geisteswissenschaftlicher Errungenschaften Griechenlands.[43] Im Zuge der wachsenden Bedeutung von griechischer Literatur im allgemeinen und der stoischen Philosophie im besonderen gelangen auch Dialektik und Rhetorik in das neue Zentrum der antiken Macht und entfalten dort ihre größte Wirkung. Die Trägerin dieser Entwicklung ist die griechische Bildungssprache. Ihre Tragweite ist außergewöhnlich und ihre Wirkungsgeschichte epochal, doch ihre Rezeption beginnt auf eher volkstümliche Weise, denn die Römer können selbst noch nicht auf Jahrhunderte eigener geistesgeschichtlicher Aufklärung verweisen, sondern sind gezwungen, sich die kulturelle Gesamtleistung und Modernität der Hellenen in einer griechisch sprechenden und griechisch schreibenden Welt vor Augen zu halten: Der Bogen des kosmopolitischen Hellenismus spannt sich von den Geisteswissenschaften, Künsten und Naturwissenschaften über die Entwicklung der Staatsform mit ihren Institutionen und komplexen Rechtssystemen; er reicht hinein in die detaillierte Differenzierung der Handwerke bis hin zu einem gesellschaftlich an Bedeutung gewinnenden Stellenwert der Ausbildung an sich. Nicht nur der Patrizier, auch der römische Bildungsbürger zu Zeiten der Republik und der Kaiserzeit spricht griechisch und liest griechische Literatur und Philosophie.

---

43 Vgl. Mommsen, T.: „Römische Geschichte", Bde. I–V. „... *es ist ... der tragische Zug der griechischen Entwicklung, daß das attische Seereich mehr eine Hoffnung als eine Wirklichkeit war ... dem hellenischen Panhellenismus ist die Dauer versagt und dem römischen Hellenismus der Vollgehalt.*", in ders.: Bd. V, S. 231; vgl. auch Wendland, P.: „Die hellenistisch-römische Kultur in ihren Beziehungen zu Judentum und Christentum", S. 4 ff.

Marcus Porcius Cato Censorius, der aus seiner scharfen antihellenischen Position, verbunden mit ausgeprägtem Nationalbewußtsein, unaufhörlich vor der Gefahr warnt, die Rom angeblich von Seiten des Griechischen im allgemeinen und der griechischen Literatur und Philosophie im besonderen drohe, ist nicht nur selbst des Griechischen mächtig, sondern umfassend mit griechischer Literatur und Philosophie vertraut:[44] „»*Die griechischen Bücher muß man einsehen, aber nicht durchstudieren ...*«, *lautet einer von Catos Weidsprüchen ...*"[45], der seine Ambivalenz pointiert-arrogant zum Ausdruck bringt.[46] Hinter der Pointiertheit und Arroganz verbirgt sich eine Problematik, die nicht erst Cato, sondern bereits Generationen vor ihm betrifft und die nur zu einem Teil mit dem sich verstärkt ausbildenden Weltmachtsbewußtsein der Römer begründbar ist, denn das in den Jahrhunderten vor der Republik sich erst allmählich entwickelnde Latein weist im Vergleich zum ausgereiften, differenzierten und prächtigen Griechisch noch zahlreiche Unzulänglichkeiten auf.[47] Die mächtige, souveräne und für jeden Römer herausfordernde griechische Sprache steht in den letzten vorchristlichen Jahrhunderten einem Latein mit ruraler Herkunft und dialektaler Belastung gegenüber, dessen Ausdrucksressourcen erst mühsam aufgebaut werden müssen.[48] Zahlreiche griechische

---

44 Vgl. Klingner, F.: „Römische Geisteswelt", S. 34 ff. „*Cato ist der große Griechenhasser, wenn auch oder vielleicht gerade weil er bei aller Überlegenheit eines römischen großen Herren ... auf der griechischen Seite Werte spürte, deren er und seine Römer bar waren.*" Vgl. auch Christ, K.: „Krise und Untergang der römischen Republik", S. 92 ff.
45 Mommsen, T.: „Römische Geschichte", Bd. I, S. 932.
46 vgl. auch Cicero, M. T.: „Brutus" 63 ff.
47 Vgl. Marouzeau, J.: „Quelques aspects de la formation du latin littéraire", S. 8 ff.; vgl. auch Cicero, M. T.: „Gespräche in Tusculum", Buch II, 35: „*Haec duo Graeci illi, quorum copiosior est lingua quam nostra, uno nomine appellant.*"
48 Vgl. Cicero, M. T.: „Orator", 24, 81: „*... frequentissime sermo omnis utitur non modo urbanorum, sed etiam rusticorum ...*".

Lehnwörter werden im zweiten vorchristlichen Jahrhundert, etwa von Plautus und Ennius, zwar noch als Fremdwörter begriffen, jedoch nicht mehr indeklinabel verwendet, sondern bereits lateinisch dekliniert. In vielen anderen Fällen griechischer Bedeutungslehnwörter ist im Lateinischen jene Metaphorik enthalten, mit deren Hilfe die späterkommende Bedeutungsabsorption bewerkstelligt wird, da die Begriffe einem anderen Kontext entstammen und auf die ausgesagten, textuell visiblen lateinischen Bezeichnungen Aspekte anderer Nomina übertragen.[49]

Viele schwerwiegende und folgenreiche hermeneutische Entscheidungen, die seitens der römischen Übersetzer der klassischen griechischen Texte zu fällen sind, kommen insbesondere bei der Übertragung stoischer Begriffe in lateinische Bezeichnungen zum Vorschein, sodaß zahlreiche griechische Ideale mit neuen, vielfach handlungs- und zweckorientierten Aspekten lateinisch aufgeladen und modifiziert werden: Es verändern sich viele Nuancen des Bedeutungsumfanges in der lateinischen Übertragung, dennoch kann etwa *paideía* niemals vollständig in *humanitas* aufgehen, ebensowenig wie *ēthos* in *mores*. Selbst *aretē* bleibt begrifflich stets weiter gefaßt als *virtus*, ebenso wie *tópos* a priori *locus* in Richtung des Thematisch-Ideellen transzendiert, und von der *eudaimonía* zur *vita beata* führt nicht mehr als ein indirekter sprachlicher Weg, an dessen Ende ein kulturell versachlichter und *qua* Rhetorik seiner transzendenten Dimension entkleideter lateinischer Begriff übrigbleibt. Übertragungen, im Zuge derer die Wörter und mit ihnen die Rhetorik selbst eine Differenzierung hinsichtlich ihrer Handlungsanleitung erfahren, stehen an

---

49 Vgl. Marouzeau, J.: „Quelques aspects de la formation du latin littéraire", S. 128 ff.; die Beispiele betreffen sämtliche Bereiche der römischen Lebenswirklichkeit, von *astrum* über *aer* bis *oceanus* und von *theatrum* über *chorus* bis *symposium*, um stellvertretend nur wenige zu nennen.

der Tagesordnung. Zahllose verkürzende Modifikationen und zweckorientierte Amplifikationen bilden das kulturelle Erbe dieser ersten großen Übertragungswelle aus dem griechischen Denken und Sprechen.[50] Cicero übernimmt in seinen Werken nicht nur zahlreiche philosophische und rhetorisch-theoretische Gedanken aus der Rhetorik des Aristoteles, sondern entlehnt auch unzählige rhetorisch-stilistische Formen bis hin zu metaphorischer Ausdrucksweise von griechischen Rhetoren, allen voran von Demosthenes, aber auch von Lysias und Isokrates; er bildet sogar Teile von Argumentationsketten nach und folgt deren Redeaufbau.[51] Generalisierend, jedoch pointiert formuliert Pohlenz: *„Der Grieche fragt bei der Auslegung einer Stelle, was der Autor gedacht, der Römer, was er gewollt hat."*[52] Damit ist die römische Denkweise mit ihrer sprachlich-kulturellen Tendenz zum Konkreten und Positiven angesprochen, jedoch auch die Qualität der vorchristlichen lateinischen Sprache. Marouzeau betont den Umstand, daß sogar die sprichwörtliche *brevitas imperatoria* nicht in erster Linie ihrer besonderen Pointiertheit wegen diesen Ehrentitel zuerkannt bekam, sondern die Kürze der Artikulation eher auf eine Insuffizienz des Wortschatzes einer Sprache, mit Quintilian gesprochen, auf deren Armut verweist.[53]

---

50 Vgl. Pohlenz, M.: „Die Stoa. Geschichte einer geistigen Bewegung", S. 257 ff.; vgl. Fuhrmann, M.: „Die antike Rhetorik", S. 42 ff.; vgl. Stroh, W.: „Die Macht der Rede", S. 244 ff.
51 Vgl. Weische, A.: „Ciceros Nachahmung der attischen Redner", S. 145 ff.
52 Pohlenz, M.: „Die Stoa. Geschichte einer geistigen Bewegung", S. 274; vgl. auch Marouzeau, J.: „Quelques aspects de la formation du latin littéraire", S. 8: „... *le latin apparait comme la langue d'une population fruste, de tournure d'esprit réaliste, positive, concrète*".
53 Marouzeau, J.: „Quelques aspects de la formation du latin littéraire", S. 93 f.; vgl. ders.: S. 107 ff.; vgl. auch Quintilianus, M. F.: „Institutio Oratoria", VIII, 3, 33: *„Multa ex Graeco formata nova ... ideoque paupertate sermonis laboramus."*

Im Zuge des Vorantreibens des Kinder- bzw. Jugendunterrichts seitens der römischen Oberschicht werden griechische Zivilisten und Kriegsgefangene als Sklaven nach Rom deportiert; insbesondere Redelehrer und Lehrer für Dichtung finden ein philosophisch aufnahmebereites und kulturell aufnahmefähiges Publikum in einem *de facto* zweisprachigen Imperium Romanum. In den Rhetorikschulen werden Theorie und Praxis, Lektüre und Übungsrede, an den überlieferten Reden der namhaftesten griechischen Redner des fünften und vierten vorchristlichen Jahrhunderts orientiert, Demosthenes, Isokrates, Lysias, Hypereides und Lykurgos zählen zu den bedeutendsten.[54] Allmählich erfassen Anziehungskraft und Nachhall der griechischen Kultur sämtliche Schichten der römischen Gesellschaft, doch weder die römische Praxis noch die Herleitung der griechischen Rhetorik sind während der ersten vorchristlichen Jahrhunderte deckungsgleich mit dem alten griechischen Bildungsideal der *paideía*, sondern entwickeln sich entlang zweckorientierter Anforderungen einer antiken Weltmacht und der damit einhergehenden sprachlich-kulturellen Transformation: *„Die griechische Philosophie, obwohl sie durch Vermittlung der lehrhaften und vor allem der tragischen Poesie einen gewissen Einfluß auf die Römer gewann, wurde doch mit einer aus bäurischer Ignoranz und ahnungsvollem Instinkt gemischten Apprehension betrachtet … und wie selbst die der Philosophie geneigten Römer von ihr dachten, mögen wohl die Worte des Ennius aussprechen: »Philosophieren will ich, doch kurz und nicht die ganze Philosophie; gut ist 's von ihr*

---

54 Wendland, P.: „Die hellenistisch-römische Kultur in ihren Beziehungen zu Judentum und Christentum", S. 4: *„Der Hellenismus hat, um nur seine größten geschichtlichen Wirkungen zu erwähnen, … an den Römern eine große Erziehungsarbeit erfüllt … und damit allen Völkern einen wesentlichen Beitrag zur grammatischen, logischen, rhetorischen Terminologie beigesteuert"*; vgl. auch Cicero, M. T.: „Brutus" 26 ff. und 325 ff.

*nippen, aber sich in sie versenken schlimm« ..."*⁵⁵ Diese vermeintlich nebensächliche Differenz der zweckorientierten Perzeption zeichnet jedoch jene klare Entwicklungslinie nach, in der im Rom der Republik und Kaiserzeit allmählich der stoische Anspruch einer Rhetorik der *theoretischen Überzeugung* der rhetorischen Praxis der *Überredung* weicht. Die Rede beginnt allmählich, sich dem Sachzwang der *res publica* unterzuordnen und auf meßbare, nachweisliche Ergebnisse im römischen Senat, vor Gericht und im politischen Diskurs auf Themen, die sämtliche soziale Schichten betreffen, zu fokussieren, denn die *res publica* war aufgrund ihrer Modernität strukturell erstarkt wie nie zuvor in der Menschheitsgeschichte, *„Rom war, was Griechenland nicht war, ein Staat."*⁵⁶

Als Weltmacht der Antike ist dieser Staat in den wechselvollen Jahrhunderten der Republik im wesentlichen durch ständische Strukturen geprägt und, daraus resultierend, durch schier unauflösbare Antagonismen zwischen den dominierenden und den dominierten politischen Kräften. Auch wenn die Teilnehmer an der *res publica* noch keine politischen Parteien moderner Prägung verkörpern, heterogen zusammengesetzt sind und ihre Kräfteverhältnisse riesigen Schwankungen unterliegen, benötigen jene, die Hegemonie ausüben, Patrizier und Optimaten, die Rhetorik gegenüber einer Mehrheit von Plebejern und Popularen. Die grundsätzliche Gegnerschaft figuriert in Rom nicht als Derivat der griechi-

---

55 Quintus Ennius, Schriftsteller während der Republik und Zeitgenosse Catos, zit. nach Mommsen, T.: „Römische Geschichte", Bd. I, S. 931. Vgl. Vahlen, I. (Hrsg.): „Ennianae poesis reliquiae", 417 f.; vgl. auch Cicero, M. T.: „Tusculanae disputationes", II, 1, 1, der sich darin ebenfalls auf Ennius, bezieht: „... *apud Ennium philosophari sibi ait necesse esse, sed paucis: nam omnino haud placere.*" Vgl. auch ders.: „De Oratore", II, 156. Vgl. zu *paideía* auch Brown, P.: „Macht und Rhetorik in der Spätantike. Der Weg zu einem »christlichen Imperium«.", S. 51 ff.
56 Mommsen, T.: „Römische Geschichte", Bd. I, S. 941

schen Volksversammlung, im Gegenteil, die Antagonismen entstehen vornehmlich durch den Senat, seine Entscheidungsgewalt und deren Resultate in Form von sozialen Ungleichverteilungen. Ein wesentlicher Aspekt wird jedoch nicht in Rom hervorgebracht, sondern durch die griechischen Sklaven als weltanschauliche Tradition in das römische Staatswesen importiert: die Ideologie des Tyrannenhasses.[57] Um die Kritik an der herrschenden Nobilität zurückzuweisen, verwenden etwa die Optimaten gegen die Popularen Begriffe aus dem Bedeutungsraum des Wütens und der Raserei, um den politischen Gegner polemisch mit performativen Assoziationen zu diskreditieren.[58] Ebenso finden zahlreiche Bedeutungserweiterungen und -verlagerungen statt: Positiv konnotierte Begriffe, wie etwa *audacia*, dessen Bedeutungsraum *Verwegenheit*, *Kühnheit* und *Wagemut* umfaßt, werden beispielsweise von Cicero und Sallust um die Bedeutungen von *Frechheit* und *Unverschämtheit* im Sinne des Brechens von Regeln oder des Aufbegehrens gegen Herrschaftsstrukturen erweitert.[59]

---

57 vgl. Platon: „Der Staat", u. a. 338 ff., 364 ff. und insbes. 564 ff
58 Vgl. Weische, A.: „Studien zur politischen Sprache der römischen Republik", S. 23 ff. Weische analysiert in seiner Studie u. a. die Begriffe *furor, furere, furibundus,* bzw. *furiosus* und stellt fest: „*Der abfällige Ton, mit dem man in dieser Weise einen Redner charakterisierte, machte diese Wörter geeignet, ... zur Bezeichnung der rednerischen Agitation der Volkstribunen ... gebraucht zu werden.*" Furor ist demzufolge auch oft mit dem Begriff des Wahnsinns konnotiert, vgl. Cicero, M. T.: „Orator", 99: „*... wenn er vor unvorbereiteten Ohren die Angelegenheit voll Feuer und Flamme abhandelt, dann wirkt er wie ein Wahnsinniger vor Vernünftigen, wie ein trunken Tobender vor Nüchternen.*"
59 Vgl. Weische, A.: „Studien zur politischen Sprache der römischen Republik", S. 66 ff.; vgl. Cicero M. T.: „Orator", 129: „*... homo audacissimus Catilina in senatu accusatus obmutuit.*"

IV. (Un)aufhaltsames Emporkommen der Redner

Schwierigkeiten griechischer Rezeption zeigen sich auf vielen Ebenen: etwa bei übersetzungskritischer Betrachtung des ersten Satzes der aristotelischen Rhetorik, dessen Übertragung von Cicero nicht nur wortgetreu, sondern auch unter Beibehaltung der innewohnenden Metaphorik versucht wird: *„Und schon vor ihm erklärt Aristoteles am Anfang seiner Rhetorik, diese Kunst sei gewissermaßen ein Gegenstück der Dialektik; ..."*[60] Entgegengesetzte Aspekte verwandter Disziplinen werden von Cicero nicht im Blick auf das *Gegen* übertragen, sondern nur lapidar mit *quasi ex altera parte* wiedergegeben. Bereits in den ersten Passagen von *De Oratore* findet sich der Hinweis auf die schier unüberbrückbare Divergenz zwischen den Reden eines umfassend humanistisch gebildeten Redners und jenen eines ausschließlich ergebnis- und zweckorientierten Redners. Cicero spricht die unüberwindliche Differenz zwischen diesen beiden diametral auseinanderstrebenden Rednertypen aus verschiedenen Blickwinkeln über das gesamte Werk verteilt an. Für Cicero wird anhand dieses Kontrastes auch die Polarität zwischen Rhetorik und Dialektik exemplifizierbar, denn nur aufgrund des Bestehens divergenter Standpunkte kann jener grundlegende Konflikt erzeugt werden, der zur rhetorischen Amplifikation und performativen Radikalisierung des Wortes zwecks Diskreditierung des politischen Gegners führt.

Cicero, der sein Hauptwerk zur Rhetorik in Form eines Dialogs verfaßt, erwähnt zu Beginn des ersten Buches seine eigene Jugend und die zu diesem Zeitpunkt bereits Jahre zurückliegenden Gespräche mit seinem Bruder Quintus, der die hehren Bildungsansprüche Ciceros an die Rhetoren nur teilweise teilte und der es vor-

---

60 Cicero, M. T.: „Orator", 114. *„Atque etiam ante hunc Aristoteles principio artis rhetoricae dicit illam artem quasi ex altera parte respondere dialecticae ..."*

zog, sich mit dem Talent der Redefertigkeit und der Wirkung des Wortes zu begnügen.[61] In den ersten Dialogen von *De Oratore* wird der angeblich allumfassende Anspruch der Rhetorik *prima facie* positiv dargestellt, und es wird auch das Verhältnis von Philosophie und Rhetorik ausführlich diskutiert, doch bereits die Verwendung bestimmter Begriffe im Kontext des *orator perfectus*, nährt den Zweifel an der positiven Lesart der Dialogisierenden und ruft zum Widerspruch auf, denn: Bereits *"... die Fähigkeit, durch die Rede die Gedanken der Menschen zu fesseln, ihre Zuneigung zu gewinnen, sie dorthin zu bringen, wohin man will, und sie abzubringen, wovon man will"*[62], überschreitet die Grenze des wirkungspsychologisch Zulässigen und redetechnisch Bewunderungswürdigen hin zum rhetorisch Manipulativen. Dasselbe gilt für die Empfehlung, vor jeglicher inhaltlicher Sachverhaltsdarstellung, einzig aufgrund des *ēthos* – des Charakters, der Haltung und Glaubwürdigkeit – des Redners, die Sympathie des Publikums zu erwirken, erst danach die Fakten darzulegen, am Ende der Rede jedoch textuelle Amplifikationen einzuflechten und überdies mit reichem Redeschmuck versehen vor-

---

61 Cicero, M. T.: „De Oratore", I, 5. Hauptredner der Dialoge des ersten Buches von *De Oratore* ist der Rhetor Lucius Licinius Crassus, als Prokonsul und Zensor zur Zeit der Dialoge eine der einflußreichsten Persönlichkeiten Roms. Auf dessen Landgut bzw. in dessen Villa in Tusculum situiert Cicero im Jahre 91 v. Chr. die Gespräche zwischen Lucius Licinius Crassus, seinem politischen Weggefährten Marcus Antonius (Großvater des Triumvirn Marc Anton, gleichfalls Konsul und Zensor) sowie weiteren hochrangigen Rednern, darunter Quintus Mucius Scaevola, Gaius Iulius Caesar Strabo (Großonkel von Gaius Iulius Caesar), Konsul Gaius Aurelius Cotta und Volkstribun Publius Sulpicius Rufus; vgl. ebda. S. 441 ff.
62 Ebda.: I, 30: „... *adlicere voluntates, impellere quo velit, unde autem velit deducere*"; vgl. auch Classen, J. C.: „Recht – Rhetorik – Politik: Untersuchungen zu Ciceros rhetorischer Strategie", S. 275.

zutragen.[63] Cicero fordert auch in anderem Kontext wiederholt zu wissentlich übersteigerter Darstellung auf und stellt diese als zweckorientierte Tugend des guten und erfolgreichen Redners dar: Der nach dem *páthos*, der großen Gemütsbewegung seiner Zuhörer strebende Redner solle alles Negative der rhetorisch dargestellten Lebenswirklichkeit so schmerzlich wie möglich schildern, ebenso solle er, um nachhaltigen Erfolg verbuchen zu können, positive Tatbestände so weit wie möglich drastisch überhöhen.[64] Um dies zu erreichen, mengt der ideale Redner Ciceros, der *summus orator*, dem *páthos* auch *tropische Elemente* bei, Aspekte des Metaphorischen, unter welchen die Mitteilung, neben ihrem „objektiven", „eigentlichen" Gehalt, noch vorzustellen sei.

Das Argument Ciceros *gegen* die Einbindung philosophischer Gedanken in Reden erweckt den Anschein, als ob er gegen die Differenziertheit selbst eine rhetorische Strategie der Desillusionierung im Sinn gehabt hätte. Er plädiert trotz seines Naheverhältnisses zur griechischen Philosophie und der damit verbundenen Hochachtung vor ihr, die er im *Orator* ausdrücklich als Voraussetzung des perfekten Redners anführt, *gegen* deren explizite Anwendung innerhalb der Rhetorik.[65] Mit dieser Empfehlung versucht er sicherzustellen, daß die rhetorische Zweckerreichung, der er höchsten Stellenwert einräumt, keinesfalls gefährdet wird. Die Bedeutung des Einsatzes philosophischer Argumentation innerhalb einer Rede sei nicht marginal, so Cicero, schlimmer noch,

---

63 Ebda.: I, 143 f.: „... *ante quam de re diceremus, initio conciliandos eorum esse animos, qui audirent, deinde rem demonstrandam ... quae pro nobis essent, amplificanda et augenda ... praecipitur ... ut ornate [loquamur].*"
64 vgl. ebda.: I, 221 f.; vgl. auch Michel, A.: „Rhétorique et philosophie chez Cicéron", S. 256 ff
65 Cicero, M. T.: „Orator", 118: „*Nec vero dialecticis modo sit instructus, sed habeat omnes philosophiae notos et tractatos locos.*" Zum Naheverhältnis Ciceros zur Philosophie vgl. Klingner, F.: „Römische Geisteswelt", S. 123 ff.

die Integration philosophischer Gedanken in Reden sei geradezu kontraproduktiv; dies nicht nur ob ihrer Komplexität, sondern grundsätzlich.[66] Der Redner möge darüber hinaus auch nicht willentlich Sympathien bei seinen Rezipienten verlieren und daher „... *nicht so weise unter Dummköpfen erscheinen, daß die Zuhörer ihn entweder für einen albernen Kerl oder für ein Griechlein*[67] *halten, oder es ihnen, auch wenn sie seine Begabung sehr anerkennen, schwer aufs Herz fällt, daß sie Dummköpfe sind.*"[68] Wiewohl die Bedeutung der Philosophie nicht hoch genug geschätzt werden könne, seien philosophische Begriffsbestimmungen in Reden völlig entbehrlich, denn, so der Tenor des Dialogs zwischen Antonius und Crassus weiter, „... *wir, mein Crassus, suchen etwas anderes, etwas ganz anderes.*"[69] Dieses andere ist das Ideal rhetorischer Dignität in der Person eines psychologisch versierten Redners, „... *der mit feinem Gespür erforscht, was seine Mitbürger und die Menschen, die er durch seine Rede von etwas überzeugen will, denken, fühlen, meinen, erwarten. Er muß jeder Klasse, jedem Alter und jedem Stand den Puls fühlen und die Gedanken und Empfindungen derer erschmecken, vor denen er ... auf-*

---

66 vgl. Cicero, M. T.: „De Oratore", I, 219 f.; auf die Stoa bezugnehmend, vgl. ebda.: II, 158 f. sowie III, 66

67 Die Bezeichnung *Graeculus*, Griechlein, stellt einen spöttisch-arroganten Diminutiv dar, mit dem sogar bildungsnahe Römer – möglicherweise aufgrund des fehlgeleiteten Bewußtseins, im Vollbesitz der gesamten antiken Welt zu sein – vergeblich versuchten, die Überlegenheit der griechischen Kultur, auf die sie täglich verwiesen wurden und von der sie in Permanenz Anleihen nehmen mußten, in ihr römisches Wertegefüge ein- bzw. unterzuordnen. Zum Terminus *Graeculi* vgl. auch Stroh, W.: „Die Macht der Rede", Fn. 2, S. 245.

68 Cicero, M. T.: „De Oratore", I, 221; vgl. u. a. ebda.: II, 159 f.

69 Ebda.: I, 222. Im Blick auf Aristoteles gibt Cicero aus römischer Perspektive das gespannte Verhältnis von Philosophen und Rhetoren in einem pointierten Dialog wieder: „*Die Philosophen blickten mit Verachtung auf die Beredsamkeit herab und die Redner auf die Philosophie*"; ebda.: III, 72.

treten wird oder aufzutreten vorhat."[70] Aus dieser psychologisch motivierten Orientierung wird der Redner geradezu angestiftet, mit Hilfe seiner Wortwahl die Dramaturgie der Rede mittelbar und gleichzeitig weit über deren Inhalt hinaus zu beeinflussen und damit sein Publikum tendenziell zu steuern.[71] Verbale Überhöhungen stellen daher keine als überzeichnende Entgleisungen qualifizierbaren Ausnahmen dar, sondern bilden die Regel, nach der sich eine Rede von einem konstativen, lokutionären bzw. rhetischen Akt zu einem gelungenen illokutionären Sprechakt emporentwickelt. Den römischen Rhetor interessiert überdies das wirkungspsychologisch meßbare Ergebnis des Perlokutionären, das im Extremfall in reiner Manipulation seiner Zuhörer resultiert.[72]

Obwohl bereits Aristoteles *in extenso* die *Angemessenheit des Ausdrucks*[73] differenzierend einfordert und

---

70 Ebda.: I, 223; vgl. auch Classen, J. C.: „Recht – Rhetorik – Politik: Untersuchungen zu Ciceros rhetorischer Strategie", S. 369.
71 Ciceros Reden gegen den Putschisten Catilina und gegen Gaius Verres, den verbrecherischen Statthalter Siziliens, sind Beispiele für rhetorische Steuerung, bei der durch taktische Attacken mittels verwegener Wortwahl direkte Handlungen hervorgerufen wurden. Nicht die rhetorische Taktik an sich, sondern die in ihr enthaltene verbale Überzeichnung löst im Sinne der Perlokution den Effekt bei den von Cicero angegriffenen Personen Catilina und Verres aus, wodurch deren überstürzte Handlungen *ex post* den Charakter von Schuldeingeständnissen erhalten. Die zweite Rede gegen Verres wurde von Cicero gar nicht mehr vorgetragen, da der Angeklagte Verres in der Zwischenzeit bereits geflohen war. Vgl. Cicero, M. T.: „Catilinarische Reden", in ders.: „Sämtliche Reden", Bd. II, S. 229–289; sowie ders.: „Staatsreden", Bd. I, S. 166–237; vgl. auch Fuhrmann, M.: „Geschichte der römischen Literatur", S. 147 ff.; vgl. Cicero, M. T.: „Die Reden gegen Verres", S. 8–223.
72 Vgl. Searle, J. R.: „Ausdruck und Bedeutung. Untersuchungen zur Sprechakttheorie", S. 31 ff.; vgl. Austin, J. L.: „Zur Theorie der Sprechakte", S. 113.
73 Vgl. Aristoteles: „Rhetorik", 1408 a, sowie zur Differenzierung von ἦθος und πάθος ebda.: 1388 b 30 ff.; vgl. auch Aristote-

dabei sowohl *ēthos* als auch *páthos* der Rede und der Redesituation stets an die *proprietas*, die eigentliche, nichtmetaphorische Ausdrucksweise bindet, und obwohl Cicero selbst auf die eminente Bedeutung der aristotelischen Rhetorik verweist,[74] führt all das nicht zu einer Abkehr Ciceros vom Primat der zweckorientierten Anwendung rhetorischer Psychologie, weder in seinem *Orator* noch in *De Oratore*. Aristoteles beschreibt mit *prépon* das Angemessene und das sich Ziemende als Haltung des Redners, der stets darauf bedacht nimmt, daß „... *die sprachliche Formulierung ... in der rechten Relation zu dem zugrundeliegenden Sachverhalt steht.*"[75]

Aristoteles begnügt sich weder in seiner Rhetorik noch in seiner Poetik damit, *ēthos* zu definieren, sondern macht dieses aus der Perspektive verschiedener Gesichtspunkte erschließbar.[76] Im Kontext der Redesituation und der Charakterologie des Rednertypus kann eine Annäherung an das *ēthos* gefunden werden, als allgemeine, durch die Lebenswirklichkeit des Redners bestimmte Disposition, die als seine je eigene sittliche Haltung und Verfaßtheit auch zur Grundlage seiner Rede wird. Einer alternativen *Konjektur* folgend, kann mit *ēthos* auch der *gewöhnliche Aufenthaltsort des Sinnes* oder der *Wohnort der Denkweise* beschrieben werden. Im *ēthos* liegt sohin der Grund für eine tiefe Vertrautheit, die einer *Heim-statt des Denkens*, als *Heimlichkeit des Bekannten*, gleichkommt, im Gegensatz zu der *Un-heim-*

---

les: „Poetik", 1460 a; vgl. auch Hellwig, A.: „Untersuchungen zur Theorie der Rhetorik bei Platon und Aristoteles", S. 233 ff.
74 vgl. Cicero, M. T.: „De Oratore", II, 160 ff
75 Aristoteles: „Rhetorik", 1408 a; vgl. Hellwig, A.: „Untersuchungen zur Theorie der Rhetorik bei Platon und Aristoteles", S. 244 f.
76 Vgl. Aristoteles: „Rhetorik", 1388 b 31 ff.; vgl. Barwick, K.: „Das rednerische Bildungsideal Ciceros", S. 76 ff.; vgl. auch Russo, A.: „La filosofia della retorica in Aristotele", S. 67 ff.

lichkeit des Unvertrauten.[77] Daher schlägt das *ēthos* der Rede, aufgrund seines Moments des vertrauten Wiedererkennbaren, aufgrund der Nähe einer vertrauten Denkweise, die wie eine bekannte Sitte oder ein geübter, gewohnter Brauch wirkt, die Brücke zu seinem Publikum. Das *ēthos* als Versicherung der Glaubwürdigkeit des Redners wird unter anderem von seiner standesgemäßen Wortwahl und von der Erfüllung der Erwartungen, die seine Hörer an ihn haben, bestimmt. Die Abweichung vom *ēthos*, aufgrund einer der Situation oder dem Gegenstand unangemessenen, etwa zu kunstvollen Sprache ist dazu angetan, das Mißtrauen der Hörer zu wecken und gilt für Aristoteles als ein die Glaubwürdigkeit des Redners unterlaufendes Verhalten. Das *páthos* hingegen ist kein bloßes Derivat des *ēthos*, sondern gründet in diesem. *Páthos* bildet als Leidenschaft den sprachlich wirksamen Niederschlag des *ēthos*. Von seiner Tendenz ist es niemals zurückhaltend, sondern vordergründig, laut und dazu in der Lage, im Übertönen des *ēthos* über Unvertrautes rhetorisch hinwegzutäuschen und zur vermeint-

---

77 Die Begriffe des *Unvertrauten* und der *Unheimlichkeit* sind an M. Heideggers Daseinsanalyse der Sorge entlehnt. Darin stellt Heidegger das Wovor der Furcht als ein auf ein konkret innerweltlich Seiendes gerichtet dar. Es gründet als Phänomen auf Angst, die ihrerseits auf *kein* konkretes innerweltlich Seiendes rekurriert, sondern ihren apriorischen Charakter auf Unbestimmtheit und Nichtbezogenheit gründet. Gegenüber der Furcht ist die Angst sohin kein bestimmter, sondern ein völlig unbestimmter Modus, weder das *Wovor* der Angst, noch ihr *Worum* sind auf innerweltlich Seiendes ausgerichtet. Ebenso wie die Furcht besteht jedoch auch die Angst wesentlich aus Elementen der Bedrohung und Bedrohtheit; das unbestimmt Drohende ist vorhanden, jedoch noch nicht *eingetreten*. Da es noch nicht *eintrat*, steht es als unbestimmte Angst noch vor der *Eintritts-Schwelle*, es befindet sich noch außerhalb des ikonisch-metaphorischen *eigenen Hauses*, es ist „*un-heimlich*", wie Heidegger herleitet, auf diese Weise gerät das „*In-Sein*" als vertrautes „*Wohnen-bei … in den existenzialen ‚Modus' des ‚Un-zuhause' "*; vgl. Heidegger, M.: „Sein und Zeit", S. 188 f.

lichen Sicherheit des illokutionär-deklarativen *"... wie wir alle wissen ..."* überzuleiten.⁷⁸ Damit bilden die Komponenten stürmischer Leidenschaft und glühenden Eifers ein wichtiges komplementäres Element der Zweckerfüllung einer Rede und entfernen sich von der stoischen Sachlichkeit des *verbum proprium*, der Eigentlichkeit einer vertrauten, eigenen Wohnstatt des Ausdruckes, bei Aristoteles daher als *oikeía léxis*⁷⁹ bezeichnet. Die Erlaubnis zu uneingeschränkter Metaphorik zum Zwecke der Gedankenführung des Publikums erteilt Cicero seinem vollkommenen Redner bereits im *Orator*: *"Der vollkommene Redner wird ... Metaphern jeder Art reichlichst benutzen, weil diese aufgrund der Ähnlichkeit den Geist ... hierhin und dorthin leiten ..."*⁸⁰ Und Cicero führt seinen Ansatz weiter aus: *"Der Redner, den wir suchen, wird demnach derart sprechen, daß er dasselbe Thema mehrfach auf verschiedene Weise behandelt ... oft wird er etwas verkleinert darstellen; oft es mit Spott bedenken; er wird den Gedankenablauf vom gesetzten Thema ablenken und [auf] andere Wege leiten ... er wird sich in anderem Sinne, als er spricht, aufgefaßt und verstanden wissen wollen; er wird ... gewisse Dinge übergehen beziehungsweise unberücksichtigt lassen ... die Schuld, die man ihm selbst anlastet, dem Gegner in die Schuhe schieben ... er wird sich die Freiheit nehmen, eine kräftigere Sprache zu führen ... oft wird er etwas über alles mögliche Maß hinaus übertreiben ..."*⁸¹

---

78 Aristoteles: „Rhetorik", 1408 a 32 ff.: *"Beeindruckt aber werden die Zuhörer auch durch die Redeweise, die die Redenschreiber im Übermaß anwenden: »Wer weiß nicht?«, »jedermann weiß«; denn aus Scham stimmt der Zuhörer zu, um an dem teilzuhaben, was alle anderen besitzen."* Vgl. auch Quintilianus, M. F.: „Institutio oratoria", VI, 2, 8 ff.
79 Aristoteles: „Rhetorik", 1408 a 20
80 Cicero, M. T.: „Orator", 134; vgl. ders.: „De Oratore", III, 167 ff.; vgl. auch Quintilianus, M. F.: „Institutio oratoria", VIII, 6, 4 ff.
81 Cicero, M. T.: „Orator", 137 ff; vgl. ders.: „De Oratore", III, 104 ff; vgl. ders.: „Brutus", 223 f.

Die Entscheidung darüber, ob in der Rede dem *ēthos* und damit der Glaubwürdigkeit des Rhetors Genüge getan wird, welche Emotionen das *páthos* der Rede zu entfachen in der Lage ist und welche Verbalisierung letztlich als *prépon*, als angemessen gilt, wird nicht nur durch die grundlegenden Motive des Redners, seinen Charakter und seine Leidenschaft beeinflußt, sondern zu gleichen Teilen auch von seinen Rezipienten bestimmt. Aristoteles geht daher noch einen Schritt weiter und gibt den antizipativen Ratschlag, die unangemessene Wortwahl erst gar nicht entstehen zu lassen, da sich mit der häufigeren Anwendung des *verbum proprium* auch die Glaubwürdigkeit des Sachverhaltes erhöhe. Prinzipiell sei daher die Selbstdisziplin im Falle eines den Affekten freien Lauf gewährenden Redestils anempfohlen: *„Ein Heilmittel aber für jede Übertreibung ist die bekannte Praxis: Man muß sich nämlich selbst zurechtweisen; denn dann scheint die Sache wahr zu sein, da dem Sprechenden nicht verborgen bleibt, was er tut."*[82]

Cicero übersetzt im Orator *prépon* mit *decorum*[83], was im ersten Hinblick korrekt erscheint, jedoch bereits *in nuce* die Gefahr birgt, weniger auf den sprachlichen Ausdruck als auf den besprochenen Gegenstand zu fokussieren. Während Aristoteles mit *prépon* Ausdruck und Angemessenheit aneinander bindet, sind in Ciceros *Konjektur* der lateinischen Übertragung von *decorum* Gegenstand und Angemessenheit miteinander verknüpft. Das Resultat ist eine sprachliche Hinwendung zur Handlungsorientiertheit, zu einer Vorform römischer Pragmatik, welche tendentiell dazu bereit ist, den Verlust an sprachlicher Differenziertheit zugunsten von

---

82 Aristoteles: „Rhetorik", 1408 b
83 Cicero, M. T.: „Orator", 70. „πρέπον appellant hoc Graeci, nos dicamus sane decorum." Zum Themenbereich von *verbum proprium* und *ornatus orationis* vgl. Causeret, C.: „Étude sur la langue de la rhétorique et de la critique littéraire dans Cicéron", S. 120 ff. und S. 170 ff.

Wirksamkeit in Kauf zu nehmen. Ein Zuviel an offensichtlich erkennbaren rhetorischen Kunstgriffen, an ostentativ praktizierten rhetorischen Fertigkeiten führt jedes rednerische Vorhaben an sein Scheitern heran, da die rednerischen Motive durchschaubar werden; auch diese aristotelische Position übernimmt Cicero zur Gänze.[84]

Annähernd zwei Jahrhunderte später, in einem politisch, gesellschaftlich und kulturell vollkommen anderen Kontext, bezieht Cornelius Tacitus[85] in seinem *„Dialog über die Redner"* zunächst eine mehr als ambivalente Position zu Cicero, dem er einerseits in dessen frühen Reden rhetorische Schwerfälligkeit und veralteten, langatmigen Stil unterstellt,[86] den er andererseits jedoch ob seiner umfassenden Bildung bewundert und mit dem er sich sogar teilweise parallelisiert.[87] In seinem kritischen Rückblick auf Cicero und die Rhetoren jener Zeit, die bei der Abfassung seines *Dialogus* bereits etwa zwei Jahrhunderte zurückliegt, findet Tacitus, als Kritiker des

---

84 vgl. Cicero, M. T.: „De Oratore", II, 152 ff.
85 Publius Cornelius Tacitus' genaue Lebensdaten sind in Ermangelung detaillierter biographischer Überlieferungen nicht gesichert, können jedoch aufgrund von Briefwechseln mit Plinius d. J. sowie durch direkte Bezugnahmen auf historische Ereignisse mit etwa 57 bis 119 n. Chr. angenommen werden. Vgl. u. a. Volkmer, H. in: Tacitus, C.: „Dialogus de oratoribus", S. 82 ff.
86 Vgl. Tacitus, C.: „Dialogus de oratoribus", 22, 3 ff. Die Kritik an Cicero läßt Tacitus von Curiatius Maternus, dem Gastgeber des Dialogs, Anwalt und Rhetor in Rom, formulieren. Die anderen Teilnehmer des sich im Aufbau an Ciceros *De Oratore* orientierenden *Dialogus de Oratoribus* sind Vipstanus Mesalla, Tribun unter Kaiser Vespasian und später Senator, Iulius Secundus, ein aus einer Rednerfamilie entstammender Gallier und Freund von Quintilianus, sowie M. Iulius Aper, ein während der zweiten Hälfte des ersten nachchristlichen Jahrhunderts bekannter römischer Anwalt und Redner.
87 Vgl. ebda.: 30, 4 ff., sowie ebda.: 22, 1: *„... Cicero ..., der denselben Kampf mit seinen Zeitgenossen auszufechten hatte, wie ich mit euch."*

Prinzipats und Anhänger der republikanischen Werte, unverblümte Worte für ausufernde Reden und verbalradikale Tendenzen. Tacitus versucht, eine Begründung für die Bedeutung der verfallenden Rhetorik, und zwar sowohl während der – aus seiner Sicht – jüngeren zeitgeschichtlichen Vergangenheit als auch während seiner Gegenwart, aus soziopolitischer und kulturhistorischer Perspektive zu entwickeln, indem er den Grad der innerstaatlichen Organisation mit der Notwendigkeit für Rhetorik in direkten Zusammenhang stellt: Je weniger weit fortgeschritten der Zivilisationsprozeß eines Staates in einer bestimmten Entwicklungsstufe sei, desto stärker komme die ungezügelte Wirkung der *„blutdürstigen Beredsamkeit"*[88] zum Vorschein, weit über die Ausübung einer lenkenden Funktion hinaus und als Reflexion der zu diesem Zeitpunkt herrschenden Machtverhältnisse erkennbar.

Das sogenannte goldene Zeitalter sei, so die kulturpessimistische Auffassung Tacitus', arm an Rednern und Verbrechern und statt dessen reich an Dichtern und Sehern gewesen.[89] Der nicht explizit genannte Umkehrschluß kann als politische Kritik am Sittenverfall im allgemeinen und am römischen Prinzipat im besonderen angesehen werden. Tacitus argumentiert an dieser Stelle mittels rhetorisch angewendeten Enthymems, das in die offene Frage mündet, *„Von welchem spartanischen Redner, von welchem kretischen haben wir denn je gehört?"*,[90] um die Abwesenheit der Rhetorik in autoritären Staatsformen zu implizieren und zu unterstreichen, nicht um

---

88 Ebda.: 12, 2: *„Denn der Gebrauch dieser gewinnträchtigen und blutdürstigen Beredsamkeit ist jung und aus dem Sittenverfall erwachsen und wurde, wie du, Aper, immer sagtest, als Angriffswaffe erfunden."* Vgl. Klingner, F.: „Römische Geisteswelt", S. 523: *„Dabei hat keiner ... die Scheußlichkeit des römischen Imperialismus so rücksichtslos gekennzeichnet wie Tacitus."*
89 vgl. ebda.: 12, 3
90 ebda.: 40, 3

diese Staatsformen gutzuheißen. Aus der Schilderung des Tacitus, der zwar immer wieder Stereotype bemüht und zu generalisierenden Urteilen neigt, ist dennoch offene Kritik am Verbalradikalismus detektierbar, wenn er etwa die Wichtigkeit der maßvollen Wortwahl *per se* hervorhebt und kontrastierend, als antithetisches Beispiel, den als geradezu verbalaggressiv bekannten Prozeßredner Cassius Severus nennt. Als erster habe dieser nämlich „... *Zurückhaltung und Anstand in der Wortwahl fahren lassen* ...", und Tacitus zu dessen unkontrolliert martialischer Rhetorik weiter: „*Im Umgang mit genau den Waffen, deren er sich bedient, ..., kämpft er nicht, sondern rauft.*"[91] Und selbst das zu Zeiten Tacitus' bereits legendäre „... *ceterum censeo Carthaginem esse delendam* ..." des älteren Cato, das dieser am Ende zahlreicher seiner Senatsreden als entschiedener und unerbittlicher Gegner Karthagos stets beantragt haben soll, stellt verbalradikale *léxis* dar, da diese und ähnliche kontextfremde und überraschende Wendungen – im Falle eines römischen Senators – sogar thematisch völlig aus dem Zusammenhang gerissen sein durften und damit

---

91 Ebda.: 26, 4 f.: „... *non pugnat sed rixatur.*" Nicht zu vergessen ist der Umstand, daß selbst Cicero sich fallweise in gröbster Diffamierung übte, etwa – als er seine – vor Schmähungen und Verleumdungen strotzende Senatsrede gegen Lucius Calpurnius Piso, kein geringerer als der Schwiegervater Caesars, hielt. Die überlieferte Rede hätte aufgrund ihres Umfangs eine Dauer von etwa drei Stunden gehabt, daher ist anzunehmen, daß Cicero eine im Kern ähnliche, kürzere Rede hielt, die er in Schriftform jedoch noch wesentlich erweiterte und verschärfte. Vgl. Cicero, M. T.: „Sämtliche Reden", Bd. VI, S. 147–201; vgl. auch ders.: „Orator", 228 ff. Einer der bekanntesten Rhetoriklehrer des ersten nachchristlichen Jahrhunderts, Marcus Fabius Quintilianus, verwendet zahlreiche Termini aus dem Bedeutungsraum des Kampfes, der Gestaltung und der Führung als Metaphern, Vergleiche und Gleichnisse in bezug auf den Redner, wie etwa: Fechter, Athlet, Kämpfer, Wagenlenker, Steuermann, Baumeister, Maler, Bildhauer, Schauspieler, Feldherr etc.; vgl. auch Aßfahl, G.: „Vergleich und Metapher bei Quintilian", S. 151 f.

rhetorische Alleinstellung innerhalb einer Rede haben konnten. Der tendenziöse, polemisch-performative Aufruf Catos, *„... im übrigen beantrage ich, daß Karthago zerstört werden soll ..."*, ist ein Resultat seiner subjektiven Eindrücke und Erfahrungen als Abgesandter in Karthago und bildet jenes irritierende verbalradikale Konzentrat, das vermeintlich die einzige Möglichkeit zum Schutze Roms darstellt. In ihrem Kern impliziert seine Aufforderung jedoch nichts anderes als eine verkürzte Handlungsanleitung zum dritten punischen Krieg unter Inkaufnahme der Tötung Hunderttausender sowie der völligen Zerstörung Karthagos.[92] Die Tatsache, daß die antike Lesetradition graduell mit mehr Brutalität und Grausamkeit umzugehen hat, ändert nichts daran, daß der Verbalradikalismus über die Bedeutungserweiterung der Begriffe hinaus in den sprachlichen Gesamtzusammenhang einer Rede infiltriert wird.

Kategorisch gegen jene verbalradikale Tendenz, die ein labiles politisches Gleichgewicht vollends in Instabilität umschlagen läßt, wendet sich Tacitus mit den Worten: *„Wir sprechen nicht von einer friedlichen und ruhigen Tätigkeit, die an Redlichkeit und Besonnenheit Freude findet, sondern jene bedeutende und bemerkenswerte Beredsamkeit ist ein Zögling der Schrankenlosigkeit, die nur Narren Freiheit nennen; sie ist eine Begleiterin von Aufständen, treibende Kraft zur Aufstachelung eines zügellosen Volkes, unwillig [dem Gesetz] zu gehorchen, ... unverschämt, unbesonnen, anmaßend; in wohlgeordneten Staaten entsteht sie erst gar nicht."*[93] Mit dem letzten Teil seines Postulates irrt Tacitus, wie die nachfolgenden beiden Jahrtausende der Geschichte Europas

---

92 Vgl. Klingner, F.: „Römische Geisteswelt", S. 44 ff.; vgl. Stroh, W.: „Die Macht der Rede", S. 278; vgl. Fuhrmann, M.: „Geschichte der römischen Literatur", S. 98 ff.
93 Tacitus, C.: „Dialogus de oratoribus", 40, 2: „... *eloquentia alumna licentiae* ...". Zum Aspekt der Zügellosigkeit vgl. ebda.: 36, 2 ff.

zeigen sollten. Weder die sprachliche Fertigkeit *per se*, welche die Disziplin der Rhetorik konstituiert, noch ihre dialektische Struktur lassen die Rhetorik historisch überdauern, allein ihr Zweck ist es, der sie in ihren schier unbegrenzten Anwendungsmöglichkeiten einzigartig und damit scheinbar edel und ehrenwert macht.

Da sich aus hermeneutischer Perspektive der Verbalradikalismus stets in der Möglichkeit hält, das textuelle *kýrion* zu übertreten, hängt sein Überschreiten weder vom Ordnungsgrad eines Staates noch von seiner Realverfassung oder seinen Institutionen ab. Die Rhetorik verschwindet auch nicht mit dem Entstehen der autoritären Monarchie, sie verlagert nur ihren Wirkungsort. Während sie zu Zeiten der Republik an den öffentlichen Foren voll zur Wirkung kommt, zieht sie sich im Verlauf der autoritären Nobilitätsherrschaft und deren diktatorischen Strukturen tendenziell in die Harmlosigkeit der rhetorischen Debattierschulen zurück: *„In dem kommunalen Scheinleben der Zeit konnte der Rhetor keine großen Triumphe feiern."*[94] Die *Freiheit des Wortes* spannt ihren wirkungsmächtigen Bogen vom völligen Verzicht auf die Ausübung verbaler Freiheit bis hin zur zügellosen Ausnützung sprachlicher Freiheit in einem allmählich verfallenden Staat. Verbalradikalismen entstehen bereits auf der Ebene des einzelnen Wortes, wie anhand des Deuteronomiums zu zeigen war, und sie wachsen über die gesprochenen und geschriebenen Texte hinweg und durch sie hindurch, in ungeordneter Form. Sie entfernen sich von der Wortbedeutung und werden mit Hilfe der Rhetorik auf die Ebene der *Äußerungsbedeutung*[95] verlagert, jenem Meinen und Intendieren des Sprechenden, das bis zur Demagogie reicht. Der monokausale Begründungsversuch des Gastgebers

---

94 Wendland, P.: „Die hellenistisch-römische Kultur in ihren Beziehungen zu Judentum und Christentum", S. 58
95 Searle, J. R.: „Ausdruck und Bedeutung. Untersuchungen zur Sprechakttheorie", S. 99

C. Maternus gegen Ende des *Dialogus*, der die Rhetorik als *Zögling der Schrankenlosigkeit* mit dem Grad der staatlichen Ordnung konnotiert, ist nicht zielführend, sondern weicht Tacitus' kritische Haltung dem römischen Prinzipat gegenüber auf. Doch aus der Zusammenschau der mannigfaltigen gesamtgesellschaftlichen Kräfte, Interessen und Partikularismen sowie aus deren Entwicklungssträngen lassen sich synchronische und diachronische Sprachkonstellationen nachzeichnen. Denn das Diktum des spanischstämmigen Rhetorik-Kompilators Quintilianus hat nichts von seiner Aktualität eingebüßt, es entstammt vermutlich in ähnlicher Formulierung seiner verlorenen Untersuchung zum Verfall der Beredsamkeit, „*De causis corruptae eloquentiae*": „*Wir dagegen, die wir uns bemühen, einen Redner zu bilden, sollten der Redekunst nicht Waffen in die Hand geben, sondern Tamburine.*"[96]

---

96 Quintilianus, M. F.: „Institutio oratoria", V, 12, 21: „*... nos, qui oratorem studemus effingere, non arma, sed tympana eloquentiae demus.*"

Kapitel 3:

DIE KREUZZÜGE: VON DER SPRACHE DER VERFOLGTEN ZUR SPRACHE DER SIEGER

„Deus lo vult!"[1]

Der ursprünglichen Betitelung seines *Gottesstaates* hat Augustinus eine Tendenz zugrundegelegt, eine Richtung verliehen, die *gegen die Heiden* spricht, die sich *gegen das Pagane an sich* ausspricht. Erst die Veröffentlichung unter dem endgültigen Titel, *„De civitate Dei"* – *„Über den Gottesstaat"*, neutralisiert das *Gegen* des Manuskripttitels seiner zweiundzwanzig Bücher von *„De civitate Dei contra paganos libri viginti duo"* zu einem deskriptiven *Gottesstaat*. Der immense Druck der geistesgeschichtlichen Entwicklung der ersten vier nachchristlichen Jahrhunderte läßt das *Gegen* dringend und notwendig erscheinen, denn die verschiedenen paganen Strömungen, insbesondere manichäisch inspirierte, erhalten im Römischen Reich aufgrund der sich rasch ändernden soziopolitischen Realität immer neue Nahrung.[2] Augustinus wendet sich in den ersten zehn Bü-

---

1 Als am Morgen des 27. November 1095, am Rande und kurz vor dem Ende der Synode von Clermont, Papst Urban II. in seiner öffentlichen Predigt an das Volk zur Befreiung des Heiligen Landes und der heiligen Stätten aufruft, antwortet die begeisterte Menge mit der Formel: *„Deus lo vult!"*, *„Gott will es!"* Die spätlateinische Schreibweise wird aufgrund der im 11. Jhdt. im Gebiet des heutigen Südfrankreich vorherrschenden Idiome auch mit *„Deus le volt!"* und ähnlichen, z. T. dialektalen Abweichungen bzw. Flexionen überliefert. Vgl. Hagenmeyer, H.: „Fulcheri Cartonensis Historia Hierosolymitana", S. 138, Fn. 2.
2 Einen wichtigen äußeren Anlaß für den Beginn der über ein Jahrzehnt währenden Arbeit Augustinus' an seinem monumentalen Hauptwerk stellt die Einnahme und Plünderung Roms durch die Goten unter Alarich I. im Jahre 410 dar. Die Tatsache, daß die Goten – aus römischer Sicht Barbaren – zum Teil arianische Chri-

chern seines *Gottesstaates* gegen den heidnischen Götterhimmel im allgemeinen und gegen den römischen Polytheismus im besonderen. In den nachfolgenden zwölf Büchern erfolgt eine theologische Gegenüberstellung von Gottesstaat und profanem Staat. Das Christentum jener Zeit bedarf dringend einer theologisch-philosophischen Positionsbestimmung, welche gleichzeitig als fundierende Sprachregelung gegen heidnische Strömungen wirken soll, denn die christliche Sprache ist am Ende des vierten Jahrhunderts noch lange nicht aus der Sprache ihres Ursprungs, die eine Sprache der Verfolgten, des Leidens, aber auch der Verheißung ist, herausgetreten.

Im achtzehnten Buch von *De civitate Dei* erwähnt Augustinus in einem kurzen historischen Aufriß insgesamt zehn Christenverfolgungen, sowohl jene, die von einzelnen Kaisern, allen voran Nero, Domitian und Trajan, etwa ab der Mitte des ersten Jahrhunderts betrieben wurden, als auch die späteren, bis zum Beginn des vierten Jahrhunderts reichenden, zunehmend systematisch-gesamtstaatlich strukturierten Verfolgungen, etwa unter Decius, Valerian und Diokletian.[3] Augustinus spricht zwar folgerichtig von *persecutiones*, doch die Bezeichnung *Verfolgungen* gibt nur verkürzt und unvollständig wieder, welche unfaßbaren Massenfolterungen und Massenmorde diese Verfolgungen – mit Unterbrechungen – im Zeitraum von beinahe drei Jahrhunderten mit sich

---

sten waren, bewirkte in großen Teilen der römischen Eliten und wohlhabenden Gesellschaftsschichten ein Umdenken, basierend auf dem Fehlschluß, die Abkehr von beinahe eintausend Jahren an römischen Religionen sei hauptverantwortlich für diese fatale Entwicklung. Eine antike Vorform der „Rückkehr-Ökumene" zum alten römischen Glauben stand kulturell und gesellschaftspolitisch zu befürchten, als Flavius Marcellinus, römischer Tribun in Karthago, Augustinus im Jahre 412 eindringlich bittet, eine theologisch-programmatische Orientierung *für die Christen* und *gegen die Heiden* zu verfassen.

3 vgl. Augustinus, A.: „De civitate Dei", XVIII, 52

bringen: Es handelt sich um Massentötungen, die sowohl quantitativ, als auch, aufgrund ihrer brutalen Systematik und scheinbaren Legitimation, qualitativ auf derselben Stufe wie Verbrechen im Zusammenhang mit kriegerischen Handlungen stehen. Daher greift der Terminus der Persekution ebenso zu kurz wie jener der Verfolgung, da er die Tötungs- und Vernichtungsabsicht nicht auf den ersten Blick erkennen läßt. Bei Tertullian, Laktanz, Eusebius, Plinius und zahlreichen anderen antiken Kommentatoren finden sich *in extenso* Beschreibungen von strukturellen Grausamkeiten der Regierenden, von unbeschreiblichen Folterungen und Tötungshandlungen seitens einer aufgestachelten, ungezügelten, ja geradezu wutverzerrten Volksmasse. Es sind dies Mißhandlungen, die an Menschen aus Glaubensgründen systematisch verübt werden, sodaß die schlichte Bezeichnung *Christenverfolgung* bloß einen zur unvollständigen Erfassung des Gesamtbildes verleitenden sachlichen Diminutiv darstellt.[4] Aus soziopolitischer Sicht ist der Konflikt zwischen der radikal monotheistischen christlichen Praxis und der um Jahrhunderte älteren römischen Tradition polytheistischer Kulte, die erschwerenderweise noch um den Kaiserkult erweitert sind, geradezu unausweichlich. Nicht nur die Abwesenheit der rasch wachsenden christlichen Gemeinden bei polytheistischen Ritualen, sondern vor allem auch die offene Ablehnung sämtlicher auf den Kaiser bezogenen sakralen Handlungen der Römer sowie die permanent praktizierte sprachliche Überordnung der transzendenten christlichen Ordnung über die irdische, führen den römischen Verwaltungsapparat sehr rasch an die Grenzen seiner behördlichen Toleranz und seines imperialen Integrationsvermögens.

---

4 Vgl. die umfassende, kommentierte gr. u. lat. Stellensammlung der o. g. Kommentatoren und zahlreicher weiterer historischer, theologischer, politischer und literarisch-philosophischer Autoren; in Klein, R. (Hrsg.): „Das frühe Christentum bis zum Ende der Verfolgungen", Bde. I–II.

Von einer generellen Praxis der Ablehnung *hegemonialer* Strukturen seitens der Christen der ersten beiden Jahrhunderte kann aufgrund dieses Verhaltens hingegen nicht gesprochen werden. Bereits die Anordnungen der Paulusbriefe, die an die christliche Gemeinde in Rom gerichtet sind, enthalten eindeutige Orientierungen und Handlungsanweisungen, sie entsprechen sogar der geübten Praxis, den staatlichen Strukturen konstruktiv und mit Achtung zu begegnen.[5] Dennoch wird der wachsende Antagonismus immer deutlicher sichtbar; er wird zunächst als sprachliche Problemstellung prekär und muß daher hermeneutisch in den Blick genommen werden. Denn nicht die unmißverständliche und aktive Akzeptanz der Gesetze steht im Zentrum der paulinischen Handlungsanleitung, sondern das übergeordnete Gebot der Nächstenliebe, bei dessen Befolgung und gelebter Praxis ein Konflikt mit staatlichen Strukturen *per definitionem* ausgeschlossen sein sollte. Doch an dieser Stelle der christlichen Unterweisung setzen die römischen Behörden an, indem sie sich nicht mit der passiven Kenntnisnahme des Kaiserkultes begnügen, sondern eine aktive, sprachlich artikulierte Teilnahme verlangen, die seitens der Christen jedoch nur als Zwang zu einer inhaltlichen Zustimmung zur Apotheose verstanden wird. An diesem Punkt beginnt der *circulus vitiosus* im *prozeßsoziologischen Sinn*[6] in Gang zu kommen: Jegliche Unterlassungshandlungen, sei es sprachlicher oder

---

5 Paulus: „Brief an die Römer", 13, 1–7: *„Jede Seele unterwerfe sich den übergeordneten staatlichen Mächten! Denn es ist keine staatliche Macht außer von Gott, und die bestehenden sind von Gott verordnet. ... Willst du dich aber vor der staatlichen Macht nicht fürchten, so tue das Gute, und du wirst Lob von ihr haben; denn sie ist Gottes Dienerin, dir zum Guten. ... Darum ist es notwendig, untertan zu sein, nicht allein der Strafe wegen, sondern auch des Gewissens wegen. ... Gebt allen, was ihr ihnen schuldig seid: die Steuer, dem die Steuer; den Zoll, dem der Zoll; die Furcht, dem die Furcht; die Ehre, dem die Ehre gebührt!"*
6 vgl. Elias, N.: „Engagement und Distanzierung", S. 75 ff.

gestisch-ritueller Art, destabilisieren und gefährden aus römischer Sicht prinzipiell die *pax deorum*, den göttlichen Frieden. Denn bereits aus der formalen sprachlichen Erfüllung des *Kaiserkultes*[7] wird Loyalität zum römischen Staat *per se* deduziert, es ist daher häufige behördliche Praxis, diese Loyalität mittels härtester Foltern zu erzwingen. Doch aufgrund der transzendenten Verheißungen, welche die christliche Lehre bereithält, nützen oftmals weder Folter, noch Androhung, noch Vollzug der Todesstrafe, da die Verfolgten sich mit Hilfe ihres Bekenntnisses zu der Entscheidung durchringen, sich „*in die Schar der Märtyrer einzureihen.*"[8] In einem Brief an Kaiser Trajan schildert ein Statthalter namens Plinius seine verbalen Verhörmethoden, bei denen er sich nicht nur mit den Bekundungen und Versicherungen der Christen zugunsten der römischen Götter und Kaiser Trajans, dessen Bildnis im Verhörraum aufgebaut ist, zufrieden gibt, sondern danach auch Weihrauch- und Weinopfer verlangt und sodann die Verhörten dazu zwingt, Christus zu verfluchen, „*... alles Dinge, zu denen man wirkliche Christen angeblich nicht zwingen kann.*"[9] In seiner Antwort an Plinius bekundet Trajan, daß er sich mit formalen Lösungen zufrieden gebe und ein Verhör als erfolgreich abgeschlossen erachte, sobald die Angeklagten leugneten, Christen zu sein, und wieder die römischen Götter anriefen.[10]

Es scheint, als ob nur die sprachliche Unterwerfung in der äußeren Form einer Anrufung heidnischer Götter die angeklagten Christen zu retten vermag. Einzig und

---

7 vgl. u. a. Clauss, M.: „Kaiser und Gott. Herrscherkult im römischen Reich", S. 420 ff.
8 Eusebius: „Werke", Bd. II, Buch V, Kap. 1, 48; vgl auch Klein, R. (Hrsg.): „Das frühe Christentum bis zum Ende der Verfolgungen", Bd. I, S. 86 f.
9 Plinius Caecilius Secundus, Gaius: „C. Plini Caecili Secundi epistularum libri novem; C. Plini Caecili Secundi epistularum ad Traianum liber", Schuster, M. (Hrsg.), Ep. X, 96, 5; S. 355 f.
10 vgl. ebda.: Ep. X, 97, S. 357

allein der unfreiwillige Appell an einen bereits überwundenen polytheistischen Götterhimmel als verbaler Ausdruck erzwungener Retrospektion läßt scheinbar noch die Möglichkeit des Verschontwerdens bestehen. Die Sprache der Verfolgten, so der römische Imperativ, müsse sich der Sprache der Verfolger submissiv annähern, doch anstelle der von römischer Seite geforderten sprachlichen und rituellen Distanzierung vom Monotheismus zu *entsprechen*, ziehen zahlreiche verfolgte Christen die Verheißungen vor, die ihr christliches Bekenntnis als Erlösung für sie bereithält. Sie bekennen sich sogar, insbesondere im Angesicht des Todes, zu einem jeglicher irdischen Existenzform und Hegemonie übergeordneten Leben in und mit ihrem einzigen Gott.

I. Märtyrer und Mitvollzug

Die in Rom allmählich ab dem Ende des ersten Jahrhunderts geläufig werdende Bezeichnung des *Märtyrers*[11], die sich nicht *aus*, sondern *parallel zu* dem ursprünglichen Begriff *mártys* bzw. *martyrein* entwickelt, ist in den neutestamentlichen Schriften zunächst nur mit *Zeugnis ablegen eines Bekennenden*, eines Zeugen, Wortzeugen bzw. Glaubenszeugen der Verkündigung und Offenbarung konnotiert.[12] Erst nach Jahrzehnten der Christenverfolgungen erweitert sich im Laufe des zweiten Jahrhunderts der Bedeutungsumfang des Begriffes *martýrion* und führt in weiterer Folge zu einer privilegierten Assoziation des Mitvollzuges der Leiden Christi, wodurch die Bezeichnung *Märtyrer* nicht nur den unmittelbar mit

---

11 Vgl. Clemensbriefe (Clemens von Rom) sowie Ignatiusbriefe (Ingatius von Antiochien) zur Zeit der Christenverfolgungen durch Domitian 96–98 abgefaßt; 1 Clem 5, 3 ff. sowie Ignatius' Brief an die Römer 5, 1 ff.
12 vgl. Brox, N.: „Zeuge und Märtyrer. Untersuchungen zur frühchristlichen Zeugnis-Terminologie", S. 114 ff.

dem Tod Bedrohten zur Identitätsfindung und Orientierung verhilft, sondern darüber hinaus auch paradigmatisch für alle anderen verfolgten Christen wirkt.

Mit dem Selbstbewußtsein, als christlicher Märtyrer, als bekennender Zeuge der Leiden Christi, an den christlichen *Ort der Herrlichkeit* gelangen zu können, erwächst eine stabile, unerschütterliche sprachlich-rituelle Vorbildfunktion, die seitens der römischen Staatsmacht nicht nur als kultische Bedrohung und als politisch subversiv, sondern auch als gesellschaftlich zersetzend und daher als verfolgungswürdig klassifiziert wird. Jeder einzelne Märtyrer stützt und stärkt durch die Faktizität seines Leidens das wachsende *antidoketische*[13] Selbstbewußtsein der frühen Christen: Deren entschiedene Wendung *gegen* den für sie unerträglichen Gedanken des *quasi passum*, der unterstellten, nur vermeintlichen Leidensgeschichte Christi, ist oftmals in bekennende und beschwörende repetitive Sprache gekleidet, die sich von jener der in der Diaspora lebenden Juden in Rom, trotz der gemeinsamen Herkunft, von allem Anfang an wesentlich abhebt. Gerade die sprachlich auffälligen repetitiven *confessiones*, welche sich bei nahezu jedem von staatlicher Seite getöteten *mártys* in Form einer Zeugnis ablegenden Lexik wiederfinden, faszinieren und erschrecken die römischen Behörden. Zum einen sind es die konsequent abgelehnten Aufforderungen, den römischen Götterhimmel anzurufen, durch die den Christen sogar allmählich Respekt entgegengebracht wird, zum anderen sind es die unter Todesdrohungen und Folter abgelegten Wort- und Tatzeugnisse der zahlreichen zu überregionaler Bekanntheit, ja Berühmtheit gelangenden Märtyrer zwischen Rom, Lyon, Karthago und Kleinasien.

---

13 Die beginnenden gnostischen Strömungen und deren Vorläufer vertreten *doketische* Positionen, (δοκεῖν = scheinen), d. h. Auffassungen, daß sowohl die Existenz Christi als auch seine Leiden nicht körperlich, sondern nur scheinbar körperlich gewesen seien.

Im Sinne Epiktets üben die christlichen Märtyrer sich in der Verwirklichung des ursprünglich epikureischen Gedanken der *tranquilitas animi*[14], halten an ihrem Bekenntnis fest und unterlassen sämtliche Appelle an falsche Götter, denn die Christen, so berichten römische Kommentatoren, freuen sich, den Märtyrertod zu sterben, um endlich zu ihrem König zu gelangen und seiner teilhaftig zu werden.[15] Epiktets philosophische Ausführungen berühren Epikurs *ataraxía* an dem Punkt der Einsicht, daß sämtliche Gegenstände außerhalb der eigenen, unmittelbaren Einflußsphäre gleichgültig seien, mit der Konsequenz, daß auch die Deprivation aller Dinge, einschließlich des Verlustes des eigenen Lebens, gleichgültig sein müssen. Epiktet verweist auch auf die sokratische *Apologie*[16], in der Sokrates mehrfach nachweist und erklärt, sein eigene Tötung stelle nicht das größte Unglück für ihn selbst dar. Mit Hilfe dieser Leihgabe sokratischer Argumentation gelingt Epiktet der Nachweis, daß die einzige Sache, über die kein Dritter jemals Gewalt ausüben könne, der eigene freie Wille und die daraus resultierenden eigenen Grundsätze seien. Im strengsten stoischen bzw. radikal-kynischen Sinne macht er sich durch die zutiefst empfundene Ablehnung alles Materiellen zunächst völlig unabhängig und sodann durch die Verachtung des Strebens nach Materiellem zudem auch unangreifbar.[17] An dieser Stelle schließt sich der

---

14 Der lateinische Begriff der *Seelenruhe* stellt eine unvollständige, verkürzende Übersetzung der epikureischen *ataraxía* dar, welche ihren Bedeutungsumfang bis hin zu schwersten Schicksalsschlägen – worunter die Foltern der Märtyrer gewiß subsumierbar sind – ausweitet und selbst diesen mit völliger Unerschrockenheit, emotionaler Unerschütterbarkeit, ja geradezu Affektlosigkeit begegnet.
15 vgl. Klein, R. (Hrsg.): „Das frühe Christentum bis zum Ende der Verfolgungen", Bd. I, S. 71 ff
16 vgl. Platon: „Apologie des Sokrates", St. 30 ff
17 vgl. Epictetus: „Unterredungen", I, 29.9 ff; sowie ebda.: III, 22–24

Kreis zu der Haltung des Märtyrers, welcher nach Epiktet nicht mehr nur auf einer christlich-doktrinären, sondern zusätzlich auf einer stoisch-kynischen Säule ruht. Mit diesem gewichtigen theologisch-geistesgeschichtlichen Rückhalt gelangen die verfolgten Christen langfristig in eine unerschütterliche, ja sogar stabilere ideelle Position als ihre Verfolger. Die Demütigungen und Mißhandlungen jedes einzelnen bleiben zwar ein schreckliches, aus der Perspektive des spätantiken Zivilisationsprozesses jedoch letztlich temporäres historisches Phänomen, wie sich im Laufe des dritten und vierten Jahrhunderts allmählich zeigen sollte.

Vom Beginn bis zum Ende des vierten Jahrhunderts weisen die Christenverfolgungen strukturell keinen „moderneren" oder merklich höheren Organisationsgrad mehr auf, die verwaltungstechnische Umsetzung der behördlichen Bedrohung bleibt von Willkür und Grausamkeit geprägt. Von einer *Seuche des Aberglaubens* ist etwa bei Plinius die Rede, einer Verirrung, die korrigiert und geheilt werden könne. Augustinus selbst berichtet von insgesamt zehn Christenverfolgungen während der Centennien der Massenmorde. Bereits ab dem Ende des dritten Jahrhunderts wird im historischen Rückblick die Anzahl der Christenverfolgungen üblicherweise mit zehn angesetzt, häufig deshalb, um eine Assoziation mit den zehn Plagen Ägyptens[18] herzustellen und damit die Christenverfolgungen mit dem biblischen Schicksal des jüdischen Volkes zu parallelisieren. Auch Augustinus schließt sich der historischen Sichtweise seiner Zeit an, distanziert sich jedoch gleichzeitig von der Überinterpretation der diesem Schema innewohnenden Symbolik und Parallele zum Ersten Bund und fordert demgegenüber eine sprachliche Erweiterung des Bedeutungsumfanges des Begriffes *Verfolgung*.[19]

---

18 vgl.: Exodus 7, 14 ff
19 vgl. Klein, R. (Hrsg.): „Das frühe Christentum bis zum Ende der Verfolgungen", Bd. I, S. 301 f.

Nicht nur die physische Verfolgung sollte unter *persecutio* subsumierbar sein, sondern auch die geistige, die Behinderung und Verhinderung des geistigen Fortkommens. In diesem Sinne fragt Augustinus, ob denn Iulianus die Christen nicht auch verfolgt habe, indem er ihnen den Zugang zu Bildung und Lehre verbot.[20]

II. Die Verdichtung christlicher Rhetorik

Augustinus plädiert in seiner *Doctrina Christiana*[21] zwar für die Erreichung des rhetorischen Zwecks, zu dem auch die „*Erschütterung der Gemüter der Zuhörer*"[22] zählt, er tritt jedoch im besonderen aufgrund seiner immer wiederkehrend eingebrachten Perspektive des Kirchenredners für die Mäßigung des Wortes ein, für die maßvolle Anwendung der Rhetorik und für das Haushalten mit der Wucht ihrer Wirkung. Konsequenterweise bezieht sich Augustinus nur im exegetischen Kontext der lateinischen Bibelübersetzungen aus dem Griechischen auf die aristotelische Grundlegung der Metapher, auf ihre Funktionsweise und Hermeneutik, indem er auf die Besonderheit von „*Doppeldeutigkeiten der übertra-*

---

20 vgl. Augustinus, A.: „De civitate Dei", XVIII, 52; Bd. II S. 414 f
21 Vgl. Rotelle, J. E. (Hrsg.): „Teaching Christianity. De Doctrina Christiana", S. 97. In seiner Übertragung des augustinischen Titels *De Doctrina Christiana* in das Englische erarbeitet der Übersetzer Edmund Hill, O. P., einen Vorteil gegenüber den anderen trivialen deutschen und englischen Titeln, welche häufig mit *Die christliche Bildung* übersetzen, indem er seiner Übertragung von *De Doctrina Christiana* ein implizit appellatives „*Teaching Christianity*" voranstellt, mit der behutsamen übersetzungskritischen Erklärung, „*... the De Doctrina Christiana is not so much concerned with Christian education, as with education in Christianity.*"
22 vgl. Augustinus, A.: „De Doctrina Christiana", IV, XIII, 29, 78 ff.

genen Wörter" verweist und davor warnt, *„... eine figürliche Redeweise buchstäblich aufzufassen."*[23] Die Stelle, *„... der Buchstabe tötet, der Geist aber macht lebendig"*,[24] aus dem zweiten Korintherbrief interpretiert Augustinus daher auch im Sinne von Origenes als Zulassen metaphorischer Lesart, somit einer Hermeneutik, die das Haften am Buchstaben der Bibelauslegung zugunsten der metaphorischen und allegorischen Lektüre löst.[25]

Das Zitat bei Augustinus ist unvollständig, erst aus seinem Prätext im Korintherbrief wird ersichtlich, daß es der göttlichen Gnade zu verdanken sei, über den Text hinaus zu einer Interpretation zu gelangen: *„Nicht daß wir von uns aus tüchtig wären, etwas zu erdenken ... unsere Tüchtigkeit ist von Gott, der uns auch tüchtig gemacht hat zu Dienern des neuen Bundes, nicht des Buchstabens, sondern des Geistes. Denn der Buchstabe tötet, der Geist aber macht lebendig."*[26] Dieser paulinische Gedanke ist nicht gänzlich neu, sondern findet sich in *profanem* Kontext bereits in der aristotelischen Poetik. In dieser spricht Aristoteles im Zusammenhang mit Definitionen von Stilistik und Metaphern davon, wie überaus wichtig es sei, *„... daß man Metaphern zu finden weiß. Denn dies ist das einzige, das man nicht von einem anderen erlernen kann, und ein Zeichen von Begabung. Denn gute Metaphern zu bilden bedeutet, daß man Ähnlichkeiten zu erkennen vermag."*[27] Ähnlichkeiten zu erkennen entspricht jenem anschauenden Denken von Übereinstimmungen, mit dessen Hilfe aus dem limitierten literalen Bedeutungsraum assoziativ hinausgestiegen wird, um in einer den Text übersteigenden und erweiternden Lektüre das paulinische *Lebendigmachen des Geistes*

---

23   ebda.: III, V, 9, 20
24   NT: 2. Kor. 3, 6
25   vgl. Origenes: „De principiis", IV, 2, 1 ff.; vgl. auch Ebeling, G.: „Evangelische Evangelienauslegung", S. 116 ff.
26   NT: 2. Kor. 3, 6
27   Aristoteles: „Poetik", 1459 a

zuzulassen. Mit Hilfe von Metaphern differenziert auch Origenes drei Stufen der exegetischen Annäherung, und zwar jene der textuell visiblen und wörtlichen Lektüre, jene der inhaltlichen, Vergleiche und Gleichnisse zulassenden und schließlich jene der – aufgrund der faktischen Unmöglichkeit buchstäblicher Wortbedeutung – metaphorischen und spirituell-allegorischen Lektüre: *„Der Einfältige soll von dem Körper der Schriften erbaut werden, ... der hinsichtlich seines Erkenntnisvermögens weiter Fortgeschrittene soll von der Seele der Schrift erbaut werden, die Weisen jedoch ... werden aus dem »geistlichen Gesetz«, dem Geist selbst erbaut."*[28]

Die Ausrichtung des rhetorischen Anspruches, den Augustinus – stets mit Ciceros Orator die Perspektive des ekklesialen Rhetors mitmeinend – definiert, stützt sich auf die drei appellativen Tendenzen, die bereits in den Begriffen des *Belehrens*, *Erfreuens* und *Erschütterns* enthalten sind.[29] Im Belehren ist eine Predigt des Klerikers mitgedacht und im Erfreuen der erhabene Stil der Vermittlung der Frohbotschaft. Im Erschüttern hingegen, das eine durch das Rühren und Bewegen des Gemüts erfolgte Reaktion des Zuhörers beschreibt, ist bereits die Reaktion auf den Appell erfolgt: *„So wie der*

---

28 Origenes: „De principiis", IV, 2, 4; Anm.: Übers. d. A.; vgl. auch ebda.: IV, 3, 5: *„Deshalb muß der Leser sich genau an die Weisung des Erlösers halten ... und sorgfältig prüfen, wo der Wortlaut wahr ist und wo er unmöglich ist, und nach Kräften aus den ähnlichen Worten den überall in der Schrift verstreuten Sinn des wörtlich Unmöglichen aufspüren. ... Denn wir sind gegenüber der ganzen göttlichen Schrift der Ansicht, daß sie an jeder Stelle den geistigen, aber nicht an jeder Stelle den leiblichen Sinn hat; in vielen Fällen erweist sich ja der leibliche Sinn als unmöglich."* Vgl. im augustinischen Kontext auch Kennedy, G. A.: „A New History of Classical Rhetoric", S. 267 f.
29 Vgl. Cicero, M. T.: „Orator", 21, 69. *„Erit igitur eloquens ... is, qui in foro causisque civilibus ita dicet, ut probet, ut delectet, ut flectat; probare necessitatis est, delectare suavitatis, flectere victoriae."*

Zuhörer erfreut werden muß, damit seine Aufmerksamkeit erhalten bleibt, ebenso muß er erschüttert werden, damit er zum Handeln bewegt wird."[30] Im verbalradikalen Rückgang zur lateinischen Wurzel des *flectere*, des appellativen Erschütterns, das stets ein Rühren des Gemütes nach sich zieht, und sogar in der bloßen Vorhabe *zu erschüttern*, steckt immer bereits die etymologische Assoziation des Biegens und Beugens, des Umstimmens und lenkenden Veränderns und somit jene Bestandteile des sprachlich lenkenden Eingreifens, das als *Performanz* und *Perlokution*[31] – im Sinne Austins – in Wendungen des Denkens und Handelns resultieren kann: *„Deshalb kommt dem Erschüttern der Rang eines Sieges zu, da es geschehen kann, daß der Zuhörende belehrt und erfreut wird, dennoch aber seine Zustimmung nicht erteilt."*[32]

Im vierten Buch seiner *Doctrina Christiana* folgt Augustinus Cicero und präzisiert seine Ansicht bis zu der Behauptung, die Erschütterung sei eine *conditio sine qua non* für das Zustandekommen des rhetorischen Erfolges, etwa für jene Fälle, in denen zwischen dem Rhetor und seinem Rezipienten nicht einmal basale Übereinstimmung herrsche und die daher der Erschütterung geradezu bedürfe. Damit sind die Grundzüge einer Methode des Eingreifens in die Gedankenführung *qua* lenkender Sprache beschrieben: Die freie Meinungsbildung aufgrund der bloßen Mitteilung von Mitzuteilendem weicht dem beugenden Umstimmen durch appellative Sprache, welcher die Kraft innewohnt, das Gemüt des Rezipienten nachhaltig zu erschüttern; denn die neutrale Zustimmung zu einem Inhalt aufgrund bloßer Mitteilung – im epistemologischen Sinne der christlichen Spätantike und

---

30 Augustinus, A.: „De Doctrina Christiana", IV, XII, 27, 75; „... *ita flectendus, ut moveatur ad agendum.*"
31 vgl. Austin, J. L.: „Zur Theorie der Sprechakte", S. 112 ff
32 Augustinus, A.: „De Doctrina Christiana", IV, XII, 27, 76; Anm.: Übers. d. A.

Gnosis als Kenntnisnahme von Verstehbarem *und* Glaubwürdigem – ist nach Augustinus nichts anderes, als das Bekenntnis zu dessen Wahrheit.[33] Jenes verbale Agens, das in der Lage ist, das Umschlagen vom Wort zur Tat zu bewerkstelligen und eine Handlung nach sich zu ziehen, sei keine über den schlichten, mitteilenden Stil gestülpte verbale Dekoration zu dessen stilistischer Erhöhung, sondern dessen *Überhöhung* durch die rhetorische Leidenschaft und die Sprachgewalt des Geistes: *„Denn er[34] wird durch seinen eigenen Schwung getragen und reißt die Schönheit der Redeweise, wenn er ihr begegnen sollte, mit der Gewalt der Argumente fort und legt sie sich nicht aus Sorge um die Zierde zu. ... Denn wenn sich ein tapferer Mann mit einem vergoldeten und edelsteinverzierten Schwert bewaffnet, führt er freilich in äußerster Konzentration auf den Kampf mit jenen Waffen die entsprechenden Handlungen aus, nicht weil diese Waffen wertvoll, sondern weil sie Waffen sind."*[35] Diese nur scheinbar profane Argumentation vor dem Hintergrund römischer Rhetorik verdeckt im ersten Hinblick die augustinische Orientierung, daß die Verkündigung von Wahrheit und – darin mitgemeint – die Verteidigung von Wahrheit stets im Zentrum aller rhetorischen Bemühungen zu stehen haben. Der von Augustinus beschriebene Intensitätsgrad einer Rede, ihre Gerichtetheit an einen bestimmten Rezipientenkreis und der sich aus diesen Prämissen ergebende Redestil transzendieren niemals die Form der Mitteilung. Selbst wenn die christliche Botschaft von Gutem und Wahrem handelt, verharrt der

---

33 Augustinus geht in seinem Anspruch an die Übersetzungskritik sogar so weit, von einer Übersetzung gänzlich abzuraten, falls durch die Übertragung in einen anderen sprachlichen Bedeutungsraum die Gefahr bestehe, daß der in den Worten liegende Wahrheitsgehalt abzunehmen oder inhaltlichen Schaden zu nehmen drohe. Vgl. ebda.: IV, XX, 41, 116.
34 Anm.: Gemeint ist der erhabene Redestil, der den Zuhörenden erschüttert und dessen Gemüt rührt.
35 Augustinus, A.: „De Doctrina Christiana", IV, XX, 42, 118 f.

Redestil im Stellenwert einer sekundären Tugend, derer man sich zu bedienen hat, um einem Zweck zu dienen, etwa jenem, eine Art und Weise der Rede zu finden und anzuwenden, welche der Wahrhaftigkeit einer Mitteilung von Gutem und Wahrem aus „*Gottes weit erhabenere[r] Sprache*"[36] zum Durchbruch verhilft.[37]

III. Zur Polemik[38] des gerechten Krieges

Im zweiundzwanzigsten Buch seiner Abhandlung „*Contra Faustum*"[39] erwähnt Augustinus unter anderem das gedankliche Konstrukt des *bellum iustum*, dessen unabdingbare Voraussetzungen und prinzipielle Denkmöglichkeiten. Die Ansätze einer Grundlage für die augustinischen Gedanken zum *bellum iustum* finden sich neben ersten platonischen Ideen und späten stoischen Ausführungen hauptsächlich bei Aristoteles und, weiter konkretisiert, bei Cicero. Die frühen aristotelischen Thematisierungen von Kriegsgründen sind in seiner *Politik* abgehandelt, allerdings stellt er darin noch nicht die explizite Frage nach der Legitimation von kriegerischen Handlungen, sondern bespricht das Thema Krieg zunächst gleichsam organisch im Zusammenhang mit Sklaverei und allgemeiner Erwerbslehre.[40] Später, im Kontext

---

36 Augustinus, A.: „De civitate Dei", XVI, 6; Bd. II, S. 113
37 vgl. Augustinus, A.: „De Doctrina Christiana", IV, XXVIII, 61, 155 ff.
38 Πόλεμος bzw. πολεμεῖν, die altgriechischen Termini für *Krieg* bzw. *Krieg führen*, finden an dieser Stelle als Ausgangstermini der historischen Wortbedeutung Verwendung. Durch den Gebrauch wurde im Laufe der Jahrhunderte ihre Bedeutung „abgeschliffen" und zum heutigen Begriff der Polemik transformiert.
39 vgl. Augustinus, A.: „Contra Faustum", XXII, 74 ff.
40 Vgl. Aristoteles: „Politik", 1254b; ebda. 1256b 23: „*Daher wird auch die Kriegskunde in gewissem Sinne von Natur eine Erwerbskunde sein.*" Vgl. Russel, F. H.: „The Just War in the Middle

von politischer Organisationsform und Realverfassung, beschreibt Aristoteles die kriegerischen Handlungen als zur Erlangung und Beibehaltung des Friedens unvermeidliche, notwendige Tatsachen, deren Zweck unter anderem die Ausübung von *„Hegemonie zum Besten der Beherrschten"*[41] umfaßt. Eine konkrete Aussage über diese Andeutungen hinaus, welche den *gerechten Krieg* oder seine Voraussetzungen analysierte, findet sich bei Aristoteles nicht.

Eine differenzierte Ausarbeitung erfolgt erst in Ciceros Abhandlung über die Plichten, *„De officiis"*[42], wird die Legitimation kriegerischer Handlung auf zwei Ebenen abgehandelt: Sowohl die grundsätzlichen Fragen der Berechtigung zur kriegerischen Handlung überhaupt, das *ius ad bellum*, als auch die Problematik des sittlichen

---

Ages", S. 3 ff.; vgl. auch Kleemeier, U.: „Krieg, Recht, Gerechtigkeit – eine ideengeschichtliche Skizze", in Janssen, D. u. Quante, M. (Hrsg.): „Gerechter Krieg", S. 11 ff.

41 Aristoteles: „Politik", 1333b 41; vgl. ebda. 1330a ff. sowie 1333a 35: *„Man wählt mithin den Krieg um des Friedens willen, die Arbeit der Muße wegen, das Notwendige und Nützliche des sittlich Schönen wegen."* Wenn F. H. Russel das *„... phýsei díkaion ... pólemon"* des Aristoteles (in ebda.: 1256b 26) vermeintlich als frühen historischen Nachweis für *bellum iustum* auffaßt (vgl. Russel, F. H.: „The Just War in the Middle Ages", S. 3 f.) so ist Russels voreiligem Befund entgegenzuhalten, daß sich die Aussage Aristoteles' lediglich auf eine, notfalls gewaltsame, Beschaffung von Sklaven bezieht, deren Unterwerfung er sogar mit dem Akt des Jagens parallelisiert und sohin φύσει δίκαιον explizit als *„von Natur aus rechtmäßig"* zu fassen ist, dieses jedoch nicht auf den gesamten Bedeutungsumfang von *bellum iustum* schließen läßt.

42 Cicero lehnt sich in den ersten beiden Büchern von „De officiis" weitgehend an die verlorengegangene gleichnamige Schrift des Stoikers Panaitios, „περὶ τοῦ καθήκοντος" an. Cicero selbst gibt an, er sei Panaitios in weiten Teilen seines Buches gefolgt, ohne jedoch eine reine Übersetzung angefertigt zu haben: *„... Panaetius, quem multum in his libris secutus sum, non interpretatus ..."*, ebda.: 2, 60; vgl. auch Lefèvre, E.: „Panaitios' und Ciceros Pflichtenlehre: vom philosophischen Traktat zum politischen Lehrbuch", S. 79 ff.

Verhaltens *während* der kriegerischen Auseinandersetzung, das *ius in bello*, und besonders jene des Verhaltens *nach* einem siegreich verlaufenen Krieg werden darin analysiert. Ein Angriffskrieg dürfe, so Cicero, ohne vorhergehende formelle Ankündigung und ohne das Vorhandensein „gerechter" Gründe, wie etwa der Wiedergutmachung erlittener Schäden, keinesfalls geführt werden. Daraus folge jedoch, daß nicht nur Kriege zum Zwecke der Notwehr und Verteidigung, sondern auch revanchistische Initialaggressionen im weitesten Sinn gestattet seien, da sie als *rechtmäßige* Gründe im Sinne der Wiederbeschaffung oder Behebung sachlicher oder ideeller Schäden anzusehen seien. Generell müsse jedoch, unabhängig von der konkreten kriegerischen Auseinandersetzung, das Wiedererlangen des Friedens als eines der obersten Kriegsziele an sich seine Geltung beibehalten; und es müsse schließlich auch die Behandlung jener Feinde, die sich im Krieg nicht durch besondere Grausamkeiten hervorgetan hätten, innerhalb eines möglichst humanen Rahmens erfolgen.[43] Die hermeneutische Schwierigkeit entsteht in den *Pflichten* Ciceros bereits bei der Formulierung der Junktur *bellum iustum*, denn bereits hier eröffnen die beiden Teile, *bellum* und

---

43 Cicero, M. T.: „De Officiis", I, 11, 34: *„Est enim ulciscendi et puniendi modus"*, womit eine unbestimmtes Maß an Rächen und Strafen angesprochen, wenngleich nicht *in extenso* definiert ist. Vgl. ebda. I, 24, 82.; vgl. auch ebda. I, 11, 35 f.: *„Quare suscipienda quidem bella sunt ob eam causam, ut sine iniuria in pace vivatur, … ex quo intellegi potest, nullum bellum esse iustum, nisi quod aut rebus repetitis geratur, aut denuntiatum ante sit et indictum."* Vgl. auch Russel, F. H.: „The Just War in the Middle Ages", S. 5 f.; vgl. Kleemeier, U.: „Krieg, Recht, Gerechtigkeit – eine ideengeschichtliche Skizze", in Janssen, D. u. Quante, M. (Hrsg.): „Gerechter Krieg", S. 12 f.; vgl. Mantovani, M.: „Bellum iustum. Die Idee des gerechten Krieges in der römischen Kaiserzeit", S. 60 ff.; vgl. auch Sorabji, R.: „Just War from Ancient Origins to the Conquistadors Debate and its Modern Relevance", in ders. (Hrsg.): „The Ethics of War", S. 13 ff.

iustum, ihre *contradictio in adiecto*. Der Bedeutungsumfang des *iustum* belegt mit seinen zahlreichen Nuancen und Abstufungen ein phänomenologisch breites Feld: Von begründet und rechtmäßig über zulässig und angemessen bis hin zu sachlich richtig und statthaft spannt sich der Bogen seines Sinngehaltes. Auch sein korrespondierender Gegenbegriff *bellum* darf nicht nur mit der Bedeutungsvielfalt des Krieges selbst assoziiert werden, denn die kriegerischen Handlungen und bewaffneten Konflikte der Antike entsprechen mehrheitlich eher begrenzten militärischen Operationen als umfassenden Feldzügen heutiger Prägung. Die mit Waffen ausgetragenen, kleinräumigen und zeitlich begrenzten Feindseligkeiten oder auch bürgerkriegsähnlichen Kontroversen und Aufstände sind nicht immer durch vernichtende Schlachten und Massentötungen charakterisiert, wenn auch die Perzeption der Zeitgenossen und deren narrative Tradierung durchaus zu verklärenden, amplifizierenden Effekten geführt hat.

Kritisch-distanziert und auf sarkastische Weise kommentiert Augustinus die römische Auffassung des gerechten Krieges, indem er andeutet, daß die *bella iusta* stets eine der unabdingbaren Voraussetzungen für das Wachstum des Imperium Romanum gewesen seien.[44] Überdies umgeht Augustinus den Widerspruch, der dem Begriffspaar des gerechten Krieges innewohnt, indem er dieses sprachlich von der phänomenologischen Ebene des Gerechten auf die Ebene der ethischen Rechtferti-

---

44 Augustinus, A.: „De civitate dei", Buch IV, Kap. 15 – „*Iniquitas enim eorum, cum quibus iusta bella gesta sunt, regnum adiuvit ut cresceret …*"; vgl. auch die Bücher I–V von „De civitate dei". Als Übersetzungsalternative schlägt P. Ramsey vor, *bellum iustum* anstatt mit *gerechter Krieg* mit *gerechtfertigter Krieg* zu übersetzen, was zwar Vorteile für die Analyse der Legitimation von Kriegen eröffnet, jedoch auch Nachteile besitzt, weil dadurch der Begriff der Gerechtigkeit zu sehr auf die kausale Dimension eingeschränkt bleibt. Vgl. Ramsey, P.: „The Just War According to St. Augustine", in Elshtain, J. B. (Hrsg.): „Just War Theory", S. 8.

gung und der moralischen Legitimation verschiebt. Mit dieser rhetorischen Operation leistet er die subtile Vorarbeit zu verbaler Radikalisierung, da somit nicht mehr das *bellum iustum* an sich und vor allem *ex ante* im Fokus der Analyse steht. Der retrospektive Blick dient bei Augustinus dazu, die Unumgänglichkeit der Intervention ausgerechnet aufgrund jener potentiellen Konsequenzen zu argumentieren, die sich durch das Nichthandeln hätten ergeben können. Darüber hinaus erweitert Augustinus auch die Auffassung Ciceros hinsichtlich der Wiederherstellung des vielzitierten „ursprünglichen" Zustandes, da im *status quo ante* auch die von Gott geschaffene Ordnung stets mitgedacht und mitgemeint ist. Erst wenn die Zielsetzung der Wiederherstellung einer übergeordneten göttlichen Ordnung im sprachlichen Kontext eines Krieges definiert ist, vermag dieser die Eigenschaften eines *gerechten Krieges* noch zu übersteigen und zu einem *Heiligen Krieg* zu werden. Das Heilige eines *Heiligen Krieges* stellt sohin keine Eigenschaft des Krieges selbst dar, sondern kommt einer verbalen Absichtserklärung, einer Deklaration gleich, im Namen und im Geiste des Heiligen kriegerische Aktivitäten zu entfalten. Das *Ausdrücklichmachen* eines *Heiligen Krieges* entspricht verbal einem Derivat der Heiligsprechung. In dieser Heiligsprechung wird nicht nur die unüberbietbare qualitative Differenz der Heiligkeit selbst deklariert, es wird darin auch festgelegt, daß ein mit einem Imperativ versehener *heiliger Krieg* zu führen sei, der sich aufgrund der Vorhabe, die göttliche Ordnung wiederherzustellen, über jeden beliebigen anderen, etwa den *gerechten* Krieg erhebt.

Die Argumentation des zweiundzwanzigsten Buches des augustinischen Werkes „*Contra Faustum*"[45] führt die

---

45 Die Bücher des augustinischen Werkes „Contra Faustum Libri XXXIII" enthalten nicht nur eine fundamentale, massive Kritik an den Thesen des Faustus von Mileve, Bischof und geistiger Führer des nordafrikanischen Manichäismus, einer partiell syn-

Auseinandersetzung mit den Thesen des *Faustus von Mileve* in dialogisierender Form an den Punkt der göttlichen Vorhabe und Vorsicht im Kontext der wichtigsten Bücher des Alten Testaments. Nach *Contra Faustum* entbindet nur der Kampf auf göttlichen Befehl hin den Menschen davon, Unrecht zu begehen. Sobald menschliches Interesse oder spontane menschliche Entscheidung mit im Spiel ist, wird dieser Kampf sündhaft. Erst das ausschließliche *Befolgen* des für den Menschen bisweilen nicht nachvollziehbaren göttlichen Ratschlusses, der *per definitionem* immer das Gute miteinschließt und stets über eine holistische Perspektive der Welt verfügt, kann die Begründung für einen Krieg von der zu verurteilenden Dimension des begrenzten menschlichen Partikularinteresses in eine Sphäre des Befolgens des göttlichen Willens emporheben.[46] Diese zirkuläre Argumentation Augustinus', basierend auf der subjektzentrierten und aus christlicher Sicht unverrückbaren Prämisse eines guten Gottes, der seiner Schöpfung unaufhörlich wohlwollend begegnet, entspricht jener Kausalkette, die später den Kreuzzügen sowohl als Selbstlegitimation als auch als Agens zugrundeliegen wird. *„Es hängt nämlich davon ab, aus welchen Gründen und für welche Urheber*

---

kretistischen Glaubensgemeinschaft, von der sich Augustinus nach anfänglicher Nahebeziehung etwa ab den Achtzigerjahren des vierten Jahrhunderts theologisch zu entfernen begann. „Contra Faustum" enthält auch wesentliche Abgrenzungen zu den von Augustinus als Sekte (vgl. ebda.: I, 1) bezeichneten Manichäern, bestehend aus Verteidigungen des Christentums im allgemeinen sowie des Alten Testaments im besonderen. Das 22. Buch enthält jene theologisch-philosophischen Positionsbestimmungen des gerechten Krieges vor dem Hintergrund des Alten Testaments, deren epochale Wirkungsgeschichte sogar weit über die Theologie hinausstrahlt und von Thomas von Aquin über die Reformation und Aufklärung bis hin zur „Allgemeinen Erklärung der Menschenrechte" ihre geistigen Spuren hinterließ.
46 Vgl. Augustinus, A.: „Contra Faustum Manichaeum", XXII, 72 f.; vgl. auch Rief, J.: „»Bellum« im Denken und in den Gedanken Augustins", S. 25 ff.

Menschen zu führende [befohlene, angeordnete] *Kriege auf sich nehmen ...*"⁴⁷

Die Augustinus' Aussage vorangestellten Gründe für die Kriegsführung, welche sich aus menschlicher Reaktion und Emotion herleiten, wie etwa das Bedürfnis nach Rache oder die Gier nach Gewalt, aber auch Herrschsucht und feindselige Gesinnung im allgemeinen, werden als Kriegsgründe im Sinne eines von Gott *angeordneten* Krieges *a priori* ausgeschieden.⁴⁸ Problematisch wird die augustinische Argumentation in der Konstruktion einer Legitimation *ex post*, die einen unter der Herrschaft eines – zum Beispiel – gottlosen Herrschers stehenden Soldaten betrifft. Es gebe Fälle, so Augustinus, in denen der Soldat von diesem Herrscher den Kriegsbefehl erhalte und auszuführen habe, und derselbe Befehl mit dem Plan und der Vorhabe Gottes übereinstimme. Diese Übereinstimmung transformiere einen *unrechtmäßigen* Krieg zu einem *rechtmäßigen*, denn in all jenen Fällen, in denen keine Übereinstimmung zwischen dem menschlichen und dem göttlichen Plan bestehe, sondern nur der menschliche Kriegsplan zur Ausführung gelangen solle, existierten keine ausreichenden Parameter dafür, diesen Krieg hinreichend zu legitimieren und in einen gerechten Krieg zu verwandeln. Erst durch das Vorhandensein eines gleichlautenden göttlichen Planes werde ein Krieg automatisch zu einem *gerechten* Krieg, da Gott *per definitionem* nichts Böses verlangen könne.⁴⁹

Die hermeneutische Schwierigkeit entsteht bei dieser Argumentation an der Schnittstelle zwischen transzen-

---

47 ebda.: XXII, 75. „*Interest enim, quibus causis quibusque auctoribus homines gerenda bella suscipiant ...*"
48 Vgl. ebda.: XXII, 74; vgl. auch Augustinus, A.: „De Civitate Dei", XIX, 7: „*Sie aber sagen, daß der Weise lediglich gerechte Kriege führen wird. ... Die Ungerechtigkeit des Gegners zwingt nämlich den Weisen zu gerechten Kriegen ...*"
49 Augustinus, A.: „Contra Faustum Manichaeum", XXII, 75.: „*... qui deo iubente belligerat, quem male aliquid iubere non posse nemo, qui ei servit, ignorat.*"

denter und faktischer Perspektive, da für den Ausführenden, den befehlsunterworfenen Soldaten, das Vorhandensein eines göttlichen Planes nicht mit derselben Evidenz vorliegt, wie das Vorhandensein eines trivialen menschlichen Befehles.[50] Augustinus ist sich der argumentativen Schwierigkeit bewußt, daß das Vorhandensein eines göttlichen Planes nur auf der Stufe des individuellen Glaubens beurteilt werden kann, auf der Stufe der Gewissensbefragung: Liegt einem irdischen Kriegsbefehl ein gleichlautender göttlicher Plan zugrunde? Diese *per se* nicht lösbare Frage vermag einzig aus der Sicht des Glaubenden mit einer subjektiv empfundenen Wahrscheinlichkeit, die an eine subjektiv empfundene Sicherheit heranreicht, beantwortet werden. Die Problematik dieser offenen Frage ist jedoch doppelt prekär, da ihre sittliche Verantwortung vertikal verschoben wird, sowohl nach oben als auch nach unten. Der göttliche Plan kann, da er für den Menschen in letzter Konsequenz nicht verstehbar ist, sogar einen aus menschlicher Sicht ungerecht erscheinenden Krieg zu einem gerechten *Heiligen Krieg* transformieren. Damit ist die Verantwortung, ob ein Krieg als gerecht oder ungerecht zu bewerten ist, über das menschliche Urteilsvermögen hinaus delegiert, gewissermaßen zur göttlichen Entscheidungsinstanz emporgehoben. Im anderen Fall, jenem der Verschiebung der sittlichen Verantwortung nach unten, bricht die nur teilweise beantwortete Frage nach der Grundlage der Entscheidung für die Befehlsverweigerung erneut auf. Durch die Verlagerung der Verantwortung vom Herrscher zum Beherrschten, vom Befehlsgebenden zum Befehlsempfänger, durch die Übertragung der Letztverantwortung und somit der gesamten sittlichen Verantwortung für die Entscheidung, ob ein Befehl ausgeführt werden darf oder soll, an die untergeordnete

---

50 Ebda.: XXII, 75.: „... *cui quod iubetur, vel non esse contra dei praeceptum certum est vel utrum sit, certum non est, ita ut fortasse reum regem faciat iniquitas imperandi* ..."

Instanz, wird gleichzeitig auch die in diesem Kontext notwendige Prüfung verlagert. Diese Prüfung müßte zunächst, d. h. vor der Verlagerung der Verantwortung nach unten klären, ob die diese Entscheidung treffen sollende Instanz *a priori* überhaupt in der Lage ist, oder aufgrund moralischer Erwägung Willens ist, diese Entscheidung zu treffen. In beiden genannten Fällen der Delegation von Verantwortung bleibt die *augustinische Freistellung des Befehlsempfängers von Schuld* höchst problematisch, wobei die völlige Schuldloserklärung im Falle eines göttlichen Auftrages Augustinus' Zeit geschuldet erscheint und daher nicht kontextfrei einer ethischen Beurteilung zugeführt werden sollte.[51] Sowohl die Delegation der Entscheidungsverantwortung nach oben als auch die Verantwortungsverschiebung nach unten bereiten den Boden dergestalt auf, daß auf diesem Verbalradikalismus zu gedeihen beginnen kann. Die Verschiebung der Verantwortung unterstellt in einem einseitigen Akt antizipativer Annahme, daß die delegierten Entscheidungen nicht nur an den betreffenden Instanzen getroffen werden können, sondern auch, daß die sodann getroffenen Entscheidungen richtig oder zumindest bestmöglich getroffen wurden und aus ihnen normative Wirkung entspringen kann, aus welcher wiederum moralische Handlungsanleitungen deduzierbar werden.

IV. Sprechakte[52] der Sieger und das Wort vom „Heiligen Krieg"

Die Ausläufer der grausamen Christenverfolgungen liegen aus der Perspektive Augustinus' nur Jahrzehnte zu-

---

51 Ebda.: XXII, 75: „... *innocentem autem militem ostendat ordo serviendi – quanto magis in administratione bellorum innocentissime deversatur, qui deo iubente belligerat* ..."
52 Anm.: *Sprechakte* (*speech acts*) ist der Terminologie John L. Austins entlehnt.

rück, und erst wenige Dezennien vor seiner Geburt stellt die Konstantinische Wende die Weichen für die Entwicklung des Christentums hin zur Staatsreligion. Die Mailänder Proklamation des Jahres 313 steht jedoch bis vor die Jahrhundertwende lediglich auf dem Papier; erst unter Kaiser Theodosius I. wird das Christentum tatsächlich zur Staatsreligion erklärt. Allmählich, im kontinuierlich schwächer werdenden Römischen Reich, füllt das Christentum immer mehr staatliche Vakua aus und erkämpft sich eine gewichtigere soziopolitische Rolle. Der endgültige Niedergang des Römischen Reiches und der beginnende Bedeutungszuwachs des Christentums bilden schließlich das realpolitische Fundament der zweiten Jahrtausendhälfte. Dessen Jahrhunderte sind gekennzeichnet durch verarmte bäuerliche Massen, brutale Raubaristokratie und ein erstarkendes Papsttum, welches den gerechten, heiligen Krieg zu einer soziopolitischen Konstante mit theologischer Fundierung und Legitimation zu entwickeln vermag. Die zunehmenden weltlichen Agenden, die der Klerus Westeuropas *peu à peu* übernimmt, führen zu jenem fatalen Paradigmenwechsel, der die Kirche im allgemeinen und den Papst mit seinen Reichsbischöfen im besonderen von einer passiven, von Kriegen betroffenen zu einer aktiven, kriegsführenden Kirche mit eigenem Militär verwandelt.[53] *„In den Abwehrkämpfen gegen Normannen, Ungarn und die islamischen Teilreiche Nordafrikas und Spaniens ... fand der militarisierte Klerus ein äußeres ... Betätigungsfeld. Ein Papst wie Johannes X. zog im Jahre 915 persönlich gegen die Sarazenen, die das römische Gebiet angriffen."*[54]

Die Sprache des Christentums wird innerhalb der zweiten Hälfte des ersten Jahrtausends von einer Sprache der Verfolgten, der Leidenden und Unterdrückten

---

53 vgl. Zöllner, W.: „Geschichte der Kreuzzüge", S. 34 ff
54 ebda.: S. 36

zu einer sprachlichen Mischform der frühfeudalen Sieger und theokratischen Machthaber, mit klarer Tendenz zu realpolitischer Indoktrinierung und Unterdrückung. Im augustinischen Sinne wird daher auch die Epoche der Reconquista nur als eine gottgewollte Restauration der früheren soziopolitischen Realität und Hegemonie verstanden, und bereits vor dem ersten Kreuzzug hegt Papst Gregor VII., einer der pontifikalen Vorgänger von Urban II., Pläne für eine bewaffnete Wallfahrt in das Heilige Land. Zum einen, da die Christen dort angeblich zu Tausenden von den *Feinden Gottes* hingemetzelt würden, zum anderen jedoch, um „*... eine Union mit der orientalischen Kirche herbeizuführen und den römischen Primat dort zur Anerkennung zu bringen.*"[55] In der offiziellen Diktion des klerikal-militärischen Unternehmens sind daher auch die „*libertas christianae religionis*", die „*potestas*" und „*gloria christiani nominis*"[56] mit dem Zurückgewinnen der Heiligen Stätten gemeint. Aus dem Konflikt zwischen potentiell kriegerischen Handlungen und den Grundsätzen christlicher Ethik resultiert das Verschieben der Letztverantwortung für die geplanten kriegerischen Handlungen an eine transzendente Instanz: Dieses Delegieren erschallt sodann als verbalradikaler Widerhall des rohen Gebrülls der Massen von Clermont, am 27. November 1095, als kollektive Antwort auf die Rede von Papst Urban II.[57]: „*Deus lo*

---

55 vgl. Erdmann, C.: „Die Entstehung des Kreuzzugsgedankens", S. 152

56 Becker, A.: „Papst Urban II.", Bd. II, S. 356. Das byzantinische Hilfegesuch von Kaiser Alexios I., welches beim Konzil von Piacenza (1095) eintraf, hat diese Haltung weiter gestützt, obwohl es sich hierbei nur um ein Ansuchen um militärische Hilfstruppen handelte und primär nicht um bedrängte Christen, die dringender Hilfestellung bedurft hätten. Vgl. ebda.: S. 184 ff.

57 Zur kirchenpolitischen Rolle und Bedeutung von Urban II. vgl. u. a.: Becker, A.: „Papst Urban II.", Bd. II, S. 272 ff.; vgl. auch Erdmann, C.: „Die Entstehung des Kreuzzugsgedankens", S. 284 ff. Erdmann und Becker weisen im Kontext der Vorgeschichte der

vult!"⁵⁸ Die Perfidie des „*Gott will es!*" entspringt dabei weder der spätlateinischen Syntax noch der derben dia-

---

Kreuzzüge darauf hin, daß trotz einer ideengeschichtlichen Verbindung der spanischen Reconquista mit den Kreuzzügen keine *direkte* Vergleichbarkeit von Reconquista und Kreuzzügen zulässig sei. Als strukturelle Parallele und gemeinsamer Nenner gilt im Kampf gegen den Islam in Spanien, Süditalien und Palästina nur der Gedanke der befreienden Hilfestellung für bedrohte Christen. Vgl. auch Mayer, H. E.: „Geschichte der Kreuzzüge", S. 15 ff.
58 In der vorliegenden Studie soll die Wiedergabe der Rede von Papst Urban II. aus der Feder von Fulcher von Chartres erfolgen, eines Chronisten, der höchstwahrscheinlich als Priester dem Konzil von Clermont persönlich beiwohnte; vgl. Hagenmeyer, H.: „Fulcheri Cartonensis Historia Hierosolymitana", S. 3, sowie ebda.: S. 3, Fn. 4. Die Quellenlage ist, was die Rede Urbans II. betrifft, auch im Falle einer synoptischen Lektüre problematisch, da es mit Ausnahme der Niederschriften von vier Chronisten – vermutlich waren alle vier Augen- und Ohrenzeugen – Fulcher von Chartres, Balderich von Dol, Guibert von Nogent und Robert von Reims, keine schriftliche Überlieferung der Papstrede gibt. Die Papstrede wurde lediglich im Rahmen und somit außerhalb der offiziellen Synode, am Vortag der synodalen Schlußsitzung von Clermont, dem 27. November 1095, öffentlich und möglicherweise, wie Hagenmeyer vermutet, sogar in der Muttersprache Urbans II., des ehemaligen Priors des als Ausgangspunkt der Reformen zu Berühmtheit gelangten Klosters von Cluny, das zur spanischen Reconquista eine grundsätzlich positive Haltung im Sinne des gerechten Krieges einnahm (vgl. Becker, A.: „Papst Urban II.", Bd. II, S. 290), auf Altfranzösisch gehalten. Trotz schwieriger Quellenlage können die grundsätzliche Stoßrichtung der Rede, ihre inhaltliche Schwerpunktsetzung und ihr appellativer Charakter erschlossen werden, indem spätere Kreuzzugsaufrufe nachfolgender Päpste als bezugnehmender Wiederhall auf diese erste, bahnbrechende Kreuzzugsrede gelesen werden.
Die spätlateinische Schreibweise, welche aufgrund der im 11. Jhdt. im Gebiet des heutigen Südfrankreich vorherrschenden Idiome auch mit *„Deus le volt!"* und ähnlichen, z. T. dialektalen Abweichungen bzw. Flexionen überliefert ist, setzte sich bis in die Gegenwart durch: *„Deus lo vult!"* wurde in humanistischer Auslegung zum Leitspruch des *Ordo Equestris Sancti Sepulcri Hierosolymitani*, des *Ritterordens vom Heiligen Grab zu Jerusalem*. Auch die in der früheren Kirchengeschichte vorwiegend synonyme

lektalen Phonetik des elften Jahrhunderts, sondern zeigt sich als mittelalterlicher Kulminationspunkt und Synthese einer diskontinuierlichen Begriffsgeschichte des *gerechten Krieges* schlechthin. In seiner mehr als drei Jahrzehnte umfassenden „*Historia Hierosolymitana*"[59], der Geschichte des ersten Kreuzzuges, macht Fulcher von Chartres klar, daß dieser ohne den Impuls durch Urban II. nicht oder nicht in dieser Form zustande gekommen wäre.

Zunächst findet durch die Rede von Papst Urban II. eine symbolische, jedoch glaubwürdige Einholung der Letztverantwortung Gottes statt. Das Phänomen des sprachlichen Appells[60] übernimmt in der Folge, wie so oft an kritischen Punkten der Menschheitsgeschichte, die Macht über das Subjekt; als Bündel aus metaphorischen Verheißungen und teleologischen Versprechungen wirkt es sinnstiftend. Sämtliche persuasiven Mittel wer-

---

Verwendung der Bezeichnungen *Konzil* und *Synode* äußerte sich noch im Einladungsschreiben Papst Urbans II. an Bischof Lambert von Arras, den ersten Bischof der im Norden Frankreichs gelegenen Stadt Arras, dem späteren Geburtsort Maximilien Robespierres: „*... apud Claromontem ... synodale concilium statuisse ...*"; vgl. Hagenmeyer, H.: „Fulcheri Cartonensis Historia Hierosolymitana", S. 140, Fn. 5, sowie S. 122, Fn. 19.

59 Die „Fulcheri Cartonensis Historia Hierosolymitana" umfaßt den Zeitraum von 1095 bis 1127 und wurde in den Jahren 1101 bis 1127 von Fulcher von Chartres verfaßt. Die in mittelalterlichem Latein abgefaßte, umfangreiche Schrift gibt auf plastische Weise einerseits die expeditionsartigen Vorstöße der Kreuzfahrer und deren zweifelhaftes militärisches Agieren wieder, andererseits beschreibt Fulcher darin als Kleriker auch die Rahmenbedingungen und Entwicklungen der Christen und läßt damit auch erahnen, welche nahezu unbeschreiblichen Schwierigkeiten, Stillstände und Unwegsamkeiten im kirchlichen und säkularen Bereich jener heterogenen Zivilgesellschaften innerhalb der Länder des heutigen Mittleren Ostens am Beginn des elften Jahrhunderts bestanden haben müssen. Vgl. Hagenmeyer, H.: „Fulcheri Cartonensis Historia Hierosolymitana", S. 19 ff. und S. 115 ff.

60 Zum sprachlichen Appell im phänomenologischen Sinne vgl. Waldenfels, B.: „Bruchlinien der Erfahrung", S. 98 ff.

den von institutioneller kirchlicher Seite gegenüber einer von Volksfrömmigkeit durchsetzten und in geringem Maße alphabetisierten Gesellschaft des elften Jahrhunderts ausgeschöpft, bis hin zu der geradezu heilsvernichtenden, verbalradikalen Verknüpfung der Kreuzzugsteilnahme mit einer *remissio peccatorum*. Denn von einem *Plenarablaß* oder dem Erlaß der *zeitlichen Sündenstrafen* ist in den synodalen Beschlüssen von Clermont nicht die Rede. Dennoch setzt sich ein akzidentieller Aspekt durch und wird zum Konsens, nämlich daß aufgrund der immensen Bußleistung, welche das Absolvieren eines Kreuzzuges darstelle, an sich bereits ein exorbitant hohes Bußäquivalent gegeben sei, und die Kreuzzugsteilnahme damit einem Erlaß sämtlicher zukünftig zu erbringender Bußleistungen entspräche.[61] Aus Gründen der appellativen Wirksamkeit ihrer Kreuzzugspropaganda sprechen jedoch zahllose in den Prozeß des Aufrufes zum Kreuzzug involvierte Kleriker und geistliche Prediger nicht von einem Erlaß der Bußstrafen, der *remissio poenitentiae*, sondern von der *remissio peccatorum*; offenbar erschien „... *diese Unterscheidung ... für die Welt bedeutungslos. Kein einziger der zeitgenössischen Berichterstatter hat sich an die offizielle Formulierung gehalten.*"[62] Das christliche Gewissen jedes Einzelnen Kreuzzugsteilnehmers muß damit nicht mehr befragt werden, denn der kolportierte Plenarablaß der Sündenstrafen bzw. gar der Sünden *per se*, gleicht einem Automatismus, dessen Bestätigung mit jedem Kreuzfahrerschritt nach Osten erneuernd eingeholt und bekräftigt wird.

Für das elfte und zwölfte Jahrhundert gilt, daß eine klare Unterscheidung zwischen dem irdischen Jerusalem und dem idealisierten biblischen Jerusalembild nur von

---

61 Vgl. Mayer, H. E.: „Geschichte der Kreuzzüge", S. 39 ff.; vgl. auch Asbridge, T.: „Die Kreuzzüge", S. 50 ff.
62 Erdmann, C.: „Die Entstehung des Kreuzzugsgedankens", S. 316

einem Teil der Kreuzfahrer intellektuell bewerkstelligt wird und daher eine kollektive Vermischung von eschatologischer Imagination und profanem Geschichtsbild an der Tagesordnung steht.[63] Um diesen begrenzten Informationsstand der Menschen zur Maximierung der Teilnehmerzahl zu nützen, wird von seiten des Papstes weiters kolportiert, daß Gott selbst die Befreiung der heiligen Stätten wünsche, und daher sowohl irdischer als auch überirdischer Lohn unmittelbar bevorstünden und sich die Frage nach der Verletzung des Gebotes der Nächstenliebe *a priori* nicht stelle. Dies ist der eigentliche Akt des kruden Verbalradikalismus, in dem Sittlichkeit gegen Lüge und christliches Gewissen gegen kirchlichen Machterhalt ausgespielt werden, denn nur jene, die – *sola devotione* – völlig gottergeben seien, sollten zu den gewünschten Teilnehmern am Zug des Kreuzes werden.

Die Sprache der Christen wird in Clermont durch die päpstliche Rhetorik mit suggestiv-plebiszitärer Methode rhetorisch gelenkt, bis die Volksmasse die von Gott „gewünschte" Sprache der *milites Christi* annimmt. Papst Urban II.: *„Es ist unbedingt notwendig, unseren Brüdern im Orient so rasch wie möglich unsere bereits oft angekündigte, dringend benötigte Hilfe zu bringen. Die Türken und Araber haben sie angegriffen und sind in die christlichen Gebiete bis Romanien*[64]*, bis zu jenem Teil*

---

63 Sichtbar wird die Gleichzeitigkeit des irdischen Heiligen Landes und des himmlischen Jerusalem etwa in den Texten des Aufrufes zum dritten Kreuzzug, der päpstlichen Bulle „Audita tremendi" von Papst Gregor VIII.: „... *doctrinam et exemplum tribuens illis qui ad coelestem Jerusalem intenderent, quod non possunt ad eam nisi per exercitium boni operis et per tentationes plurimas pervenire*", Patrologia latina, Bd. 202, S. 1541, J. P. Migne, ed. Parisiis, 1855; vgl. auch Mayer, H. E.: „Geschichte der Kreuzzüge", S. 18; vgl. Auffarth, C.: „Irdische Wege und himmlischer Lohn. Kreuzzug, Jerusalem und Fegefeuer in religionswissenschaftlicher Perspektive", S. 73 ff.

64 *Romania* war die in der mittelbyzantinischen Periode „zeitgenössische" Bezeichnung für das oströmische bzw. byzantinische Reich.

des Mittelmeeres vorgedrungen, den man den Arm des Heiligen Georg[65] *nennt. Und indem diese immer mehr Gebiete der Christen einnahmen, haben sie diese immer öfter besiegt und sehr viele getötet oder gefangengenommen, sie haben Kirchen zerstört und das Land Gottes verwüstet. ... Aus diesem Grund bitte und fordere ich Euch auf – nicht ich, sondern der Herr bittet und fordert Euch auf – die Reichen ebenso wie die Armen, als Botschafter Christi dafür zu sorgen, daß dieser widerwertige Menschenschlag sofort aus den von Christen bewohnten Gebieten gejagt wird ... Den Anwesenden teile ich dieses mit, den Abwesenden lasse ich es ausrichten, doch es ist Christus, der es befiehlt."*[66] Nach der pauschalen Dämonisierung der Muslime stellt er als Stellvertreter Gottes den Lohn einer sofortigen Vergebung der Sündenstrafen für alle jene Kreuzzugsteilnehmer in Aussicht, die auf dieser Reise ihr Leben verlieren oder im Kampf gegen die Heiden fallen würden. Das unablässige dialektische Operieren mit *„asymmetrischen Gegenbegriffen"*, dem rhetorischen Einsatz kultureller Gegensatzpaare wie Mensch–Barbar, oder Christ–Heide, stellt kein nüchternes Bezeichnen des jeweils anderen dar, sondern benennt den jeweils anderen mit einer Vielzahl von Bezeichnun-

---

65 Als *Arm des Heiligen Georgs* wurde jener Meeresteil des heutigen Marmara-Meeres bezeichnet, dessen kartographische Darstellung armähnliche Form hat, der nahe Konstantinopel beginnt und bis zum antiken Nikomedia, dem heutigen Izmit reicht. Als Märtyrer der Christenverfolgungen Kaiser Diokletians starb St. Georg angeblich in Nikomedia, dem Ausgangspunkt der Christenverfolgungen Diokletians. Er galt im elften Jahrhundert und zur Zeit der Kreuzzüge als einer der populärsten Heiligen und Schutzpatrone; die scheinbar zufällige Erwähnung seines Namens dient Urban II. zur rhetorischen Verstärkung der Assoziationskette: Christentum – Märtyrer – Verfolgung – Bedrohung. Vgl. Hagenmeyer, H.: „Fulcheri Cartonensis Historia Hierosolymitana", S. 133, Fn. 12.
66 Fulcher von Chartres, zit. nach Hagenmeyer, H.: „Fulcheri Cartonensis Historia Hierosolymitana", Lib. I, cap. III, 2 ff.; vgl. auch Zöllner, W. „Geschichte der Kreuzzüge", S. 49 f.

gen, deren Assoziationen die Qualität der geäußerten herabwürdigenden Bestimmungen weiter verstärken und „*... die darauf angelegt sind, eine wechselseitige Anerkennung auszuschließen. Aus dem Begriff seiner selbst folgt eine Fremdbestimmung, die für den Fremdbestimmten sprachlich einer Privation, faktisch einem Raub gleichkommen kann.*"[67] Ungeachtet dessen, daß seine Zusicherung der Vergebung von Sündenstrafen im Kontext der Buße und des Ablasses nicht differenziert ist, steigert Urban II. seine Versprechen weiter, um ein Gegenbild zur inhumanen christlichen Lebenswirklichkeit unter der angeblich gnadenlosen muslimischen Herrschaft zu zeichnen. Umfaßt seine Zusage zunächst nur den Erlaß der irdischen Bußstrafen, steigert er diese alsbald zu einer völlig bedingungslosen Zusicherung der *remissio peccatorum*[68], gemäß welcher ohne Ansehen der Person und deren Vorgeschichte sowie der möglicherweise begangenen Greueltaten ein Sünden(strafen)erlaß gewährt wird: „*Sie sollen in einen Kampf gegen die Ungläubigen ziehen, der mit einem Sieg enden wird, ... sie sind jetzt Soldaten Christi, auch wenn sie lange Zeit Räuber waren, nunmehr kämpfen sie rechtmäßig gegen die Heiden, sie, die sie einst gegen die eigenen Brüder und Blutsverwandten kämpften und sie, die sich einst für schäbigen Lohn als Söldner verdingten, sollen jetzt den ewigen Lohn erhalten.*"[69]

---

67 Koselleck, R.: „Zur historisch-politischen Semantik asymmetrischer Gegenbegriffe", in Weinrich, H. (Hrsg.): „Positionen der Negativität", S. 66; vgl. auch ders.: S. 88 ff.
68 Zur Differenzierung der in der Papstrede rhetorisch eingesetzten *remissio peccatorum* in die Trias *Vergebung der Sünden*, *Vergebung der Bußstrafen* und *Vergebung der Sündenstrafen* im Kontext verbalradikaler Kreuzzugswerbung vgl. Mayer, H. E.: „Geschichte der Kreuzzüge", S. 31 ff.
69 Fulcher von Chartres, zit. nach Hagenmeyer, H.: „Fulcheri Cartonensis Historia Hierosolymitana", Lib. I, cap. III, 7. Diese Stelle der Papstrede findet sich bei allen übrigen Chronisten in ähnlichen Worten und teilweise sogar in wesentlich rigoroseren

Auch die anderen drei Chronisten, Balderich von Dol, Guibert von Nogent und Robert von Reims sprechen im Zusammenhang mit der Rede Urbans II., wenn auch nicht wortgleich, von den kolportierten Grausamkeiten, die angeblich von muslimischer Seite an der christlichen Minderheit begangen werden, von den *milites Christi*, davon, daß es eine Ehre sei, beim Kreuzzug für Christus, den Bannerträger der Kreuzfahrer, zu sterben, und sie verweisen ebenfalls auf reichen himmlischen Lohn.[70] Der Appell mittels manipulativ-verzerrender Darstellung der muslimischen Herrschaft über das Christentum und das sprachliche Errichten von Schreckensbildern muslimischer Grausamkeiten bilden als verbalradikale Zuspitzung die Initialzündung, sich dem ersten Kreuzzug anzuschließen. Additive Elemente, wie die in Aussicht gestellte *remissio peccatorum*, die Hoffnung auf Wohlstand, auf den Sieg in einem *bellum sacrum*, die Flucht aus der je eigenen tristen Lebenswirklichkeit des elften Jahrhunderts und letztlich die Befreiung der christlichen Stätten vom vermeintlichen heidnischen Wüten, zusammen mit den zündenden Funken der Amplifikationen der Rede Papst Urbans II., bündeln die Emotionen europaweit und zwingen diese geradezu in einen Status der Performanz. Rhetorisch gewaltsam werden die performativen Keimzellen zu einer Bewegung transformiert, die sich auf eine breite gesellschaftliche Basis mit entsprechendem Rückhalt im gesamten christlichen Europa der Epoche stützt.[71]

Der erste Kreuzzug richtet sich gegen die muslimische „... *Kultur und Militärmacht, der man in mauri-*

Formulierungen als bei Fulcher wieder; für eine diesbzgl. Übersicht vgl. Erdmann, C.: „Die Entstehung des Kreuzzugsgedankens", S. 312 ff.
70 Vgl. Hagenmeyer, H.: „Fulcheri Cartonensis Historia Hierosolymitana", S. 136 ff., Fn. 25–32; vgl. auch Erdmann, C.: „Die Entstehung des Kreuzzugsgedankens", S. 197.
71 vgl. Haller, J.: „Das Papsttum. Idee und Wirklichkeit", Bd. II, S. 326 ff.

scher und sarazenischer Gestalt jahrhundertelang unterlegen gewesen ..."[72] ist, und kommt als relativ ungeordnete, bewaffnete Pilgerfahrt 1096 in Gang. Die militärische Organisationsstruktur verbessert sich in den darauffolgenden Jahren stetig und führt sogar zur Einnahme Jerusalems, dem eigentlichen Ziel des ersten Kreuzzuges. Die Errichtung mehrerer politisch-militärisch instabiler Kreuzfahrerstaaten geht aus diesem ersten Kreuzzug hervor. Auf den ersten folgen innerhalb von etwa drei Jahrhunderten mehrere Dutzend Kreuzzüge, von welchen jedoch nur etwa sieben die Charakteristika von Heereszügen mit zum Teil massiver ziviler Beteiligung aufweisen.[73] Zahlreiche weitere Kreuzzüge jedoch, die ebenfalls allesamt als kirchlich legitimierte Methoden der Wiederherstellung von Gerechtigkeit gelten, stehen unter gänzlich anderen Auspizien und werden in völlig unterschiedlichen Zusammensetzungen verwirklicht. Diese, darunter etwa der Kinderkreuzzug, Hirtenkreuzzug oder der regional auf Südfrankreich begrenzte Albigenserkreuzzug, sind, was deren Zielsetzungen, Organisationsgrad und Dynamik betrifft, durch heterogene Verläufe charakterisiert und bestehen, im Unterschied zu den Kreuzzügen nach *Outremer*, oftmals nur aus regionalen Verfolgungen von Häretikern oder sind politisch motivierte Kreuzzüge.[74]

---

72 Armanski, G.: „Es begann in Clermont. Der erste Kreuzzug und die Genese der Gewalt in Europa", S. 9
73 Eine Übersicht hinsichtlich dutzender kriegerischer Unternehmungen, die nicht alle unter dem Titel Kreuzzug subsumierbar sind, gibt Riley-Smith. Seine Zusammenstellung beinhaltet neben den bekannten Kreuzzügen auch zahlreiche kreuzzugsartige Bewegungen in Spanien, Italien und Flandern, ebenso wie die massiven Judenverfolgungen (u. a. in den Städten des Rheinlandes, in Frankreich und England) sowie Kreuzzüge in den bzw. in die Länder des Mittelmeerraumes und Osteuropas. Vgl. Riley-Smith, J.: „Wozu heilige Kriege? Anlässe und Motive der Kreuzzüge", S. 147 ff.
74 Analysen der Kreuzzüge und ihrer Einbettung in die europäische Geschichte geben u. a.: Armanski, G.: „Es begann in Cler-

V. Verbalradikalismen religiöser Appelle

Vor dem Hintergrund wachsender Spannungen in einigen der neu entstandenen Kreuzfahrerstaaten, sowohl was deren Innen- als auch deren machtpolitische Außenverhältnisse betrifft, beginnen in den Vierzigerjahren des zwölften Jahrhunderts die Vorbereitungen für einen zweiten großen Kreuzzug. Der konkrete Appell zu diesem Unternehmen erfolgt Ende 1145 durch Papst Eugen III.[75] Obwohl seine päpstliche Bulle unter dem Titel *Quantum praedecessores* stilistisch gebieterischer und inhaltlich präziser formuliert ist als der Aufruf Urbans II., findet sie zunächst kaum Verbreitung, sodaß die Urkunde im Jahre 1146, nur wenige Monate nach ihrer Veröffentlichung, nahezu unverändert erneut veröffentlicht wird.[76] Als treibende Kraft der Kreuzzugspropa-

---

mont. Der erste Kreuzzug und die Genese der Gewalt in Europa", Pfaffenweiler 1995; Asbridge, T.: „Die Kreuzzüge", Stuttgart 2010; Becker, A.: „Papst Urban II.: (1088–1099)", Bd. II, Stuttgart 1988; Erdmann, C.: „Die Entstehung des Kreuzzugsgedankens", Stuttgart 1965; Hagenmeyer, H. (Hrsg.): „Fulcheri Cartonensis Historia Hierosolymitana", Heidelberg 1913; Hiestand, R.: „Gott will es! – Will Gott es wirklich? Die Kreuzzugsidee in der Kritik ihrer Zeit", Stuttgart 1998; Mayer, H. E.: „Geschichte der Kreuzzüge", Stuttgart 1980; Riley-Smith, J.: „Wozu heilige Kriege? Anlässe und Motive der Kreuzzüge", Berlin 2005; Zöllner, W.: „Geschichte der Kreuzzüge", Berlin 1990.
75 Als konkreter Auslöser gilt der Untergang des ersten Kreuzfahrerstaates, der Grafschaft Edessa (heute im Gebiet der türkischen Region Südanatolien, nahe der Grenze zu Syrien), sowie die Einnahme ihrer Hauptstadt Edessa durch die Dynastie der Seldschuken. Der zweite Kreuzzug ist aufgrund seiner ablauforganisatorischen Mängel nicht nur ein völliger militärischer Fehlschlag, bei dem nicht nur seine primären Ziele, nämlich die Befreiung und Reetablierung Edessas und, als dies nicht mehr möglich ist, die Einnahme von Damaskus, scheitern, auch das Königreich Jerusalem gerät in der Folge in eine geopolitisch aussichtslose Isolation, ja Einkesselung durch die unter die Herrschaft Saladins gelangten syrischen und ägyptischen Reiche.
76 vgl. Asbridge, T.: „Die Kreuzzüge", S. 222

ganda für diesen zweiten der bedeutenden Kreuzzüge etabliert sich neben Papst Eugen III. vor allem sein ehemaliger zisterziensischer Ordensbruder und Lehrer Bernhard von Clairvaux, der *„Meister des Wortes in jeder Form ..."*[77] Vermutlich sind es erst die Vermittlungen Bernhards von Clairvaux, die in den französischen und deutschen Königshäusern auf entsprechende Resonanz stoßen, sodaß Ludwig VII. und Konrad III. sich schließlich bereit erklären, die Führung, Gesamtorganisation und erhebliche Teile der Finanzierung dieses Kreuzzuges zu übernehmen.[78]

Bereits am Beginn des Textes von *Quantum praedecessores* findet sich die explizite Bezugnahme auf Papst Urban II. und seinen Aufruf von Clermont. An die Appelle der flammenden Rede Urbans, deren Nachhall in einem Zeitraum von fünfzig Jahren offenbar wenig von seiner Eindringlichkeit verlor, soll in *Quantum praedecessores* nicht nur inhaltlich erinnert werden, sondern es soll darüber hinaus im rückblickenden Vergegenwärtigen unmißverständlich klarwerden, daß das Vorhaben einer Rettung samt Protektion des Heiligen Landes durch den ersten Kreuzzug nur ansatzweise verwirklicht werden konnte und daher weder von nachhaltiger Stabilisierung, noch von einem nahenden Abschluß des kirchenpolitischen Großprojekts die Rede sein könne. Das verbalradikale Überschreiten des Bedeutungsraumes klerikaler Termini ist in der Urkunde Eugens III. in vielen Passagen augenscheinlich: Der päpstliche Aufruf ist von jenem klerikalen Dualismusdenken gekennzeichnet, in dem der christlichen Welt des Guten eine pagane Welt des Bösen gegenübertritt und letztere daher entweder zu bekehren oder zu bekämpfen sei.[79] Eine derartige dicho-

---

77 Haller, J.: „Das Papsttum. Idee und Wirklichkeit", Bd. III, S. 8
78 Asbridge, T.: „Die Kreuzzüge", S. 221 ff.
79 vgl. Suchan, M.: „Macht verschafft sich Moral? Gewalt in der Politik der Reformpäpste", S. 30 f.

tome Einschränkung der Weltsicht, in welcher *tertium non datur*, erfüllt den Tatbestand der Verbalradikalität durch Ausschließung. Sogar der bei Urban II. noch bestehende Spielraum für Interpretationsmöglichkeiten zum Thema der Vergebung von Buß- und Sündenstrafen weicht bei Eugen III. einem Höchstmaß an Eindeutigkeit: „*... kraft der uns von Gott verliehenen Autorität versichern und bestätigen wir denjenigen, die aufgrund ihrer Beurteilung geloben, eine derart heilige wie höchst notwendige Aufgabe zu übernehmen und sich der Mühe dieses Unternehmens zu unterziehen, den Erlaß ihrer Sündenschuld, so wie dies unser genannter Vorgänger Papst Urban bereits eingerichtet hat.*"[80] Um zusätzliche Anreize und Entscheidungshilfen zu geben, die Motivation zur Teilnahme am Kreuzzug zu steigern, deklariert Eugen III. zudem, daß das gesamte Eigentum sowie sämtliche zurückbleibenden Familien der Kreuzzugsteilnehmer während deren Abwesenheit ausdrücklich unter kirchlichen Schutz gestellt seien.

Textuell besonders herausgearbeitet finden sich kurze Beschreibungen von Bedrohungsszenarien, welche die Christen im Heiligen Land betreffen. Es sind dies verkürzte Darstellungen primär defensiv geprägter Situati-

---

80 „*... illis qui tam sanctum tamque pernecessarium opus et laborem devotionis intuitu suscipere et perficere decreverint, illam peccatorum remissionem quam praefatus praedecessor noster papa Urbanus instituit, auctoritate nobis a Deo concessa concedimus et confirmamus; atque uxores et filios eorum, bona quoque et possessiones, sub sanctae Ecclesiae, nostra etiam et archiepiscoporum, episcoporum et aliorum praelatorum Ecclesiae Dei protectione manere decernimus.*", Patrologia latina, Bd. 180, J. P. Migne, ed. Parisiis, S. 1065, Paris 1902. Die pauschale Vergebung der Sünden wird am Ende der Bulle nochmals explizit formuliert: „*Dei et beati Petri apostolorum principis auctoritate nobis a Deo concessa, talem concedimus, ut qui tam sanctum iter devote incoeperit et perfecerit, sive ibidem mortuus fuerit, de omnibus peccatis suis, de quibus corde contrito et humiliato confessionem susceperit, absolutionem obtineat, et sempiternae retributionis fructum ab omnium remuneratore percipiat.*"

onen, die mit Generalisierungen operieren und mittels übersteigernder polemischer Terminologie antiislamische Feindbilder bedienen. Der einseitige Blickwinkel der päpstlichen Gesamtaussage zeigt sich etwa an der Aussage, die christlichen Vorväter hätten bis an das Ende ihrer Kräfte dafür gekämpft, den Namen Christi in der Region zu verbreiten und das Heilige Land *„vom Schmutz der Heiden"*[81] zu befreien. Weder die militärischen Eroberungsbestrebungen der europäischen Christen, die zehntausende zivile Opfer auf muslimischer Seite forderten, noch der machtpolitische Aspekt der offensiven Etablierungsversuche von Kreuzfahrerstaaten kommen zur Sprache. Der von den Seldschuken getötete Erzbischof von Edessa, der Klerus von Edessa sowie zahllose ermordete Christen werden bei Eugen zu Opfern einseitiger muslimischer Aggression stilisiert. Mit diesen und ähnlichen Schreckensszenarien sollen nicht nur die Klischees türkisch-arabischer Feindbilder bedient werden. Ziel ist es, diese Stereotype auch noch durch jene diffusen Bilder zu verstärken, in deren Zentrum wörtlich *das Zertreten* bzw. *die Zertrampelung* der heiligen christlichen Reliquien durch die Heiden steht.

Der eigentliche Verbalradikalismus, welcher schließlich als Zündfunke die wichtigsten europäischen Machthaber und darüber hinaus auch tausende Menschen aus allen sozialen Schichten für die Kreuzzugsteilnahme entflammen sollte, kommt nicht von Papst Eugen III. Er geht auf den führenden Exponenten des zur Zeit der Kreuzzüge noch jungen Zisterzienserordens[82], Bernhard Abt von Clairvaux, zurück. Die Predigtreisen des nach Angaben von Zeitzeugen begnadeten Redners, des mit honigfließender Sprache begabten *„doctor mellifluus"*[83],

---

81 *„... a paganorum spurcitia liberarent"*, Patrologia latina, Bd. 180, J. P. Migne, ed. Parisiis, S. 1064, Paris 1902.
82 Die Anfänge des Zisterzienserordens gehen auf das Jahr 1098 zurück.
83 Mayer, H. E.: „Geschichte der Kreuzzüge", S. 99

und später heiliggesprochenen und zum Kirchenlehrer erhobenen Mönches führen diesen quer durch Mitteleuropa. Sowohl seine mündlichen als auch seine schriftlichen Stellungnahmen und Appelle finden größte Verbreitung und entfalten ungeahnte Massenwirksamkeit, so etwa sein berühmter Aufruf *ad universos fideles*, an alle Gläubigen: *„Ich zweifle nicht, daß in Eurem Land vernommen wurde und sich die Kunde durch eifrige Erzählung überall verbreitet hat, wie Gott den Geist der Könige und Fürsten entflammt hat, die Heidenvölker zu bestrafen und die Feinde des christlichen Namens von der Welt auszurotten. Welch großer Segen, welch reiche Fülle des göttlichen Erbarmens! ... Weil nämlich der Herr meiner Niedrigkeit anvertraut hat, dieses Wort des Kreuzes zu verkündigen, erklären wir, ... daß sich die Stärke der Christen gegen jene rüsten soll, daß sie das Zeichen des Heiles auf sich nehmen soll, jene Stämme völlig zu vernichten oder auf immer zu bekehren ..."*[84] Ganz im Sinne von *Quantum praedecessores* verspricht er allen, die sich am Heiligen Krieg *„gegen die Feinde des Kreuzes Christi"* beteiligten, die Vergebung ihrer Sünden und fordert neben der regulären Bewaffnung des Kreuzfahrerheeres auch eine symbolische Uniformierung aller Kreuzzugsteilnehmer durch die Ausstattung *„mit dem Zeichen des Heiligen Kreuzes"*[85].

Die Position der byzantinischen Kirche hingegen ist bis in das dreizehnte Jahrhundert kritisch und größtenteils ablehnend, was die *remissio peccatorum* für jene Kreuzfahrer betrifft, die in kriegerischer Aktion ihr Leben lassen. Zu stark wirkt der augustinische Gedanke des Verteidigungsaspektes in der Ostkirche nach, zu gefestigt ist die theologische Ablehnung von Kriegsmärtyrern und des Märtyrergedankens in kriegerischem Kon-

---

84 Bernhard von Clairvaux: „Brief 457", in Winkler, G. B. (Hrsg.): „Bernhard von Clairvaux. Sämtliche Werke", Bd. III, S. 890 ff.
85 ebda.: S. 893

text.⁸⁶ Dessen völlig ungeachtet läßt Bernhard von Clairvaux nicht den geringsten Zweifel daran aufkommen, daß die Teilnahme am Kreuzzug der Beteiligung an einem gottgewollten, gottbefohlenen Unternehmen gleichkommt, wie sein Aufruf an die Christen Böhmens und Mährens sprachlich eindrucksvoll zeigt: *„Dieses Land der Verheißung haben die Bösen in Besitz zu nehmen begonnen, und wenn keiner da ist, der sich widersetzt, reißen sie ihren gierigen Rachen sogar nach dem Heiligtum unserer Religion auf und erdreisten sich, das Lager selbst zu besudeln, auf dem unser Leben für uns im Tod entschlafen ist, und das Allerheiligste zu entweihen, die Stätten, sage ich, die mit Purpur gefärbt sind vom Blut des unbefleckten Lammes."*⁸⁷

Voller Metaphern und mit Zitaten aus dem Alten und Neuen Testament gespickt, strotzen die Texte Bernhards vor christlicher Siegesdiktion und eschatologischen Verheißungen: *„Hört ferner ein Wort, das auch das härteste Herz eines Christenmenschen bewegen müßte. Unser König wird des Verrates angeklagt: Man hält ihm vor, daß Gott nicht sei, sondern daß er dies nur vorgetäuscht habe ... Wer unter euch ihm treu ergeben ist, der erhebe sich und verteidige seinen Herrn gegen den gemeinen Vorwurf des Verrates. Er gehe einem sicheren Kampf entgegen, in dem zu siegen Ruhm und zu sterben Gewinn ist. ... Nehmt das Zeichen des Kreuzes, und der oberste Pontifex ... bietet Euch volle Vergebung aller Sünden an ... beeilt Euch ... die unwiederbringliche Gelegenheit des Ablasses zu ergreifen."*⁸⁸ Der Versuch, durch geschickte Aneinanderreihungen der Prioritäten

---

86 Vgl. Laiou, A.: „The Just War of Eastern Christians and the Holy War of the Crusaders", in Sorabji, R. u. Rodin, D. (Hrsg.): „The Ethics of War. Shared Problems in Different Traditions", S. 35 f.
87 Bernhard von Clairvaux: „Brief 458", in Winkler, G. B. (Hrsg.): „Bernhard von Clairvaux. Sämtliche Werke", Bd. III, S. 897
88 ebda.: S. 899

die tatsächliche Intention des Appells rhetorisch zu verschleiern, macht den verbalradikalen Charakter der Texte Bernhards aus. Die muslimischen Feinde des Kreuzes zu *bekehren*, stellt kein Primär- oder Sekundärziel der Kreuzzüge dar. Das Schaffen von militärisch-politischen Fakten durch territoriale Eroberung in *Outremer* und die pauschale Niederwerfung und Vernichtung alles Paganen stehen hingegen als *oberste Intention* fest. Eine Bekehrung wird als Alternative nur dann angestrebt, wenn die Vernichtung scheitert.[89]

Hinter der missionarischen Wortwahl steht die Absicht der gewaltsamen Umkehrung bestehender Machtverhältnisse durch offenen Angriffskrieg, die politische Kontrolle und religiöse Suppression der Eroberten ist danach nur eine notwendige Konsequenz. An jener Stelle des Textes, an der das Auseinanderklaffen von wahrer Absicht und appelldurchtränkter Rede beginnt, verläßt die Semantik das Feld der Theologie und wird unweigerlich in die Bezirke des Zweckes gedrängt und dort von der Rhetorik usurpiert. Die verbalen Argumentationsketten gelangen vom Wollen über den Appell zur verdeckten und zur offenen Lüge. Das wissentliche Übertreten des Bedeutungsumfanges eines Begriffes ist bereits der eingeschlagene Weg der verbalen Radikalisierung, denn das Wort ist im Appell bereits zu weit von seinem *étymon*, seiner Bedeutungsherkunft, entfernt worden; es ist bereits gewaltsam einem Zweck untergeordnet, diskursiv mit Ausschließlichkeit zur Zielerreichung eingesetzt worden. Die Sprache der Sieger ist aus diesem Grund zumeist die Sprache der Machthaber über die Geschichtsschreibung. „*Deus lo vult!*" stellt innerhalb dieser Sprache eine erste Willensbekundung in den Raum, eine Behauptung aus christlicher Sicht, ein *illokutionäres* subjektzentriertes Wollen gegenüber dem kul-

---

89 Vgl. Winkler, G. B. (Hrsg.): „Bernhard von Clairvaux. Sämtliche Werke", Bd. III, Anm. 457, S. 1219

turell an sich Andersartigen, als Phänomen verbalradikaler Aufforderung, die wie eine Rückversicherung klingt: *„Gott will es!"*

Trotz aller Appelle zur Mobilisierung der Massen entwickelt sich dieser zweite der großen Kreuzzüge aufgrund seiner mangelhaften politischen, strategischen und organisatorischen Vorbereitung und Durchführung zu einem völligen Debakel. Nach nicht einmal zwei Jahren kehren die Kreuzheere nach Europa zurück und Papst Eugen III. *„... stand da wie ein Herrscher, der einen großen Krieg verloren hatte, ... die Verwünschungen, die gegen Eugen und Bernhard sogleich laut wurden, fanden einen langen Nachhall ..."*[90] Die Wurzeln für den dritten und größten der Kreuzzüge sind daher primär im Verlauf des zweiten Kreuzzuges zu suchen. Durch die Niederlage in der Schlacht von Hattin, im Jahre 1187, vier Jahrzehnte nach dem Scheitern des zweiten Kreuzzuges, gerät das Königreich Jerusalem in eine geopolitisch aussichtslose Isolation und ist der militärischen Überlegenheit Saladins[91] ausgeliefert. Die letzten christlichen Widerstände kapitulieren, und Saladin zieht im Oktober 1187 in Jerusalem, der *„Stadt des Friedens"*[92], ein. Das blanke Entsetzen und tiefe Erschrecken in Europa muß gewaltig gewesen sein, denn bereits am 29. Oktober 1187 veröffentlicht Papst Gregor VIII. sei-

---

90 Haller, J.: „Das Papsttum. Idee und Wirklichkeit", Bd. III, S. 70

91 *Saladin* ist die lateinische Kurzform der phonetischen Transkription *Salah ad-Din Yusuf ibn Ayyub*, des ersten Sultans von Ägypten und Syrien. Er war Begründer der Dynastie der Ayyubiden und größter militärischer Widersacher des dritten Kreuzzuges.

92 Vgl. Hiestand, R.: „Gott will es! – Will Gott es wirklich? Die Kreuzzugsidee in der Kritik ihrer Zeit", S. 9. Die Wurzel „S-L-M", in der das hebräische *Shalom* und auch das arabische *Salam* lesbar sind, verweist auf die Etymologie des Namens *Jerusalem*. Auch das altgriechische Ἱεροσόλυμα und das lateinische *Hierosolyma* festigen diese Spur.

ne Bulle „*Audita tremendi*"[93], den Aufruf zum gewaltigsten aller Kreuzzüge.[94] Es ist darin von Barbaren die Rede, welche nicht nur nach christlichem Blut dürsteten, sondern auch die geheiligten christlichen Stätten profanisierten und jegliche christliche Gottesverehrung vollständig tilgen wollten.[95]

Bei Papst Gregor klingt zwischen performativen Passagen auch die Frage der Theodizee durch, etwa wenn er davon spricht, daß es für das Heilige Land nichts Neues sei, von Gottes Gericht erschüttert zu werden, und daß Gott das Heilige Land ohne weiteres auch aus eigenem Vermögen hätte retten können, es den Menschen jedoch nicht zustünde, Fragen nach seinen Beweggründen zu äußern.[96] Zahlreiche Predigten und sogar einige aus der Zeit der Kreuzzüge erhaltene Benediktionen für Waffen-, Schwert- und Fahnensegen weisen verbalradikalen Charakter auf, da in ihrem *defensiven Vokabular* stets die antizipative Verteidigung als aktiver militärischer Erstschlag mitgemeint ist.[97] Dieses defensive sprachliche

---

93 Gregorii VIII Papae Epistolae et Privilegia, Patrologia latina, Bd. 202, S. 1539, J. P. Migne, Paris 1855

94 Die deutschen, englischen und französischen Heere Friedrichs I. Barbarossa, Richards I. Cœur de Lion sowie Philipps II. ziehen zwischen 1189 und 1190 nach Palästina, u. a. mit dem militärischen Ziel der Einnahme Akkons und anderer strategisch vorteilhaft gelegener Städte, von denen aus Jerusalem einer Befreiung zugeführt hätte werden sollen. Vgl. Asbridge, T.: „Die Kreuzzüge", S. 397 ff.

95 „... *cum ex ipsa periculi magnitudine ac feritate barbarica Christianorum sanguinem sitiente, ac totam suam in hac apponente virtutem, ut profanare sancta, et titulum Dei valeant auferre de terra* ...", Gregorii VIII Papae Epistolae et Privilegia, Patrologia latina, Bd. 202, S. 1540, J. P. Migne, Paris 1855.

96 Ebda. S. 1542: „*Non est equidem novum, quod terra illa judicio divino percutitur, sed nec insolitum, ut flagellata et castigata misericordiam consequatur. Poterit Dominus quidem sola eam voluntate servare, sed non habemus ei dicere cur ita fecerit.*"

97 Eine Sammlung von „*Benediktionen für Kriegszeiten, für Waffen und Ritter*" findet sich in Erdmann, C.: „Die Entstehung des Kreuzzugsgedankens", S. 326–335.

Gebaren ist nicht metaphorisch, es verweist nicht auf latente, verborgene Nomina, die es dem manifesten, sichtbaren Text assoziativ attribuiert; es ist verbalradikal, indem es die *Ideologie* der Diskurspraktik ändert, ohne dies explizit auszusagen. Die klerikale Propaganda für den Kreuzzug erhält mehr als nur akzidentielle Unterstützung durch zahllose Minnesänger und profane Prediger, sodaß eine europaweite Welle der Aufbruchsstimmung, eine Massenbewegung, mit dem Ziel, *einen finalen Schlag zu setzen*, entsteht und unter dem Signifikat *cruce signatus* zu einem gemeinsamen Wollen zusammengeführt wird. Das Gedankengut ist christlich, die Sprache hingegen ist performativ und perlokutionär, doch vor aller Performanz ist sie verbalradikal, mit ihrer Legung eines sprachlichen Grundes, auf dem der Diskurs erst aufbaut und beginnt, sich in die theologische, politische oder militärische Stoßrichtung des Kreuzzuges zu entwickeln, um sodann konkrete verbale Aufforderungen und präzise Sprachhandlungen zu setzen. Das kirchenpolitische Projekt eines Kreuzzuges bietet unter dem Leitgedanken des himmlischen Lohnes unvergleichliche Entwicklungs- und Identifikationsmöglichkeiten, um für eine gemeinsame Sache zu kämpfen oder auch sein Leben aufs Spiel zu setzen.

Der lange sprachliche Nachhall der Kreuzzüge beginnt bereits nach dem Tod Friedrichs I. und dem Abzug großer deutscher Truppenteile; nach Jahren der Belagerungen und kriegerischen Auseinandersetzungen mit dem Heer Saladins und nach massivem internen Dissens zwischen der englischen und französischen Führung, setzt sich in diesem dritten Kreuzzug die Einschätzung durch, daß trotz der Einnahme Akkons eine Rückeroberung Jerusalems kaum von Dauer wäre. Diese Erkenntnis und die politischen Veränderungen in England und Frankreich tragen entscheidend dazu bei, daß auf dem Verhandlungsweg ein mehrjähriger Waffenstillstand und der freie Zugang für christlich Pilger nach Jerusalem vereinbart werden, und der Kreuzzug im Jahr 1192 sein Ende findet.

Im Laufe der vielen Jahrzehnte der Erwartungen und enttäuschten Hoffnungen inmitten der wiederholten, ähnlichen Aufrufe zu Kreuzzügen, wandelt und pervertiert sich der Kampf gegen den Islam im vierten Kreuzzug schließlich sogar zu einem Kampf gegen Byzanz und endet mit der Eroberung Konstantinopels. Allmählich macht sich Kreuzzugsmüdigkeit im christlichen Europa breit, zu der auch die erhobenen Kreuzzugssteuern beitragen, sodaß etwa einhundert Jahre nach dem dritten Kreuzzug sogar *„... der Fall von Akkon im Jahre 1291 über verbale Reaktionen hinaus keinen neuen Aufbruch auslöste ..."*[98] Das Verebben der unmittelbaren Kreuzzugspopularität setzt sich im dreizehnten und vierzehnten Jahrhundert fort, findet sich jedoch etwa ab dem fünfzehnten Jahrhundert in anderem Gewand und unter anderem Vorwand wieder: Die beginnende Expansion der europäischen Seemächte stehen Jahrhunderte hindurch verbal und mit Waffen im Zeichen des Kreuzes.

Die Aufklärung kritisiert die Idee der Kreuzzüge massiv, dennoch setzt danach eine langsame, aber stetige Entwicklung der ästhetisierenden Verharmlosung der Kreuzzüge ein. Diese werden literarisch und musikalisch – von Lessing über Meyerbeer bis Verdi – verarbeitet und finden sogar Eingang in die romantisierende Historienmalerei.[99] Das zwanzigste Jahrhundert läßt den Verbalradikalismus wiedererstehen, schärfer und zügelloser denn je; die Oktoberrevolution und der Erste Weltkrieg führen zur Metaphorisierung des Kreuzzugsbegriffes und zu seiner Wiedereinführung in den politischen Diskurs. Die nationalsozialistische Propaganda nennt den Überfall auf die Sowjetunion *„Kreuzzug gegen die roten Horden aus den asiatischen Steppen"* und

---

98 Hiestand, R.: „Gott will es! – Will Gott es wirklich? Die Kreuzzugsidee in der Kritik ihrer Zeit", S. 34
99 vgl. Zöllner, W.: „Geschichte der Kreuzzüge", S. 218 ff.

„Kreuzzug gegen den Bolschewismus".¹⁰⁰ Der Kampf der Alliierten wird seitens des amerikanischen Oberbefehlshabers unter dem Buchtitel *„Crusade in Europe"*¹⁰¹ erinnert, und knapp ein Jahrtausend nach dem ersten der mittelalterlichen Kreuzzüge ist metaphorisch die Rede davon, daß *„This crusade, this war on terrorism is going to take a while"*¹⁰². Unglücklich gewählte Kreuzzugsmetaphern beenden den Verbalradikalismus nicht, sondern geben ihm neue Nahrung, denn sie stellen in jeder Epoche nur die Zwischenbilanz eines langsam fortschreitenden Zivilisationsprozesses dar, als *contradictio in adiecto* des Heiligen Krieges.¹⁰³

---

100 Lehmann, H. u. Oexle, O. G. (Hrsg.): „Nationalsozialismus in den Kulturwissenschaften", Bd. I, S. 435 f.
101 Eisenhower, Dwight D.: „Crusade in Europe", New York 1952
102 Online-Dokument: „The White House, Office of the Press Secretary", September 16th, 2001, Remarks by the President Upon Arrival, The South Lawn. http://georgewbush-whitehouse.archives.gov/news/releases/2001/09/20010916-2.html
103 Vgl. Elias, N.: „Über den Prozeß der Zivilisation" und den umfassenden Gegenentwurf von Duerr, H. P.: „Der Mythos vom Zivilisationsprozeß".

Kapitel 4
SPRACHE DER FREIHEIT: DIE FRANZÖSISCHE REVOLUTION

> *„Die Menschen ... verwenden die Worte nur, um ihre Gedanken zu verbergen."*[1]

In einer handschriftlichen Notiz Maximilien Robespierres findet sich das Ergebnis seines sprachlichen Weges, eines Weges, der vom nachvollziehenden Denken des Willens über das gesprochene Wort den grausamen Weg zur despotischen Tat längst vollendet hat: *„Il faut une volonté une."*[2] Das Ende dieses gedanklichen Weges, an dessen Beginn die Idee der *volonté générale*[3] steht, ist damit markiert. Das Wie dieses Weges, von einem *allgemeinen Willen* Jean-Jacques Rousseaus zu dem *einen Willen* Robespierres, muß daher erneut beschritten werden, um in seinem sprachlichen Nachvollzug verstanden zu werden, denn: *„Revolutionen brechen aus und sind unwiderstehlich, wenn sich herausgestellt hat, daß die Macht auf der Straße liegt."*[4]

Jean-Jacques Rousseaus *Contrat social* ist ein von Metaphern und Allegorien durchwirktes, geradezu metaphorisch anmutendes gesellschaftsphilosophisches Werk. Dies ist in bezug auf die Analyse des Willens und der

---

1 Voltaire: „Dialogue du chapon et de la poularde", in ders.: „Mélanges", S. 683
2 Diese in ihrer unauffälligen Schrecklichkeit berühmt gewordene handschriftliche Notiz Robespierres wurde unter der Nummer XLIV in der *„Collection des Mémoires relatives a la Révolution Française"* archiviert; in deren zweitem Band, dem der lapidare Titel *„Papiers inédits trouvés chez Robespierre, Saint-Just, Payan, etc., supprimés ou omis par Courtois; précédés du rapport de ce député à la Convention Nationale"*, verliehen wurde; Bd. II, S. 15, Paris 1828.
3 vgl. Rousseau, J.-J.: „Vom Gesellschaftsvertrag oder Grundlagen des politischen Rechts", S. 26 ff.
4 Arendt, H.: „Über die Revolution", S. 59

Freiheit seine größte Stärke und gleichzeitig seine größte Schwäche, wie Hegel, ohne auf die inhärente Metaphorik Rousseaus einzugehen, in der *Phänomenologie des Geistes* zeigt.[5] Der *allgemeine Wille* Rousseaus ist wesentlich weiter ausgreifend, als seine metaphorischen Wendungen dies vermuten lassen, und reicht historisch weit in das siebzehnte Jahrhundert zurück. Rousseaus Ideen sind deskriptiv und statisch angelegt und müssen daher die erforderliche Dynamik der Übergänge vom Subjekt zum Allgemeinen schuldig bleiben, wodurch sie nicht das auszeichnende Prädikat einer geschlossenen Theorie erhalten können, sondern sich mit ideologischer Grundlegung begnügen müssen.[6] Sein Fundament an Thesen genügt jedoch vollends dazu, daß Rousseau, beinahe losgelöst von seinem philosophischen Gesamtwerk, zu einem Schutzheiligen der Jakobiner stilisiert und oftmals geradezu metonymisch mit dem geistigen Fundament der Französischen Revolution identifiziert wird. Auch diese Beurteilung ist gewiß eine zu weitläufige und generalisierende, denn auch sie wird erst im Laufe der Romantik retrospektiv entwickelt werden. Doch Rousseaus *Contrat social* beflügelt und befeuert zumindest alle jene Aspekte soziopolitischer Natur, die zum Ende des 18. Jahrhunderts entscheidend dazu beitragen, daß ein ganzes Millennium absoluter Monarchien und erblicher Aristokratien, jener nach Rousseau *„schlimmsten der rechtmäßigen Regierungen"*[7], hinweggefegt und das

---

5 vgl. Hegel, G. W. F.: „Die absolute Freiheit und der Schrekken", in ders.: „Phänomenologie des Geistes", S. 431 ff.
6 In seiner Vorbemerkung zum *Contrat social* schreibt Rousseau selbst über den fragmentarischen Charakter seines Werkes: *„Ce petit Traité est extrait d'un ouvrage plus étendu, entrepris autrefois sans avoir consulté mes forces, et abandonné depuis longtemps. Des divers morceaux qu'on pouvoit tirer de ce qui étoit fait, celui-ci est le plus considérable, et m'a paru le moins indigne d'être offert au public. Le reste n'est déjà plus."*
7 Rousseau, J.-J.: „Vom Gesellschaftsvertrag oder Grundlagen des politischen Rechts", Buch III, Kap. 10, S. 195, Fn. 9

Ende der unzähligen, zum Teil bereits dysfunktionalen Formen feudaler Strukturen europaweit von der im 18. Jahrhundert aufsteigenden Klasse des Bürgertums eingeläutet wird.[8]

I. DER VERBALE WEG ZUM *CITOYEN*

Rousseaus Ansätze zur Dezentralisierung der Macht mittels Lenkung des Staatsganzen durch den *allgemeinen Willen*, seine Neudefinition des Souveräns und die Legung eines geistesgeschichtlichen Grundes für die Fassung der Menschenrechte wirken, historischen Insignien gleich, auf ein im Sinne des cartesianischen Subjektes geistig aufstehendes Volk; und sie wirken nicht nur *an sich*, sondern auch und insbesondere als Handlungsanleitung aus tiefer subjektiver Betroffenheit. Gegen Ende seines nur wenige Jahre vor dem Gesellschaftsvertrag verfaßten *Essay*[s] *über den Ursprung der Sprachen*, im Kapitel, das die Sprache und die Regierungsformen miteinander in Beziehung setzt, findet sich Rousseaus resignativ formulierte sprachpolitische Feststellung: *„In alten Zeiten, als die Überzeugung noch die Stelle der öffentlichen Gewalt vertrat, war die Rednergabe unabdingbar vonnöten. Wozu soll sie heutzutage dienen, da die Überzeugung durch öffentliche Gewalt ersetzt worden ist?"*[9] Doch Rousseau harrt aus und erarbeitet wenig später seine Definition von Souveränität als *„Ausübung des allgemeinen Willens"*[10], in der er mit

---

8 Vgl. Foucault, M.: „In Verteidigung der Gesellschaft", S. 197; vgl. auch Soboul, A.: „Die große Französische Revolution: ein Abriß ihrer Geschichte (1789–1799)", S. 11 ff.
9 Rousseau, J.-J.: „Essay über den Ursprung der Sprachen", Kap. XX, in ders.: „Musik und Sprache. Ausgewählte Schriften", S. 157. Vgl. auch Derrida, J.: „Grammatologie", S. 287 ff.
10 Rousseau, J.-J.: „Vom Gesellschaftsvertrag oder Grundlagen des politischen Rechts", Buch II, Kap. 1, S. 36. Anm.: Die Bezeichnung *volonté générale* findet sich bereits bei mehreren philo-

Notwendigkeit zu einer ideellen Entwicklung eines sich selbst vertretenden Souveräns *als* dieses Gesamtwesen führt. Der Fortbestand beruht nicht mehr nur auf dem *allgemeinen Willen*, sondern hängt von diesem auf das Gemeinwohl ausgerichteten *allgemeinen Willen* ab, denn *"… übertragen werden kann freilich die Macht, nicht aber der Wille."*[11]

Rousseaus Werk erscheint sohin am Vorabend eines gesamteuropäischen Kulminationspunktes politischen Sprachverhaltens, das aus einer blutigen Revolution Demokratie gebiert und die feudale Vertikalstruktur von Sprachbewußtsein und sprachlicher Bedeutungszuweisung irreversibel zu verändern beginnt. Der geistesgeschichtliche Boden wird zu dieser Zeit bereits seit Jahrzehnten mit steigender Intensität bestellt: Der politisch radikalisierte Priester Jacques Roux verfaßt zur Zeit eines der Höhepunkte der Französischen Revolution, während des legendären Sommers 1793, in Paris sein *"Manifest der Wütenden"*[12], das er im Nationalkonvent

---

sophischen Autoren bzw. staatstheoretischen Vorläufern Rousseaus, u. a. bei C.-L. de Montesquieu, und B. Pascal, bei letzterem allerdings im Kontext von Gnadenlehre und Schöpfung als *volonté générale* Gottes.

11 ebda.: S. 36

12 Roux, J.: „Das Manifest der Enragés", in ders.: „Freiheit wird die Welt erobern", S. 147 ff. Anm.: Der Appell von J. Roux stellt eine überaus direkte und kritische Bewertung der Arbeit des Konvents dar, eine *„Adresse présentée à la Convention Nationale …"*, die Bezeichnung „Manifeste des enragés" stammt aus Philippe Buchez' „Histoire Parlementaire de la Révolution Française": *„Le manifeste des enragés était la pétition de Jacques Roux et de Leclerc"*, Bd. XXVIII, S. 215, Paris 1836. Vgl. auch Markov, W.: „Exkurse zu Jacques Roux", S. 251 ff. Robespierre hat den ebenso pointierten wie verbalradikalen Vortrag J. Roux' nicht vergessen, denn am Höhepunkt seiner Macht bereitet Robespierre im März 1794 eine Rede für eine Konventsversammlung vor, welche er jedoch niemals gehalten und die daher nur als Manuskript überliefert ist. In dieser erwähnt er J. Roux mit den direkt an den Konvent gerichteten Worten: *„… beweist die Tatsache, daß ihr … hier*

jedoch aufgrund der Intervention Robespierres nicht mehr vor, sondern erst am Tag nach der Verabschiedung der Verfassung zum Vortrag bringen kann. Theorie und Praxis kulminieren 1793 in einer überwältigenden, dramatischen Phase der „zweiten" Französischen Revolution, und sie fallen auch zusammen mit einer neuen, modernen Spielart des Verbalradikalismus, der stärker denn je eingebettet ist in die gesellschaftliche Realität, welche als ihr modernes Vehikel einen völlig neuartigen *homo politicus* prägt und ihn, den *citoyen*, die Bühne der Weltgeschichte betreten läßt. Nicht die ersehnte sprachliche Etablierung des *citoyen* selbst, sondern die gewaltsame, dekretierte Synonymisierung von *Mensch* und *citoyen* stellt hierbei das verbalradikale Momentum dar: Die Reduktion der Syntax auf *politisch korrekt* und *politisch falsch* stellt einen Riß in der Entwicklung dar, in welcher das Entstehen von faktischer bürgerlicher Freiheit und Gleichheit eine Erweiterung, der politische Code jedoch eine drastische Einschränkung des Bedeutungsraumes des Subjektes darstellt. Noch 1791 spricht Robespierre in einer vielbeachteten Rede von der Wirksamkeit des Wortes, wenn er konstatiert, „... *daß die Menschen mit Worten leicht zu regieren sind, und so haben sie uns hinters Licht zu führen versucht, indem sie die offensichtlichste Vergewaltigung der Menschenrechte in diesen neuartigen Begriff gekleidet haben.*"[13] Der Begriff, den Robespierre darin so massiv kritisiert, stammt aus einem zu diesem Zeitpunkt aktuellen Dekret der verfassungsgebenden Versammlung, die das Wahlrecht mit dem so-

---

an diesem Ort von einem nichtswürdigen Priester beleidigt wurdet, der euch als Urheber der allgemeinen Hungersnot bezeichnete", in Robespierre, M.: „Ausgewählte Texte", S. 651; vgl. auch Markov, W.: „Volksbewegungen der Französischen Revolution", S. 35 f.
13 Robespierre, M.: „Ausgewählte Texte", S. 41; Rede vor dem einflußreichen Klub der Cordeliers, in welchem auch Marat und Danton Mitglieder waren, gehalten am 20. April 1791.

genannten *aktiven Bürger* verknüpft, wodurch jedoch nur vergleichsweise hohe Steuern entrichtenden Bürgern das Wahlrecht in Primärversammlungen zuteil werden sollte. Der politische Neologismus *aktiver Bürger* stellt eine Folgewirkung der semantischen Erweiterung der Bezeichnung *citoyen* dar, als dekretierter Euphemismus, der sozialen Zwang ausübt und den *guten Bürger*, den *wahren Bürger*[14] etc. sprachlich nicht kontingent, sondern bewußt setzt, um mit dieser Bezeichnung sowohl politische Integration zu bewirken wie auch revolutionäre Ausschließung zu praktizieren. Diese Strategie schlägt jedoch fehl, da der Begriff dem integrativen Gedanken des republikanischen Gesellschaftsmodells diametral entgegensteht und seine Gefährlichkeit aufgrund seiner einfachen und unkomplizierten rhetorischen Umsetzbarkeit erkannt wird, weil er auf infame Weise scheinbar positive, das Gemeinwesen stützende, tragende Konnotationen evoziert. Die Bezeichnung *aktiver Bürger* wird von Robespierre daher heftig attackiert: *„Ich werde nicht aufhören, gegen diesen verfänglichen und wildfremden Ausdruck zu protestieren, der sowohl unser Gesetzbuch als auch unsere Sprache schänden wird, wenn wir uns nicht beeilen, ihn aus beiden auszulöschen, damit nicht das Wort »Freiheit« bedeutungslos und lächerlich wird."*[15]

Die im revolutionären Verlauf später zutage tretenden Beugungen und Dehnungen der Begriffe hinsichtlich ihres Bedeutungsgehaltes durch Robespierre, Saint-Just, Hébert und andere, kann als Weg nachgezeichnet werden, auf dem die Bedeutungsrelationen von Rousseaus Denken allmählich abgelöst und dem revolutionä-

---

14 vgl. Geffroy, A.: „Citoyen / Citoyenne (1753–1829)", in Dougnac, F. u. Geffroy, A. (Hrsg.): „Dictionnaire des usages socio-politiques (1770–1815)", Bd. IV, S. 64
15 Ebda.: S. 41 f.; vgl. dazu auch Guilhaumou, J.: „Sprache und Politik in der Französischen Revolution", S. 84 f.; vgl. auch Furet, F. u. Richet, D.: „Die Französische Revolution", S. 291 ff.

ren Verbalradikalismus einverleibt werden. Auf der syntaktischen und grammatischen Ebene zählt etwa Paul Lafargue[16] eine lange Reihe von Substantiven auf, die, im Laufe der Revolutionsjahre mit Suffixen versehen, gewissermaßen aus soziopolitischer Notwendigkeit, entweder gewaltsam zu Verben umfunktioniert oder kurzerhand zu Neologismen werden, wie *républicaniser, pactiser, égaliser, déprêtiser* etc., und die damit auf narrative Weise die sprachliche Ereignisdichte der Französischen Revolution illustrieren. Als inhärentes Ziel jeder Revolution gilt die möglichst rasche gesamtgesellschaftliche Verbreitung ihrer politischen Ideen. Das Vorhaben, revolutionäre Ideologie effizient und gleichzeitig auch sprachlich nachhaltig zu verbreiten, ist zum Ende des 18. Jahrhunderts aufgrund des niedrigen Alphabetisierungsgrades sowie der regionalsprachlichen Struktur Frankreichs ein äußerst mühevolles Unterfangen.[17] Der *citoyen* wirkt in diesem Kontext daher wie ein sprachpolitischer Glücksfall und ist jedenfalls kein Neologismus, sondern ein alter Begriff, der aus funktionaler Zielsetzung neu codiert wird und in seiner neuen semantischen Codierung eine wesentliche Rolle im Prozeß der Verwirklichung des Gesellschaftsvertrages einnimmt. Der *citoyen* wird zu einem relational-integrativen Begriff, er bietet hierarchische Orientierung und eine Verankerung des Ganzen des Gesellschaftsvertrages, denn er verkörpert sowohl das Recht des Bürgers wie auch die Pflicht des Bürgers, er trägt dazu bei, die gesellschaftliche Ord-

---

16 P. Lafargue, der Schwiegersohn von Karl Marx, war Mitglied und aktiver Funktionär der Pariser Commune und zunächst Anhänger des utopischen Sozialisten Proudhon. Er veröffentlichte 1894 eine politisch-literarische Abhandlung über die Veränderung der französischen Sprache während der Revolution, welcher er attestierte, „... *wahrhaft schöpferisch, in der Sprache wie auf politischem Gebiet* ..." gewesen zu sein. Vgl. Lafargue, P.: „Die französische Sprache vor und nach der Revolution", S. 87 ff.
17 vgl. Balibar, R.: „L'institution du français. Essai sur le colinguisme des Carolingiens à la République", S. 189 ff.

nung neu auszurichten und wird als Vokativ sogar zu einer idealtypischen Form der Anrede, welche Freiheit, Gleichheit und Brüderlichkeit in sich vereint.[18]

II. GENESE DER GESELLSCHAFTSVERTRÄGE

Das Fundament, auf dem der Begriff des *citoyen* denkmöglich wird, um in das politische Zentrum einer epochalen Umwälzung treten zu können, ist bereits während der beiden Jahrhunderte *vor* dem weltgeschichtlichen Kulminationspunkt gelegt, jenem einschneidenden Höhe- und Wendepunkt einer Entwicklung, dem mit *Französische Revolution* ein überaus haltbarer Name verliehen wird, der scheinbar *nur* nationale Bedeutung insinuiert und den gesellschaftlichen Paradigmenwechsel sprachlich beinahe seiner Wirkmächtigkeit beraubt. In den beiden Jahrhunderten *vor* der Revolution wird der gesellschaftliche und politische Boden Europas vielerorts bereits „präpariert", um überhaupt Gesellschaftsverträge aufnehmen zu können: Die geistesgeschichtlichen Ansätze zu Gesellschaftsverträgen gehen zu Beginn des siebzehnten Jahrhunderts primär von den Niederlanden und von England aus: So erarbeitet Hugo Grotius in seiner völkerrechtlichen Studie „*De iure belli ac pacis*" zunächst naturrechtlich orientierte Zugänge zu Grundrechten. Er entnimmt Anleihen und Vergleiche aus Bibeltexten, der griechischen Philosophie und dem römischen Recht, beschreibt die Frühformen von Gütergemeinschaften, leitet aus diesen erste Teilungsnotwendigkeiten ab und führt damit einen durchaus lebendigen, plastischen Beginn einer möglichen Entstehungsgeschichte von Rechtssystemen vor Augen, wie in sei-

---

18 Zur Analyse des Begriffes *citoyen* vgl. Geffroy, A.: „Citoyen / Citoyenne (1753–1829)", in Dougnac, F., u. Geffroy, A. (Hrsg.): „Dictionnaire des usages socio-politiques (1770–1815)", Bd. IV, S. 63 ff.

nem berühmten Kapitel „*Von den Dingen, die allen Menschen gemeinsam gehören*"[19].

In starkem Kontrast zur Analyse Hugo Grotius' steht Thomas Hobbes' staatstheoretisches Hauptwerk „*Leviathan*", in welchem der englische Bürgerkrieg als realpolitischer Hintergrund, als Folie für seinen Gesellschaftsvertrag besonders deutlich zur Geltung kommt und der als äußerer Anlaß für sein Werk durchgängig lesbar ist.[20] Nach Hobbes' kulturpessimistischer Sicht, die im anarchischen Naturzustand eines *bellum omnium contra omnes* ihren ideengeschichtlichen Widerhall findet, lasse sich dieser Zustand nur mittels Gesellschaftsvertrag zum Guten lösen: Jeder an der Gesellschaft Teilhabende überantwortet sich de facto selbst und aus freien Stücken dem absoluten Souverän, der seine Staatsgewalt zwar uneingeschränkt, jedoch mit dem Augenmaß der Selbstkontrolle ausübt. Der Souverän agiert stets als guter, jedoch gleichzeitig abschreckende Wirkung ausübender *Leviathan*, der zwar die Möglichkeit zur Tyrannis besitzt, diese aufgrund seiner aktiven Selbstbeschränkung jedoch nicht ergreift, sondern auf machteindämmende Weise den anarchischen Zustand beherrscht und in einen stabilen, „starken" Staat verwandelt. Allerdings zeichnet sich die gesellschaftliche Struktur des *Leviathan* als durchaus negative Gesamtkonstellation aus, da ihre Stabilität nicht zuletzt auf einen von radikalem Gehorsam geprägten Frieden zurückgeht und sich aus diesem herleitet. Die Problematik der Legiti-

---

19 vgl. Grotius, H.: „De iure belli ac pacis", Buch II, S. 146 ff.
20 Vgl. Hobbes, T.: „Leviathan oder Stoff, Form und Gewalt eines kirchlichen und bürgerlichen Staates", Kap. XIII u. XVII. Der englische Bürgerkrieg verläuft als Reaktion auf den krassen Absolutismus Karls I. in den Jahren 1642–1649 äußerst blutig, Hobbes' staatstheoretisches Werk *Leviathan* erscheint 1651. Rousseau kennt die gesellschaftspolitisch relevanten Thesen von Grotius, Hobbes und Montesquieu wie auch die von Platon und Aristoteles, auf welche er im Gesellschaftsvertrag häufig Bezug nimmt. Vgl. auch Höffe, O.: „Ethik und Politik. Grundmodelle und -probleme der praktischen Philosophie", S. 198 ff.

mation und der mangelnden Kontrolle einer immensen Machtfülle des Souveräns, der als einzelner Herrscher oder – im besten Fall – als Oligopol unumschränkte staatliche Gewalt auszuüben in der Lage ist, steht somit bereits lange vor der Französischen Revolution im Raum. Dessenungeachtet wird das weitverzweigte Thema erst im Zuge späterer Entwürfe von Gesellschaftsverträgen einer Lösung nähergebracht.

John Locke erarbeitet eine wesentlich weiter differenzierte Naturrechtslehre und entwickelt, aufbauend auf die Analysen von Freiheit, Sklaverei, Arbeit und Eigentum, die Entstehungsmöglichkeiten von Zivilgesellschaften und regierten Gesellschaftsformen.[21] In seinem politisch-philosophischen Hauptwerk *Two Treatises of Government*, reflektiert er den Gesellschaftsvertrag auch in bezug auf legitime und illegitime Formen von Regierungen mit der Konsequenz, daß illegitime Regierungen prinzipiell gestürzt werden dürften.[22] In seiner Trennung von legislativer und exekutiver Gewalt geht Locke weit über die Ansätze Hobbes' hinaus.[23] Er führt in seinem Gesellschaftsvertrag, zusätzlich zu der ihren eigenen Ansprüchen nur schwer gerecht werdenden und aufgrund der häufigen Langsamkeit ihres Entscheidungsfindungsprozesses tendenziell als ineffizient geltenden Legislative, auch die Staatsgewalt der *Prärogative*[24] ein.

---

21 vgl. Locke, J.: „Zwei Abhandlungen über die Regierung", Buch II, § 4 ff.
22 vgl. ebda.: § 149 u. § 202 ff.
23 vgl. ebda.: § 144 ff.
24 Vgl. ebda.: § 159 ff. Neben der *Legislative*, *Exekutive* und *Prärogative* ist die *Föderative* die vierte von Locke eingeführte Gewalt des Staates. Sie ist jedoch von untergeordneter Bedeutung, da ihr nicht mit Notwendigkeit ein eigenständiges Aufgabenfeld zukommen kann, sondern die *Föderative* sich, historisch bedingt, nur als bilateral bzw. multilateral orientierte Entscheidungsgewalt des Staates in seinem Außenverhältnis darstellt, die „... *über Krieg und Frieden, über Bündnisse und all die Abmachungen ... außerhalb des Staates ...*", ebda.: § 146, bestimmt.

Diese *per se* unkontrollierbare und damit höchst problematische Staatsgewalt soll ergänzend, im Sinne der raschen Entscheidung und ausschließlich zum Wohle des Staatsganzen, als quasi-exekutiv motivierte Legislative mittels lenkenden Vorrechts und Verfügungsgewalt eingreifen, etwa im Anlaßfall einer äußeren Bedrohung oder inneren Krise des Staates. Ansätze und strukturelle Parallelen zur *Prärogative* Lockes sind *in nuce* auch im politischen Handeln des *Comité de salut public*, dem Wohlfahrtsausschuß von 1793, zu erkennen. Wirkungsgeschichtlich findet der Gesellschaftsvertrag Lockes jedenfalls nicht nur in Europa, etwa in der englischen Politik und in den französischen Verfassungsentwürfen während der Revolutionsjahre, sondern zunächst und insbesondere auch in der Unabhängigkeitserklärung der Vereinigten Staaten seinen Niederschlag.[25]

Nur wenige Jahre vor Jean-Jacques Rousseaus Gesellschaftsvertrag differenziert Charles-Louis de Montesquieu in seinem staatstheoretischen Hauptwerk *Vom*

---

25 Trotz der zahlreichen, teilweise divergierenden historischen und staatswissenschaftlichen Kommentare zu Art und Ausmaß des Einflusses von Lockes Schrift auf den Text der Unabhängigkeitserklärung der Vereinigten Staaten von 1776 besteht Konsens darüber, daß der Einfluß von Lockes Naturrechtslehre erheblich war; vgl. u. a. Becker, C.: „The Declaration of Independence", S. 27 ff. Die eminente Bedeutung Lockes läßt sich auch aus einem Brief Thomas Jeffersons an den amerikanischen Maler John Trumbull ermessen. Darin schreibt der maßgebliche Autor der Unabhängigkeitserklärung und spätere dritte Präsident der Vereinigten Staaten, daß aus seiner Sicht Francis Bacon, John Locke und Isaac Newton die „... *three greatest men that have ever lived, without any exception* ..." seien. Jefferson bestellte mittels Brief vom 15. Feb. 1789, während seiner Zeit als amerikanischer Diplomat in Paris (von 1785 bis Sept. 1789), als Zeitzeuge und Sympathisant der sich entwickelnden Französischen Revolution, Portraits der drei genannten *greatest men* bei Trumbull, die der Maler dann bei Kopisten in London in Auftrag gab. Quelle: „Thomas Jefferson to John Trumbull", Library of Congress, Manuscript Division, Brief Faksimile, Dok. 7988; 43–59.

Geist der Gesetze die Gewaltenteilung noch etwas weiter als John Locke. Montesquieu konnotiert die Gewaltenteilung mit dem zur Faktizität und bereits zu einem Teil der gesellschaftlichen Realität gewordenen Begriff der Freiheit, wobei er in aller Regel ausschließlich *gemäßigten* politischen Konstellationen überhaupt attestiert, geeignete Rahmenbedingungen für das Erreichen gesellschaftlicher Freiheit schaffen zu können.[26] Die Macht bedürfe zudem selbst kontinuierlicher Beherrschung, idealiter in der äußeren Form einer ebenbürtigen Kontrollinstanz: jener der Gegenmacht.[27] Bemerkenswert ist zudem, daß Montesquieus berühmte Trennung von Legislative, Exekutive und Judikatur als *conditio sine qua non* primär auf die zu erreichende *gesellschaftliche Freiheit* abstellt und nicht auf das qualitative Funktionieren des republikanischen Staatsapparates an sich, wie der heutige demokratische Kanon des Verständnisses von Gewaltenteilung dies insinuiert.[28]

Montesquieu belegt seine These, die eine starke und direkte Korrelation zwischen dem Status der gelebten Gewaltenteilung und dem Grad der Freiheit innerhalb einer Gesellschaft impliziert, mit zahlreichen, aus seiner Perspektive zeithistorischen Beispielen, welche der politischen Beobachtung und Bewertung verschiedener europäischer Monarchien zur Mitte des 18. Jahrhunderts entstammen. Systematisch analysiert Montesquieu zudem die unzähligen Varianten und Kombinationen un-

---

26 Vgl. Montesquieu, C.-L. de: „Vom Geist der Gesetze", Buch 11, Kap. IV: „*La liberté politique ne se trouve que dans les gouvernements modérés.*"

27 Vgl. ebda.: Kap. IV: „*Pour qu'on ne puisse abuser du pouvoir, il faut que, par la disposition des choses, le pouvoir arrête le pouvoir.*"

28 Vgl. ebda.: Kap. VI: „*Lorsque dans la même personne ou dans le même corps de magistrature, la puissance législative est réunie à la puissance exécutrice, il n'y a point de liberté*" sowie ebda.: „*Il n'y a point encore de liberté si la puissance de juger n'est pas séparée de la puissance législative et de l'exécutrice.*"

vollständiger Abgrenzungen der drei Staatsgewalten voneinander. Er führt negative Auswirkungen der Überschneidung von Kompetenzen vor Augen und schildert eindringlich, wie jegliches Abweichen von strikter Gewaltenteilung mit Notwendigkeit zu strukturellem Kontrollmangel führt, und wie als Konsequenz dessen ein partieller oder gar vollständiger Verlust von gesellschaftlicher und individueller Freiheit eintritt und damit autokratischen und despotischen Tendenzen verschiedener Provenienz Vorschub geleistet wird.[29]

In diesem Kontext verbindet Montesquieu auch den Begriff der *volonté générale*, der bei ihm nur eine untergeordnete Rolle spielt, pragmatisch mit der Legislative und der Exekutive.[30] Trotz Montesquieu und einiger seiner Vorläufer, die erste sozialphilosophische Zugänge zur *volonté générale* vorbereiten, wie etwa Pascal[31], Arnauld und Malebranche, werden erst bei Jean-Jacques Rousseau die Termini *Freiheit* und *volonté générale* sowohl rechts- als auch sozialphilosophisch miteinander verbunden. Bemerkenswert ist, daß die *volonté générale* erst innerhalb des *Contrat social* in einen metaphorischen Gesamtkontext eingebettet zu sein scheint, wobei für Rousseau angenommen werden darf, daß keine Absicht dahinterstand, einer umfassend angelegten Metaphorik das Wort zu sprechen. Ebensowenig scheint es im Bestreben Rousseaus gelegen zu sein, eine strukturierte und umfassende Verfassungstheorie für eine mögliche zukünftige Republik zu entwerfen.[32] Er verfolgt im

---

29 vgl. ebda.: Kap. VI ff.
30 Vgl. ebda.: Kap. VI: *„Les deux autres pouvoirs pourroient plutôt être donnés à des magistrats ou à des corps permanents, parce qu'ils ne s'exercent sur aucun particulier ; n'étant, l'un, que la volonté générale de l'État, et l'autre, que l'exécution de cette volonté générale."*
31 vgl. Pascal, B.: „L'homme en société", in „Oeuvres Complètes", S. 1148 ff.
32 Im Vorwort zum *Contrat social* verweist Rousseau zwar auf ein früher begonnenes und angeblich wesentlich umfassenderes

Contrat social primär das Vorhaben, sozial *in abstracto*, für die Menschheit und deren konsensuales Zusammenwirken im allgemeinen, entlang des Begriffes der *volonté générale* zu zahleichen rechtsphilosophischen Themen innerhalb des Bedeutungsraumes der Freiheit zu extemporieren. Denn selbst dem aristotelischen *zoon politicon* läuft immer bereits ein Begriff von Freiheit voraus, als eine vorgreifende, entwerfende Möglichkeit des Sozialen an sich, als grundlegende Ermöglichung des eine Gesellschaft konstituierenden Miteinanders.

III. Jean-Jacques Rousseau zwischen Freiheit und Entfremdung

Die Gemeinschaftlichkeit wird nach Rousseau nicht nur durch den *allgemeinen Willen* systemisch erzeugt, sondern sie wird durch die Wirkung des *allgemeinen Willens* überhaupt erst *ermöglicht*. Entscheidend ist hierbei, daß Rousseau eine qualitative Differenzierung vornimmt, um den *allgemeinen Willen* vom *Willen aller* streng zu unterscheiden: Der *allgemeine Wille* fokussiert auf das gemeinschaftliche Interesse des gesamten Volkes als Souverän, dagegen stellt der *Wille aller* lediglich auf die Summe der Einzelinteressen ab.[33] Phänomenologisch betrachtet, entspricht der *allgemeine Wille* sohin dem Ganzen, das als Ganzes qualitativ mehr beinhaltet, als die bloße Summe seiner Teile, da es zusätzlich zur Summe seiner Teile auch noch über die Qualität der Ganz-

---

Opus, dessen kleiner Auszug der *Contrat social* lediglich sei: „*Ce petit traité est extrait d'un ouvrage plus étendu, entrepris autrefois sans avoir consulté mes forces, et abandonné depuis longtemps. Des divers morceaux qu'on pouvait tirer de ce qui était fait, celui-ci est le plus considérable, et m'a paru le moins indigne d'être offert au public. Le reste n'est déjà plus.*"
33 vgl. Rousseau, J.-J.: „Vom Gesellschaftsvertrag", Buch II, Kap. 3

heit verfügt. Der *Wille aller* verfügt nicht über diese Eigenschaft, da er *per definitionem* nicht in der Lage sein kann, die Quantität als bloße Summe von Einzelinteressen qualitativ zu übersteigen. Der *Wille aller* verfolgt demnach als Akkumulation von Einzelbestrebungen primär Partikularinteressen, der *allgemeine Wille* hingegen verfolgt stets das Interesse des sozialen Ganzen und repräsentiert daher das Wollen des Souveräns.[34] Der Schritt von der *volonté de tous* zur *volonté générale* kann nicht durch ein begriffliches Fortschreiten innerhalb desselben Gedankens, sondern nur durch einen qualitativen Sprung des Denkens erreicht werden. Im *Willen aller* erscheint daher immer nur das individuelle Streben favorisiert und herausgestellt, vor den Interessen der Gemeinschaft. Im Falle des *allgemeinen Willens* hingegen ist das einzelne Subjekt dem Souverän in der Weise überantwortet, daß sein Einzelinteresse *a priori* hinter das gemeinschaftliche Interesse des Staatsganzen tritt. Die Unterordnung des Einzelinteresses unter das allgemeine Interesse birgt jedoch die eminente Gefahr in sich, daß mit dem Zurücktreten hinter das allgemeine Interesse das Einzelinteresse zumindest in Teilen, zumeist jedoch zur Gänze unterzugehen droht.

Eine der Konsequenzen für den gesellschaftlichen Begriff der Freiheit, die aus dieser Dialektik Rousseaus resultiert, besteht darin, daß im Falle einer freiwilligen Gefolgschaft des Volkes einem Herrscher gegenüber das Volk als Souverän bestehenbleibt. Es bleibt als konstitutiver Teil bestehen, der im Sinne eines gesellschaftlichen Konsens eine bestimmte ausgleichende Machtverteilung und -ausübung akzeptiert. Das Volk als Souverän bestünde erst aufgrund einer Situation des bedingungslosen Gehorsams nicht mehr, sondern würde sich seiner Selbstauslöschung preisgeben.[35] Es ist demzufolge für

---

34 vgl. ebda.: Buch II, Kap. 1
35 vgl. ebda.: Buch II, Kap. 1

den Begriff der gesellschaftlichen Freiheit nicht entscheidend, *wer* den *allgemeinen Willen* ausspricht, sondern *ob* dieser allgemeine Wille jener ist, der als *allgemeiner Wille* gemeinschaftlich anerkannt ist und dadurch seiner selbstgesetzten Legitimation und Zielsetzung, dem öffentlichen Wohl zu dienen, entsprechend Geltung verleihen kann. *„Von welcher Seite auch immer man sich auf den Weg zum Ursprung macht, man gelangt stets zum gleichen Schluß; und zwar zur Erkenntnis, daß der gesellschaftliche Pakt unter den Bürgern eine Gleichheit schafft, wonach sie sich alle unter den gleichen Bedingungen verpflichten und an den gleichen Rechten erfreuen dürfen."*[36]

Problematisch wird Rousseaus Analyse des Gesellschaftsvertrages erst mit der Annäherung des *allgemeinen Willens* an eine Absolutsetzung im soziopolitischen Wertekanon. *„Der allgemeine Wille ist immer richtig, das Urteil, das ihn lenkt, ist aber nicht immer aufgeklärt. ... Die einzelnen sehen das Gute, das sie zurückweisen. Die Öffentlichkeit will das Gute, das sie nicht sieht. Beide brauchen gleichermaßen Führung: Die einen heißt es lehren, ihren Willen nach ihrer Vernunft auszurichten, die Gemeinschaft muß sehen lernen, was sie will."*[37] Und Rousseau schreibt in dieser Argumentation noch weiter voran, spricht voll Idealismus von der *„Unzerstörbarkeit"*[38] des *allgemeinen Willens* und überschreitet schließlich seinen selbstgesetzten argumentativen Horizont, indem er den ideologischen Grund für eine absolutistische Ideologie formuliert, die später im radikal-republikanischen Totalitarismus robespierrescher Prägung gipfelt: *„Damit schließlich der gesellschaftliche Pakt kein sinnloses Stück Papier sei, enthält er schweigend die Übereinkunft, die allein den anderen Bestimmungen Stärke verleihen kann, der zufolge ein jeder, der dem all-*

---

36 ebda.: Buch II, Kap. 4
37 ebda.: Buch II, Kap. 6
38 ebda.: Buch IV, Kap. 1

gemeinen Willen den Gehorsam verweigert, durch die gesamte Körperschaft dazu gezwungen werden wird: Was nichts anderes heißt, als daß man ihn zwingen wird, frei zu sein; denn das ist die Bedingung, die den einzelnen Bürger vor jeder persönlichen Abhängigkeit schützt, indem sie ihn dem Vaterland überantwortet."[39] In dieser *contradictio in adiecto*, in diesem explizit formulierten Zwang, frei zu sein, liegt keineswegs eine faktische Ursache, sondern die konkrete ideologische Keimzelle für eine immer rigider werdende, entindividualisierende, absolutistische und schließlich totalitäre Repression, welche zunächst nur schleichend beginnt, auf die Menschen einzuwirken, um schließlich, im Laufe der Revolutionsjahre, immer stärkere Tendenzen zum *terreur* zu entwickeln. Der Druck auf die Bevölkerung, der Zwang „zu deren eigenem Glück", wird besonders im Laufe der zweiten Phase der Revolution auf breitester Basis massive verbalradikale Unterstützung erfahren.

Wie vollständig der durch den allgemeinen Willen fundierte Staat sämtliche Lebensbereiche des Individuums okkupiert, zeigt sich besonders in jenen Abschnitten des *Contrat social*, die von der bürgerlichen Religion handeln. Nach einigen mythologischen Aphorismen und generalisierenden religionshistorischen Bemerkungen nimmt Rousseau eine bedeutsame Unterscheidung von individueller und bürgerlicher Religion vor: In seiner Gegenüberstellung umfaßt die *individuelle Sphäre* der Religionsausübung den persönlichen, inneren Gottesglauben, mit der *bürgerlichen Religion* umschreibt Rousseau hingegen die staatlich und gesellschaftlich zugelassene Religion, mit ihren „... *Dogmen, Riten* [und ihrem] *von Gesetzen festgelegten Kult.*"[40] Die unumschränkte Freiheit der Religion zieht sich daher notge-

---

39 Ebda.: Buch I, Kap. 7; vgl. auch Cassirer, E.: „Das Problem Jean-Jacques Rousseau", S. 20 f., in Cassirer, E., Starobinski, J. u. Darnton, R.: „Drei Vorschläge, Rousseau zu lesen".
40 ebda.: Buch IV, Kap. 8

drungen in den Bereich des intimen, individuellen Glaubensbekenntnisses zurück. Der Raum, welcher der Religionsausübung gesellschaftlich gewährt wird, ist durch eine von Rousseau eingeführte implizite Verpflichtung der religiösen Betätigung *per se* beschränkt, in ethisch-moralischen Fragen nicht mit den gesellschaftlichen Interessen des Souveräns zu kollidieren. Damit ist eine theokratische Kehre eingeleitet, die den Staat zwar in der Pflicht beläßt, sich in Fragen der individuellen Religionsausübung nicht zu involvieren, die ihn jedoch gleichzeitig dazu berechtigt einzugreifen, sobald er gesellschaftlich etablierte Maximen gefährdet sieht. Implizit bestätigt Rousseau damit zwar die Wichtigkeit der Religionsausübung, rückt diese jedoch in die Nähe der staatlichen Duldung und ordnet sie überdies einem profanen Zweck unter, nämlich der Forderung, einer bürgerlichen Tugendschule dienlich zu sein und den *citoyen* zur Liebe zu seinen Bürgerpflichten zu erziehen. Mit diesem dekretierten Verschieben der Gewichtungen beginnt auch das soziale Gewissen zu der geistesgeschichtlichen Höhe des genuin christlichen Gewissens aufzurücken. Rousseau zufolge sollen darüber hinaus die Grundsätze moralischer Lebensführung und ethischer Haltung nicht länger nur im christlichen Kontext verharren, sondern primär aus einer Befolgung der Dogmen bürgerlicher Religion quasi-natürlich resultieren: *„Die Dogmen der bürgerlichen Religion müssen einfach sein, es darf nur wenige davon geben, und sie müssen mit Genauigkeit, ohne Erklärungen und Kommentare, zum Ausdruck kommen. Das Vorhandensein der allmächtigen, wissenden, Gutes bewirkenden, vorhersehenden und fürsorgenden Gottheit, das zukünftige Leben, das Glück der Gerechten, die Bestrafung der Bösen, die Heiligkeit des Gesellschaftsvertrages und der Gesetze – dies alles sind positive Dogmen."*[41]

---

41 ebda.: Buch IV, Kap. 8

Eine synoptische Betrachtungsweise von bürgerlicher Religion und der Überantwortung des Individuums an das Staatsganze komplettiert den Anspruch der *volonté générale*, in welchem der einzelne als Teil der Gemeinschaft dieser nicht unterworfen wird, sondern sich dieser selbst überantwortet, aus freien Stücken hingibt, und als einzelner im Akt der Gabe seiner selbst mit dem Ganzen der Gesellschaft verschmilzt. Als Gegengabe der Gesellschaft erwartet den sich selbst Überantwortenden zunächst nur das Privileg der Teilhabe am Kollektiv; darin enthalten sind jedoch bereits die Keimzellen der Demokratie, der Freiheit und der Menschenrechte: „*Wenn es ein Volk von Göttern gäbe, würde es sich demokratisch regieren*",[42] lautet Rousseaus bonmothaftes Bekenntnis zur Demokratie. Die freiwillige Unterwerfung unter den Zwang des *gemeinschaftlichen* Gedankens unterscheidet sich von der Unterwerfung unter den Zwang, der von einem *fremden* Gedanken ausgeht und ausgeübt wird, einem Zwang, der davor sowohl direkt, von den politischen Machthabern des *ancien régime*, als auch indirekt, als geltender klerikaler Hegemonialanspruch, oktroyiert wird. Die Selbstbestimmtheit des cartesianischen Subjektes ist mit der *volonté générale* an ihrem ersten Zwischenergebnis angelangt, da nunmehr sowohl das gesellschaftliche Sein des *citoyen*, wie auch seine politische, soziale und geistige Verfassung miteinander verschränkt werden und ihn gesamthaft in das gesellschaftliche Ganze eingliedern. „*Da schließlich ein jeder sich allen gibt, gibt keiner sich irgendwem, und da man über jedes Mitglied dasselbe Recht erwirbt, das man auch allen über sich einräumt, gewinnt man dabei ebenso viel, wie man abgibt ... und wir nehmen in die Gemeinschaft jedes Mitglied als untrennbaren Teil des Ganzen auf. Dieser Akt des Zusammenschlusses schafft augenblicklich und anstatt der Einzelperson jedes Vertrags-*

---

[42] ebda.: Buch III, Kap. 4

partners eine sittliche und kollektive Gemeinschaft, die ... aus diesem Akt heraus ihr gemeinschaftliches Ich, ihr Leben und ihren Willen erhält."[43]

Rousseau setzt seinen *Contrat social* unter die kategorische Bestimmung der „*... völlige[n] Entäußerung jedes Mitglieds mit allen seinen Rechten an das größere Gesamtwesen. ... Da darüber hinaus die Entäußerung rückhaltlos erfolgt, ist das Bündnis so vollkommen, wie es nur sein kann, und kein Mitglied hat noch etwas zu fordern.*"[44] Die hier geforderte Überantwortung des Individuums an den Staat und das Gemeinwesen geht jedoch weit über den positiv besetzten Terminus der Hingabe hinaus. Sie entspricht einer Entäußerung, einer entindividualisierenden Selbstveräußerung, die einer Entfremdung gleichkommt und in ihrem Ergebnis scheinbar nur den monarchischen Absolutismus gegen den Totalitarismus des *allgemeinen Willens* tauscht. Die etymologische Dimension und Bedeutungsweite der Bezeichnung *Entfremdung, aliénation*, soll an dieser Stelle bemüht werden, um einen wesentlichen Widerspruch und seine nachfolgende Auflösung nachzeichnen zu können: Zunächst bezeichnet die *Entfremdung* sowohl einen Zustand, jenen des bereits Entfremdetseins, als auch einen Prozeß, nämlich den Vorgang des Entfremdens. Unverkennbar enthalten

---

43 Ebda.: Buch I, Kap. 6. Vgl. auch Starobinski, J.: „Jean-Jacques Rousseau und die List der Begierde", in Cassirer, E., Starobinski, J. u. Darnton R.: „Drei Vorschläge, Rousseau zu lesen", S. 102. Starobinski erinnert an eine Stellungnahme Rousseaus in dessen „Dernière réponse à M. Bordes", in welcher dieser keineswegs den Anschein erweckt, die gewählte Gesellschaftsordnung könne, sobald sich der einzelne aus freien Stücken zu ihr bekannt habe, auch wieder mühelos und ungehindert verlassen werden: *„Si j'étois chef de quelqu'un des peuples de la Nigritie, je déclare que je ferois élever sur la frontière du pays une potence où je ferois pendre sans rémission ... le premier Citoyen qui tenteroit d'en sortir."* In: Œuvres Complètes de Jean-Jacques Rousseau", Bd. III, S. 90 f.
44 ebda.: Buch I, Kap. 6: „*... l'aliénation se faisant sans réserve ...*"

ist in der von Rousseau gewählten Bezeichnung *aliénation* bereits *der andere, alius*, ebenso wie *alienare*, das Geben in fremde Hände, und *alienatio*, die Veräußerung. Der historische – und aus Rousseaus Perspektive zeitgenössische – Wortgebrauch von *aliénation* umfaßte sohin den gesamten Bedeutungsraum, der um die Begriffe des Übergebens und Überlassens eines bestimmten Gegenstandes an einen Fremden besteht. Die *aliénation* ist als Gabe zu verstehen, als Überreichung, und sohin als Trennung von einem Gegenstand, wie dies etwa im Falle der Veräußerung einer Sache geschieht.

Doch jede *aliénation* mutiert auf unabwendbare Weise zur Entfremdung, sobald der Fall einer sich selbst veräußernden Hin-Gabe einer Person an die Gemeinschaft eintritt: Als Akt der überantwortenden Selbstdarreichung eines Individuums, das, in Form einer *Tathandlung*[45], als selbstreflexive Gabe seiner selbst an das soziale Ganze in die Fremde der sozialen Ganzheit tritt, um in dieser Fremdheit eine neue Heimstatt zu gewinnen. Als Prozeß des Fremdwerdens stellt die *aliénation* ein Entfernen vom Bekannten dar, das einem rückhaltlosen Entfernen entspricht, einem Aufgeben von Herkunft. Die Selbstüberantwortung an ein Kollektiv erfolgt jedoch niemals nur durch die Hin-Gabe seiner selbst, sondern impliziert immer schon die davor vollzogene Aufgabe von Teilen der ursprünglichen Identität, Individualität und Idee. Erst diese Vorleistung setzt die Hin-Gabe an das Kollektiv in Gang, und genau darauf spielt Rousseau an, wenn er von rückhaltloser Entfremdung und Veräußerung[46] spricht, von der „... *aliénation ... sans ré-*

---

45 Der Terminus „Tathandlung" ist hier nicht im strengen Sinne von J. G. Fichtes Neologismus verwendet, nicht als reine, mit Notwendigkeit anzunehmende „Tätigkeit", die der Grundlegung des Bewußtseins dient.
46 Die häufig anzutreffende Übersetzung von *aliénation* mit *Entäußerung*, stellt einen pragmatischen Zugang bzw. formalen Kompromiß dar, eine Gratwanderung bzw. Vermischung von Ver*äußerung* und *Ent*fremdung.

serve ..." Das Entfernen ohne *réserve* stellt ein Entfremden dar, das keinen Blick zurück gestattet, kein Ertasten eines möglichen Rückhalts, doch der *respectus* als Rückblick wäre eine wichtige Überprüfungsinstanz, um der übermächtigen Drohung einer nicht reversiblen Entfremdung zu entgehen, in der die Keimzelle des Verbalradikalen angelegt ist.

Derjenige, der sich endgültig und dauerhaft an den Staat übergibt, bekommt als Gegengabe zunächst das eminente Privileg und bedeutsame Recht, als Teil der Gesamtheit auch Mitwirkender an ebendieser Sozietät zu werden. Auf der funktionalen Ebene der Gesellschaft scheint daher keinerlei Defizit zu entstehen; ganz anders verhält es sich jedoch auf den Ebenen von Individualität und Freiheit, die unter dem Akt der Gabe und der ungleichen Gegengabe im Zuge der Selbstüberantwortung des Individuums erheblich leiden. Auch Louis Althusser erachtet in seiner Analyse des Gesellschaftsvertrages die *aliénation* als in geradezu unüberwindlichem Widerspruch zum Begriff der Freiheit zu stehen, doch er bemüht sich, diese Differenz aufzulösen, und fokussiert dabei auf den Austausch zwischen dem Individuum und der Gemeinschaft.[47] Althussers Ansatz der Lektüre Rousseaus nimmt Bezug auf jene Stellen des *Contrat*, die vom Souverän handeln und eine doppelte Bindung, ein In-sich-Vertragsverhältnis des Individuums mit sich selbst beschreiben, da die Gemeinschaft, der Staat, zum Zeitpunkt des Vertragsabschlusses noch nicht existiere und als einer der beiden Vertragspartner selbst erst das Ziel des Gesellschaftsvertrages darstelle.[48] Diesem Ge-

---

47 Althusser nennt diese Widerstand hervorrufende Differenz explizit nicht *différance*, sondern *décalage*, eine Differenz im Sinne der Diskrepanz.
48 Vgl. Althusser, L.: „Sur le Contrat social", S. 57 ff. Das 7. Kapitel des 1. Buches des *Contrat social* eröffnet mit den Worten: „... *daß der Akt des Zusammenschlusses eine gegenseitige Verpflichtung der Öffentlichkeit mit dem einzelnen enthält, und*

danken ist lediglich entgegenzuhalten, daß Rousseau keine konsekutive, schrittweise Errichtung eines Vertragsverhältnisses, sondern einen epochalen Wurf eines Gesellschaftsvertrages vorgelegt hat, der im besten hermeneutischen Sinn von einer Vorhabe geleitet ist, die, einem Vorgriff gleich, alles zukünftig Entstehende soweit wie möglich einbezieht, ohne es unberechtigterweise vorwegzunehmen. Es liegt im Wesen des Entwurfes, die Möglichkeit in die Faktizität zu ziehen und dadurch einen synoptischen Blick auf die Genese und Geburt des republikanischen Gesellschaftsmodells zu erlangen. In Rousseaus geistesgeschichtlichem Entwurf des Gesellschaftsvertrages kann daher von einer Gleichzeitigkeit des *Ent*stehens und des *Be*stehens der beiden Vertragspartner Gesellschaft und Individuum ausgegangen werden: Das Vertragsverhältnis mit sich selbst, „*... chaque individu, contractant pour ainsi dire avec lui-même ...*",[49] vermag als doppelte Bindung des Individuums an ein auf Vorausschau basierendes Versprechen zu appellieren. Jedes sich selbst gegenüber zur Wahrheit verpflichtete Individuum gelobt im Versprechen, sich an die getätigte Zusage zu halten, denn: „*Die Versprechen werden mit Bedacht und förmlich gewechselt. Die Wahrheit der darin gemachten Aussage eines jeden steht, der Annahme zufolge, in seiner Macht.*"[50]

Was im rousseauschen Modell der Gesellschaft fehlt, ist der *konsequent* übergeordnete und das republikanische Modell tragende Gedanke der Freiheit. Erst Kant denkt den versöhnenden Gedanken der Freiheit zu Ende. Gleichzeitig mit dem Höhepunkt der zweiten Revolution erscheint in der *Berlinischen Monatsschrift* vom

---

daß jeder, der sozusagen mit sich selbst den Vertrag eingeht, sich doppelt bindet: Nämlich als Glied des Souveräns gegenüber den einzelnen und als Glied des Staates gegenüber dem Souverän."
49 Rousseau, J.-J.: „Vom Gesellschaftsvertrag", Buch I, Kap. 7
50 Schopenhauer, A.: „Die Welt als Wille und Vorstellung", Bd. I, S. 399

September 1793 ein Aufsatz Kants mit dem Titel *„Über den Gemeinspruch: Das mag in der Theorie richtig sein, taugt aber nicht für die Praxis"*,[51] mit dem Untertitel *„Gegen Hobbes"* versehen. Kant analysiert darin im Abschnitt *„Vom Verhältnis der Theorie zur Praxis im Staatsrecht"* die Bedingungen, unter denen ein Gesellschaftsvertrag überhaupt errichtet werden kann, und veranschaulicht jene Prinzipien *a priori*, auf welchen ein bürgerlicher Zustand gründet. Er bezweifelt darin, daß der *Wille aller* überhaupt unter ein *„... gemeinschaftliches Prinzip, folglich auch unter kein äußeres, mit jedermanns Freiheit zusammenstimmendes Gesetz gebracht werden ..."* könne, denn der genauere Hinblick zeige: *„Der Begriff aber eines äußeren Rechts überhaupt geht gänzlich aus dem Begriffe der Freiheit im äußeren Verhältnisse der Menschen zu einander hervor und hat gar nichts mit dem Zwecke, den alle Menschen natürlicher Weise haben (der Absicht auf Glückseligkeit), und der Vorschrift der Mittel, dazu zu gelangen, zu tun."* Und Kant folgert: *„Es muß in jedem gemeinen Wesen ein Gehorsam unter dem Mechanismus der Staatsverfassung nach Zwangsgesetzen (die aufs Ganze gehen), aber zugleich ein Geist der Freiheit sein, da jeder in dem, was allgemeine Menschenpflicht betrifft, durch Vernunft überzeugt zu sein verlangt, daß dieser Zwang rechtmäßig sei, damit er nicht mit sich selbst in Widerspruch gerate."*[52]

Nur wenige, aber entscheidende Jahre des strukturellen Wandels trennen Rousseaus Gesellschaftsvertrag und Kants Analyse. Rousseaus mit Weitblick angelegter und im Gesellschaftsvertrag vorausgesehener gesellschaftli-

---

51 Kant, I.: „Über den Gemeinspruch: Das mag in der Theorie richtig sein, taugt aber nicht für die Praxis", Teil II, in „Vom Verhältnis der Theorie zur Praxis im Staatsrecht", „Kants Werke", Bd. VIII, S. 273 ff.
52 Ebda.: S. 289 ff. Vgl. auch Hegel, G. W. F.: „Vorlesungen über die Geschichte der Philosophie", Bd. III, S. 306.

cher Fortschritt, der graduell und strukturell mit der Verwirklichung von Freiheit Hand in Hand geht, ist ebenso unstrittig, wie das Prinzip einer sich mit Notwendigkeit vollziehenden ideologischen Befreiung vom absolutistischen Feudalsystem. Die Befreiung *vom* Absolutismus geht jedoch durch die bloße Beseitigung monarchischer Strukturen nicht automatisch über in eine Befreiung *zum* Zweck der Verwirklichung des individuellen Selbst. Das einzelne Individuum droht in seinem Anspruch auf Freiheit und in seiner Forderung nach Selbstbestimmtheit weiterhin auf der Strecke zu bleiben, da es sich rückhaltlos an die Gesellschaft gibt, sich der Republik vollends selbst darreicht.

In der politischen Praxis des Wohlfahrtsausschusses wird unter Robespierres Führung die hehre Forderung nach Entäußerung jedes *citoyens* an das staatliche Gesamtwesen zunächst politisch rezipiert, fallweise ideologisch fundiert, oftmals formalrechtlich abgesichert und schließlich, vielfach mit Hilfe von überstürzt beschlossenen, anlaßgesteuerten, reaktiven Verordnungen, durchgeführt.[53] Vor diesem Hintergrund erscheint es bestürzend, daß sogar die für die revolutionäre Entwicklung entscheidende politisch-philosophische Wegmarke *Rousseau* mit revolutionärer Geste verbal beiseitegewischt wird: *„Bürger, wolltet Ihr eine Revolution ohne Revolution? ... Hört auf, mir ständig das blutige Kleid des Tyrannen zu zeigen, denn sonst muß ich glauben, daß ihr Rom wieder in Ketten schmieden wollt. ... Wollt ihr die Wiege der Republik beschimpfen? Wollt ihr die Revolution in den Augen Europas schänden, diejenigen, die sie*

---

53 Vgl. die Rede Robespierres vor dem Konvent, gehalten am 5. Nov. 1792, in welcher er auf Anschuldigungen von J.-B. Louvet repliziert, der ihm in den Wochen zuvor diktatorisches Machtstreben unterstellt hatte, und in der Robespierre implizit die Notwendigkeit einer diktatorischen Struktur der Revolution einmahnt, um diese erfolgreich verwirklichen zu können; in Robespierre, M.: „Ausgewählte Texte", S. 263 ff.

hervorbrachten, und wollt ihr die Feinde der Freiheit mit Waffen beliefern?"[54] Angesichts solcher Suggestivfragen und der zunehmenden Radikalisierung der Sprache Robespierres beginnt der Einfluß des Gesellschaftsvertrages auf den weiteren Verlauf der Revolution geringer zu werden. In seiner Rede über die Grundsätze der Revolutionsregierung, gehalten vor dem Konvent im Dezember 1793, spielt Robespierre bereits nur noch auf Rousseau an, erwähnt diesen jedoch nicht mehr namentlich.[55]

Doch selbst wenn die revolutionäre Praxis in verbaler, machtpolitischer und kultureller Hinsicht erheblich vom Gesellschaftsvertrag abweicht, wie die zahllosen verbalradikalen Pamphlete und Zeitungen der radikalen Sansculotten oder der Hébertisten zeigen, darf Rousseaus Freilegung republikanischer Prinzipien als Gedankenführung während des gesamten Dezenniums der Revolution nicht unterschätzt werden. Bereits unmittelbar nach dem Tode Rousseaus bildet sich, den Aussagen des Revolutionärs Joseph Lakanal zufolge, eine Welle der Huldigung und zunehmenden öffentlichen Glorifizierung seiner Person und seines Werkes, die schließlich in der physischen Überführung der sterblichen Überreste Rousseaus in die Ehrenhalle des Pariser Pantheon resultiert. Lakanal nimmt in seiner Würdigung Rousseaus Bezug auf diesen Umstand, befürwortet eine umgehende Pantheonisierung, verweist auf dessen bedeutsame politisch-philosophische Gedanken, attestiert diesen jedoch, in den Revolutionsjahren kaum gehört worden zu sein. Im nachhinein[56] seien diese bestens dazu geeignet, die revolutionäre Entwicklung und Dynamik zu verste-

---

54 ebda.: S. 267 ff.
55 Vgl. die Rede Robespierres vor dem Konvent über die Grundsätze der revolutionären Regierung, gehalten am 25. Dez. 1793; in Robespierre, M.: „Ausgewählte Texte", S. 562 ff.; vgl. auch Furet, F.: „Jean-Jacques Rousseau und die Französische Revolution", S. 33.
56 Anm.: Damit ist das Jahr 1794 gemeint.

hen; nunmehr sei erkennbar, wie klar und folgerichtig sie sich in den revolutionären Verlauf eingliederten. Auf indirekte Weise habe der *Contrat social* damit auf den Gang der Revolution Einfluß genommen, jedoch nicht im Sinne eines strikten politischen Leitfadens zur Errichtung der Republik, sondern, scheinbar unauffällig, geistesgeschichtlich seine Wirkung im Hintergrund entfaltend: *„Es ist auf gewisse Weise die Revolution, die uns den Gesellschaftsvertrag erklärt hat."*[57]

IV. VERBALRADIKALISMUS DES *„EINEN WILLENS"*

Welche sprachlichen Mechanismen sind dafür verantwortlich zu machen, daß sich eine Entwicklung vollziehen kann, die einer Pervertierung gleichkommt, einer Verzerrung des *allgemeinen Willens*, den Rousseau stets präzise als *Gemeinwillen* definiert und niemals als diffuse Summe des *Willens aller*, ein Fortgang zur Schreckensherrschaft des *einen Willens* Robespierres? Kann die Summe der sprachlichen Diskurse im Vorfeld der Revolution zusammen mit den verbalradikalen sprachlichen Verzerrungen während der Revolution ausreichen, den *einen Willen* Robespierres auf fatale Weise verbal zu festigen? Dem rousseauschen Gedanken der Erlangung der Freiheit *durch* das Gesetz, als Quintessenz und Materialisierung des *allgemeinen Willens* und als klare Ablösung vom *ancien régime*, steht zur Zeit der Französischen Revolution das philosophisch ungelöste Problem entgegen,

---

[57] Rede des Rhetorik- und Philosophielehrers, Revolutionärs und späteren Initiators landesweiter Bildungsmaßnahmen in Frankreich, wie etwa der 1794 beschlossenen Gründung von über 24.000 Volksschulen, Joseph Lakanal, in der Sitzung vom 15. Sept. 1794. Lakanal, J.: „Rapport sur J. J. Rousseau fait au nom du Comité d'Instruction Publique", 29 Fructidor an II, S. 6: *„C'est en quelque sorte la révolution qui nous a expliqué le Contrat social"*; vgl. auch Furet, F.: „Jean-Jacques Rousseau und die Französische Revolution", S. 44.

daß die Freiheit zunächst durch das Gesetz selbst eingeschränkt wird. Kants Verbindung und Versöhnung von Gesetz und Freiheit verhindert in diesem Punkt eine vorsätzlich mißbräuchliche Hermeneutik, doch der Gedanke Kants findet nicht zeitgleich den Weg nach Frankreich, um dort seine Wirkung zu entfalten.[58] In der Zwischenzeit kulminiert jedoch in Paris die revolutionäre Dynamik und wird sprachlich greifbar durch einen offen zutage tretenden Euphemismus, in welchem die totalitären Züge des Despotismus ausgerechnet von einer Institution ausgehen, welche den Namen *Wohlfahrtsausschuß*[59] trägt. Der maßgebliche Einfluß innerhalb dieser Institution, welche für tausende Hinrichtungen verantwortlich ist, für politische Säuberungswellen unter dem Deckmantel der Verteidigung der jungen Republik, und deren Mitglieder gegen alle ihre realen und imaginären Feinde als sich selbst legitimierende „... *Vollstrecker der Geschichte und als Agenten der Notwendigkeit* ..."[60] verfah-

---

58 Die berühmte kantische Definition lautet: „*Niemand kann mich zwingen, auf seine Art (wie er sich das Wohlsein anderer Menschen denkt) glücklich zu sein, sondern ein jeder darf seine Glückseligkeit auf dem Wege suchen, welcher ihm selbst gut dünkt, wenn er nur der Freiheit anderer, einem ähnlichen Zwecke nachzustreben, die mit der Freiheit von jedermann nach einem möglichen allgemeinen Gesetze zusammen bestehen kann, (d. i. diesem Rechte des andern) nicht Abbruch tut*", Kant, I.: „Über den Gemeinspruch: Das mag in der Theorie richtig sein, taugt aber nicht für die Praxis", Teil II, in „Vom Verhältnis der Theorie zur Praxis im Staatsrecht", „Kants Werke", Bd. VIII, S. 290.
59 Der Wohlfahrtsausschuß, *Comité de salut public* wurde ursprünglich mit dem Ziel gegründet, die Effizienz der übrigen fast 20 *Comités* zu steigern und deren Kontrolle sicherzustellen. Aus diesem Grund wurde der Wohlfahrtsausschuß allmählich mit immer mehr Sondervollmachten ausgestattet und entwickelte sich innerhalb weniger Monate, während der Jahre 1793–1794, zum eigentlichen Zentrum der Macht. Vgl. Furet, F. u. Richet, D.: „Die Französische Revolution", S. 284 ff.
60 Die Terminologie Hannah Arendts bezieht sich auf die Revolutionäre der Jahrhunderte *nach* der Französischen Revolution; vgl. Arendt, H.: „Über die Revolution", S. 65.

ren, geht immer rascher über zu einem Mann, zu dem aus Arras stammenden Anwalt Robespierre. Daß im gestaltenden Zentrum der Revolution auch ein Erwachen und Wiederkehren machiavellistischer Argumentationen erfolgt, ist gleichermaßen nachvollziehbar wie inakzeptabel; dies umso mehr, als es sich in der Form und institutionellen Gestalt des *Wohlfahrtsausschusses* zuträgt, jenem *comité*, das als *primus inter pares* geschaffen wird, das sich rasend schnell zum unangefochtenen Zentrum der Staatsmacht wandelt und die Aufrechterhaltung der republikanischen Strukturen um jeden Preis als sein oberstes Ziel festschreibt. Das neue Zentrum der Macht, dessen Einsetzung ursprünglich Danton beantragt – *„Ein Zentrum der Einheit ist nötig, ein Machtzentrum und sei es auch nur provisorisch"*[61] – wird ihn selbst nur acht Monate später als *Feind der Freiheit* zum Tode verurteilen.

Im Mai 1792 legt Robespierre als selbsternannter *Verteidiger der Verfassung* seine Grundsätze dar.[62] Vor der Öffentlichkeit nimmt er die Rolle des glühendsten Verteidigers der Verfassung ein. Zusammen mit der Verfassung bewacht er auch die republikanischen Errungenschaften der Revolution und attackiert diejenigen, welche aus Gründen der politischen Unterstützung für die Royalisten mit dem Begriff Republik zwar operieren, diesen jedoch für ihre Zwecke umfunktionieren und eine Bedeutungsverschiebung vornehmen. Robespierres emotive Terminologie gewinnt in den Monaten nach seiner Deklaration als unbeirrbarer Verfassungshüter an Schärfe: *„Die Könige sind die hochmütigsten Menschen unter*

---

61 Antrag Georges Dantons im Konvent, eingebracht am 1. August 1793, zit. in: Markov, W.: „Revolution im Zeugenstand. Frankreich 1789–1799", Bd. II, S. 463.
62 Robespierre, M.: „Ausgewählte Texte", S. 209 ff. Dieser Text Robespierres erschien in der ersten Nummer der von ihm selbst herausgegebenen Zeitschrift „Le Défenseur de la Constitution" („Der Verteidiger der Verfassung"), deren erste von insgesamt nur zwölf Ausgaben im Mai 1792 erscheint.

den Sterblichen, und darum sind sie auch die feigesten; sie sollen den Donner des Volkszorns hören, sie sollen in ihren Palästen erzittern; denn wenn sie zittern, hören sie auf zu existieren."[63] Und Robespierres ästhetische Paraphrasierung formt seinen Sprachgebrauch, wenn er jene Haltung präzisiert, die seiner Ansicht nach dem aristokratischen Despotismus gegenüber einzunehmen sei: „*Wie der gewöhnliche Räuber dem einzelnen Menschen schaden kann, so verschlingen die gekrönten Diebe ganze Nationen, ohne dabei die einzelnen zu schonen, die in ihrer Macht stehen und die sie opfern ...*", daher seien es „*... die Verbrechen der Könige, die alle anderen Verbrechen, das Elend und die schlechten Triebe hervorgebracht haben.*" Ein syntaktischer Wechsel der Perspektive findet sich schließlich in dem performativen bzw. potentiell illokutionären Vorwurf: „*Bürger, wenn es euch schwerer fällt, einen König zu bestrafen, als einen schuldigen Bürger zu belangen, wenn eure Strenge in umgekehrtem Verhältnis zur Größe des Verbrechens ... steht, ... dann besitzt ihr immer noch die Seele und die Vorstellungen von Sklaven.*"[64]

Gegen Jahresende 1792, nur wenige Wochen vor der Hinrichtung Ludwig XVI., hält Robespierre seine berühmte Rede vor dem Nationalkonvent, in der er unmißverständlich zum Prozeß gegen Ludwig XVI. Stellung bezieht und in der er eine Änderung der Perspektive rhetorisch an den Beginn seiner Ausführung stellt. *Der Unbestechliche*, der diese positiv konnotierte Meta-

---

63 Auszug aus Robespierres *Brief Nr. 5* seiner „*Briefe an meine Wähler*", über die politische und ethische Haltung, die gegenüber Ludwig XVI. einzunehmen sei; in Robespierre, M.: „Ausgewählte Texte", S. 307.
64 Ebda.: S. 302 f. Robespierres Stellungnahmen haben ihre Entsprechung in den Schriften des radikalen Priesters Jacques Roux, der Ludwig XVI. einen *Henker der Franzosen* nennt und fordert: „*Könige dürfen von nun an nur noch in der Geschichte existieren, die ihre Untaten nachzeichnet*", in Roux, J.: „Freiheit wird die Welt erobern", S. 101.

pher seiner unnachgiebigen Haltung verdankt, argumentiert darin, daß im Prozeß gegen Ludwig XVI. kein Urteil über einen Menschen und dessen Verbrechen zu fällen, sondern „... *eine Maßnahme im Interesse der Öffentlichkeit zu ergreifen* ..."[65] sei. Diese Maßnahme sei für ganz Frankreich von allerhöchster nationaler Wichtigkeit, die Republik sei gegründet, und der König aufgrund seiner Verbrechen abgesetzt. Bereits aufgrund des mißlungenen Versuches Ludwigs XVI., das in einer Revolution aufgestandene französische Volk wieder gewaltsam zu unterwerfen und zu bestrafen, sei sein Rebellentum gegen die Republik festgestellt und sein Schicksal besiegelt worden. Ludwig XVI. sei kein Bürger, der sich eines Verbrechens schuldig gemacht habe und gegen den daher ein Prozeß zu führen sei, sondern ein konspirativer Feind der Nation, der seinerseits das revolutionäre Volk als *Rebellen*[66] diffamiert und gegen den sich das Führen eines Prozesses daher *a priori* erübrigt habe. Diesen rhetorisch herbeigeführten Perspektivwechsel durch die Verlagerung der Fragestellung auf eine rechtliche Metaebene begründet Robespierre in derselben Rede zusätzlich mit einem Verweis auf die Metaphorizität der politischen Sprache: Trotz der Tatsache, daß kein herkömmlicher Prozeß gegen *Louis Ca-*

---

65 Rede Robespierres vor dem Nationalkonvent über den Prozeß gegen Ludwig XVI., gehalten am 3. Dez. 1792; in Robespierre, M.: „Ausgewählte Texte", S. 312; vgl. u. a. Gumbrecht, H. U.: „Funktionen parlamentarischer Rhetorik in der Französischen Revolution", S. 73 f.
66 Nicht nur Ludwig XVI. bediente sich der Bezeichnung *Rebellen*, auch Marie Antoinette teilte ihrem Bruder Leopold II. in einem Brief vom 27. Feb. 1791 mit, daß Spanien unter der Bedingung, daß Österreich, Sardinien und die Schweizer Kantone dem Französischen Königshaus zu Hilfe kämen, ebenfalls mit seinen Streitkräften zum Eingreifen bereit wäre: „*Die Aufwiegler gewinnen gegenwärtig derart an Boden und machen mit solcher Geschwindigkeit Fortschritte* ...", zit. in Markov, W.: „Revolution im Zeugenstand. Frankreich 1789-1799", Bd. II, S. 154.

pet[67] geführt werden solle, handle die Nation dennoch rechtlich korrekt gegen einen ihre Existenz bedrohenden Feind, *„... wo wir keinen Richter, kein Tribunal und keine Prozeßordnung sehen, glauben wir, auch keine Gerechtigkeit zu finden. Weil wir für bestimmte Ideen die gleichen Ausdrücke anwenden, die im gewöhnlichen Sprachgebrauch ganz andere Ideen bezeichnen, werden wir vollständig in die Irre geführt."*[68] Und Robespierre urteilt resümierend und unter Hinzunahme eines Verweises auf Rousseau zum Zweck der rhetorisch-pathetischen Verstärkerfunktion seiner Argumente: *„Wenn eine Nation gezwungen gewesen ist, auf das Recht des Aufstandes zurückzugreifen, tritt sie dem Tyrannen gegenüber in den Naturzustand zurück. Wie könnte dieser Tyrann sich auf den Gesellschaftsvertrag berufen? Er hat ihn selbst gebrochen."*[69]

Der Begriff der Freiheit, den Robespierre an dieser Stelle verwendet, ist jedoch weiter denn je entfernt vom Denken Rousseaus, denn beide Konsequenzen des Begriffes, sowohl die *Freiheit von* als auch die *Freiheit zu*,

---

67 Der Name Ludwig XVI. wurde im Zuge der Verhaftung und während des Prozesses als direkte Anrede fallengelassen und durch *citoyen Louis Capet*, als ziviler Abstammungsname der *Kapetinger*, ersetzt.
68 Rede Robespierres vor dem Nationalkonvent über den Prozeß gegen Ludwig XVI., gehalten am 3. Dez. 1792; in Robespierre, M.: „Ausgewählte Texte", S. 314.
69 Ebda.: S. 315. Robespierre verwendet in dieser Rede verschiedene Argumentationsketten, um seine Logik zu untermauern: *„Der Volksaufstand ist der Prozeß gegen den Tyrannen; der Sturz seiner Macht ist seine Verurteilung; und das, was die Freiheit des Volkes verlangt, ist seine Strafe"*, oder auch: *„Wenn die Völker sich gegen ihre Unterdrücker bewaffnen, um ihr Heil zu gewinnen, wie können sie dann gezwungen sein, die Könige nach bestimmten Regeln zu bestrafen, die eine neue Gefahr für sie darstellen würden?"*, sowie: *„In welcher Republik wäre die Notwendigkeit, den Tyrannen zu bestrafen, je eine Frage der Rechtmäßigkeit gewesen?"*, und: *„Aber Ludwig muß sterben, weil das Vaterland leben muß"*; sämtl. Zitate ebda.: S. 316 ff.

werden ausschließlich an der Frage gemessen, ob sie der Kontinuität der Revolution nützen. Diese enge Bindung einer *Sprache der Freiheit* an die Revolution stellt eine zweckorientierte Einschränkung des Bedeutungsraumes von Freiheit hinsichtlich ihrer Heterogenität dar. Die Freiheit des Volkes verlangt nicht nach *Strafe* für Louis Capet, wie Robespierre vermeint, rhetorisch dartun zu sollen, sondern die politische Führung der Revolution verlangt *die Strafe als Dokument* einer nicht hintergehbaren Faktizität. Durch eine solche will man keiner restaurativen Gefahr mehr ausgesetzt zu sein, welche die politische Klasse und mit ihr die Volksmassen hinter den erreichten Zustand zurückfallen läßt. Wenn Robespierre davon spricht, daß die *Freiheit des Volkes* die Bestrafung Louis Capets verlange, dann nimmt er mit dieser ideologischen Sprachlenkung neuerlich einen syntaktischen Wechsel der Person vor: Der Begriff der Freiheit wird nicht mehr von Robespierre selbst, sondern aus der Position einer fiktiven Instanz definiert, die sich selbst ein übergeordnetes Urteilsvermögen attestiert, was die Interpretation des Begriffes Freiheit betrifft. Diese Position einer sich selbst legitimierenden Instanz deklariert Robespierre wenige Jahre später, am Höhepunkt seiner Macht als Vorsitzender des Wohlfahrtsausschusses, erneut, wenn er vollends verbalradikal verkündet: *„Die Revolution ist der Krieg der Freiheit gegen ihre Feinde."*[70] Einer auf ähnliche Weise proklamierenden Terminologie bedient sich Saint-Just, wenn er kundtut, *„... daß einem König der Prozeß gemacht werden müsse, nicht bloß der*

---

70 Rede Robespierres vor dem Nationalkonvent über die Grundsätze der revolutionären Regierung, gehalten am 25. Dez. 1793; in Robespierre, M.: „Ausgewählte Texte", S. 564; vgl. u. a. Soboul, A.: „Die große Französische Revolution: ein Abriß ihrer Geschichte (1789–1799)", S. 243; Rosenfeld, S.: „A Revolution in Language. The Problem of Signs in Late Eighteenth-Century France", S. 164 ff.; Reichardt, R.: „Das Blut der Freiheit. Französische Revolution und demokratische Kultur", S. 156 ff.

Verbrechen seiner Regierung wegen, sondern schon darum, weil er König gewesen ist. Denn nichts in der Welt vermag diese widerrechtliche Anmaßung zu rechtfertigen. Hinter welchem Blendwerk, hinter welchen Verträgen sich das Königtum auch verbirgt, die Monarchie bleibt auf ewig ein Verbrechen, gegen das zu erheben und zu bewaffnen jedermann das Recht hat. ... Man kann nicht König sein, ohne Schuld auf sich zu laden. ... Jeder König ist ein Rebell und ein Usurpator."[71] Vom Wahrheitswert der Aussagen Saint-Justs abgesehen, erlaubt seine rigorose Diktion keine Möglichkeit der Denkalternative mehr. Kategorisch praktiziert sie die verbale Ausschließung jeglichen anderen historischen oder politischen Sprachgebrauchs und verengt dadurch auch die historische Perspektive zugunsten einer rhetorisch wirkungsvollen Inszenierung vor dem Nationalkonvent. Die Mitglieder des Wohlfahrtsausschusses stehen unter ihrem selbstgeschaffenen Zwang zur verbalradikalen Expressivität, mit den Worten Hannah Arendts formuliert: *"Unter den Männern, die durch die Revolution an die Macht gekommen waren, konnten sich nur die halten, welche zu Wortführern der Massen wurden ..."*[72]

Die Sprache der Straße geht keinen Schritt weiter als der Nationalkonvent, der Verbalradikalismus wird von

---

71 Rede Antoine de Saint-Justs vor dem Nationalkonvent zum Thema der Verurteilung Ludwigs XVI., gehalten am 13. Nov. 1791; in Markov, W.: „Revolution im Zeugenstand. Frankreich 1789-1799", Bd. II, S. 316. Gegen den Verbalradikalismus im Sinne des offenen Wortmißbrauches wenden sich bereits in den ersten Jahren der Revolution *Grammatiker*, wie etwa François-Urbain Domergue, der als Herausgeber einer französischen Grammatik und der Zeitschrift „Journal de la Langue Françoise" hervortritt. Vgl. Guilhaumou, J.: „Sprache und Politik in der Französischen Revolution", S. 88 ff.
72 Arendt, H.: „Über die Revolution", S. 140. Vgl. Geißner, H.: „Rhetorik als Vollzug politischer Partizipation", in Kopperschmidt, J. (Hrsg.): „Politik und Rhetorik. Funktionsmodelle politischer Rede", S. 170.

ihr nicht weiter gesteigert, nur das Vokabular selbst ist unflätiger, gröber, insultierender und mit mehr Metaphern, Flüchen und *Kolinguismen*[73] durchsetzt, als jenes in den Gremien der Staatsführung. Als *pars pro toto* soll der *Père Duchesne*, eine wöchentlich erscheinende antimonarchistische, antiklerikale, satirische Zeitschrift des radikalen Revolutionärs Jacques-René Hébert Erwähnung finden. Die einleitenden Worte der Titelseite deklamieren, stets im *argot* des Volkes gehalten, jeweils die Wut, den Zorn oder die Freude des *Père Duchesne*. Héberts *alter ego*, die Figur des *Père Duchesne*, spielt darin als derber, burlesker Ofenbauer bzw. Ofenhändler, wortgewaltig und an die Figuren der Commedia dell'Arte erinnernd, auf den verschiedenen populistischen Registern: Er führt zum einen fiktive, jedoch unerhört zynische, boshafte und grobschlächtige Gespräche gegen den monarchischen Staatsabsolutismus, etwa mit *Louis Capet* und *Frau Capet* und vielen anderen einst hochrangigen Menschen des öffentlichen Lebens. Zum anderen verunglimpft, ja beschimpft Père Duchesne den Klerus schonungslos und auf das Gröbste, bezichtigt den Papst mittels verschiedener Kraftausdrücke der Ablaßkrämerei und wendet sich, hemmungslos fluchend, gegen alle nur erdenklichen Feinde der Revolution. Demzufolge fällt auch Héberts zustimmende Teilnahme an der Welle der revolutionären Entchristianisierung erbarmungslos verbalradikal und hypertroph aus: *„Kraft der heiligen Guillotine haben wir es geschafft, uns des Königtums zu*

---

73 Balibar, R.: „L'institution du français. Essai sur le colinguisme des Carolingiens à la République", S. 97. Zur sprachlichen Entwicklung des Französischen vor dem Hintergrund zahlreicher Regionalsprachen, von den Kolinguismen des Ancien Régime bis zu jenen der Revolutionsjahre vgl. ebda.: S. 97 ff. und S. 189 ff.; vgl. auch die Analysen der Regionalsprachen *occitan, patois, gascon, provençal, languedocien* etc. während der Revolutionsjahre, u. a. durch Fournier, G., Latry, G., Gardy, P. et al., in Dougnac, F. (Hrsg.): „Dictionnaire des usages socio-politiques (1770–1815)", Bd. V, Paris 1991.

entledigen, jetzt ist die Reihe an euch, elende Pfaffenbande."⁷⁴

V. Vom revolutionären Wort zum Terror

Das Fortschreiten des revolutionären Prozesses, die zunehmende Akkumulation von Macht im Wohlfahrtsausschuß und der bereits eingeschlagene politische Weg des Revolutionstribunals zum Terror, alle diese Elemente verändern die Sprache nachhaltig und drängen sie geradezu in immer tiefere Schichten des Verbalradikalismus. Gesellschaftspolitische Wertungen, in denen zwischen guten und schlechten Bürgern im Sinne der Revolution unterschieden wird, werden leichtfertig vorgenommen, zwar mit schutzverheißender emotiver Wortwahl, doch bereits inmitten der Monate des *Terrors*, dem verordneten Mittel der gewaltsamen Durchsetzung von Tugend:

---

74 Übers. d. A., vgl. „Père Duchesne", Nr. 301, S. 1.: *„Par la vertu de sainte-guillotine, nous voilà délivrés de la royauté, á ton tour, bougre de calotte"* ; vgl. auch Hébert, J.-R.: „Den Papst an die Laterne, die Pfaffen in die Klapse!", S. 441. Die Zivilverfassung des französischen Klerus, d. h. die zivilrechtliche Eingliederung des gesamten Klerus in das Staatsganze, wird 1790 von der Nationalversammlung beschlossen. Nach den sukzessiven Enteignungen von Kircheneigentum seit 1789 scheitert das Vorhaben der zivilrechtlichen Eingliederung des Klerus jedoch größtenteils. In vertikaler Betrachtung der kirchlichen Hierarchie Frankreichs leisten im Rahmen der oktroyierten Zivilverfassung nur etwa 10 % der Bischöfe den verpflichtenden Eid auf die Staatsverfassung, der niedere Klerus läßt sich nur zu knapp 50 % zu gewählten bzw. nominierten „priesterlichen Staatsbeamten" transformieren. Das Schisma der katholischen Kirche wird daher primär an der Basis, d. h. auf der Ebene der kirchlichen Gemeinde Frankreichs sichtbar. Vgl. dazu insbes. die Ausführungen des Rhetors und Abgeordneten Mirabeau vor dem Konvent, vom 26. Nov. 1790, „Discours sur la constitution civile du clergé", zit. in Furet, F. u. Halévi, R. (Hrsg.): „Orateurs de la Révolution française", Bd. I, S. 797 ff; vgl. auch Furet, F. u. Richet, D.: „Die Französische Revolution", S. 170 f.

„Die revolutionäre Regierung schuldet allen guten Bürgern den ganzen Schutz der Nation; den Feinden des Volkes schuldet sie den Tod. ... sie stützt sich auf das heiligste aller Gesetze, nämlich auf das Wohl des Volkes, und auf die unbestreitbarste aller Vollmachten, nämlich auf die Notwendigkeit."[75] Dieses verbalradikale Bekenntnis wird von Robespierre im Bewußtsein ausgesprochen, ein glühender Verfechter der Republik und deren demokratischer Gefüge zu sein, im Bewußtsein und in voller Selbstgewißheit, ein Beschützer der Verfassung und ein Kämpfer für die Tugend zu sein. Dennoch oder gerade deshalb ist die Wahl des von Robespierre der *Tugend* zur Seite gestellten korrespondierenden Gegenstückes verheerend: Dem *Verordnen* von *Tugend* zum Wohle der Republik steht der *Terror* zur Seite, *„... als Emanation der Tugend."*[76] Mit diesem Bekennen, das er an anderen Stellen bekräftigt und bestätigt, hat sich Robespierre als Advokat der Tugend ein weiteres Mal dem Verbalradikalismus verschrieben, denn die *Emanation*[77] beschreibt als Metapher das Fließen der Rede und die lebendige Wirkung gesprochener Worte, als fließendes, ausströmendes Hervorgehen von Worten. Die *Emanation* verkörpert das sprachliche Gegenteil eines Redeschwalls, sie steht für sanftes, für ein besänftigen -des Gleichmaß des Fließens, welches aus der Ruhe des *Rede-flusses* die Kraft der Worte entstehen läßt, um die-

---

75 Rede Robespierres vor dem Nationalkonvent über die Grundsätze der revolutionären Regierung, gehalten am 25. Dez. 1793; in Robespierre, M.: „Ausgewählte Texte", S. 565 f.
76 Rede Robespierres vor dem Nationalkonvent über die Grundsätze der politischen Moral, die den Nationalkonvent bei der inneren Verwaltung der Republik leiten soll, gehalten am 5. Feb. 1794; in Robespierre, M.: „Ausgewählte Texte", S. 594; vgl. auch Gallo, M.: „Robespierre", S. 241 ff.
77 Vgl. Dörrie, H.: „Emanation", in ders.: „Platonica Minora", S. 70 ff.; vgl. auch Sailer-Wlasits, P.: „Emanation des Mythos – Mythos der Emanation", in ders.: „Hermeneutik des Mythos. Philosophie der Mythologie zwischen Lógos und Léxis", S. 44 ff.

sen zur Wirkung, zu deren *Ein-fluß* zu verhelfen. Terror kann sohin weder als *Emanation der Tugend*, noch als Unterstützung der Tugend gedacht werden, da diese in ihrer Entfaltung zwar eines Schutzes, jedoch keiner brachialen Unterstützung durch Gewalt bedarf. Geistesgeschichtlich entsteht die dem Schrecken des Terrors phänomenologisch zugrundeliegende Angst auf der sprachlichen Ebene des *Verdachtes*, wie Hegel in seiner *Philosophie der Geschichte* zeigt.[78] Die Tugend, welche mit der „zweiten" Französischen Revolution zu einer ideologischen Prämisse der Staatsordnung erhoben wird, mündet sprachlich in Dichotomie und zwingt dazu, zwischen jenen Staatsbürgern zu unterscheiden, die der Ideologie der Tugend folgen und dies auch zu artikulieren in der Lage sind, und jenen, die einer Ideologie der Tugend keine Folge leisten: *„Die Gesinnung aber kann nur von der Gesinnung erkannt und beurteilt werden. Es herrscht somit der Verdacht. ... Der Verdacht erhielt eine fürchterliche Gewalt ... es herrschen jetzt die Tugend und der Schrecken; denn die subjektive Tugend, die bloß von der Gesinnung aus regiert, bringt die fürchterlichste Tyrannei mit sich."*[79]

Robespierre präzisiert seine Haltung, die einer gewaltsamen Methode zur Durchsetzung der Anordnung von Tugend entspricht, mittels Fehlschluß von der Ebene der Faktizität des Terrors auf jene der Gerechtigkeit: *„Ohne die Tugend ist der Terror verhängnisvoll, ohne den Terror ist die Tugend machtlos. Der Terror ist also nichts anderes als die unmittelbare, strenge und unbeugsame Gerechtigkeit."*[80] Er verknüpft ebenso verbalradikal wie verhängnisvoll die situative Ebene mit der ideo-

---

78 Hegel, G. W. F.: „Philosophie der Geschichte", S. 520 ff.
79 ebda.: S. 532 f.
80 Rede Robespierres vor dem Nationalkonvent über die Grundsätze der politischen Moral, die den Nationalkonvent bei der inneren Verwaltung der Republik leiten soll, gehalten am 5. Feb. 1794; in Robespierre, M.: „Ausgewählte Texte", S. 594.

logischen, wenn er dekretiert: *„Die Revolutionsregierung ist der Despotismus der Freiheit gegen die Tyrannei."*[81] Die Lektüre der letzten Reden Robespierres läßt diesen vom Gedanken der despotischen und verbalradikal dekretierten Tugend durchdrungen erscheinen, quasi–mephistophelisch, wie eine *Kraft, die stets die Tugend will und stets das Böse schafft*[82]. Auch in diesem Sinne ist Robespierre letztlich ein Produkt der Revolution.[83] Seine Diktion *im* Interesse und *im* Sinne des Volkes weicht einer sich immer stärker durchsetzenden Sprechweise *als* Volk, das Verdikte ausspricht. Der Weg vom *allgemeinen Willen* Rousseaus zu dem *einen Willen*[84] Robespierres ist mit dem unter dem Banner der Tugend voll einsetzenden *Grande Terreur* des Frühsommers 1794 endgültig vollbracht. Seine Verbalradikalismen erscheinen nur noch wie sprachliche Bedeutungsverzerrungen von Gutgemeintem, von kategorischen Feststellungen *zum Wohle des Volkes*, stakkatohaft gesprochen. Irreversibel und

---

81 Ebda.: S. 595; vgl. auch Soboul, A.: „Die große Französische Revolution: ein Abriß ihrer Geschichte (1789–1799)", S. 343 ff. Soboul ortet in seiner Analyse der Wohlfahrtsdiktatur auch einen expliziten *Strafwillen*, der sich während der *zentralisierten Schreckensherrschaft* anhand der tausenden *Schnellverfahren* mit Todesurteilen zeige.
82 Vgl. Goethe, J. W. von: „Faust I", St. 1336 f. Mephistopheles beantwortet die Frage Fausts nach seinem Wesen mit den Worten, er sei: *„Ein Teil von jener Kraft, die stets das Böse will und stets das Gute schafft"*; wie eine Umkehrung von Ursache und Wirkung erscheint in diesem Kontext daher der politisch-rhetorische Selbstauftrag Robespierres.
83 vgl. Markov, W.: „Volksbewegungen der Französischen Revolution", S. 58
84 Die Formulierung Robespierres ist aus einer seiner handschriftlichen Notizen überliefert, archiviert unter der Nr. XLIV der „*Collection des Mémoires relatives a la Révolution Française*", Bd. II, unter dem Titel: „*Papiers inédits trouvés chez Robespierre, Saint-Just, Payan etc., supprimés ou omis par Courtois; précédés du rapport de ce député à la Convention Nationale*", S. 15, Paris 1828.

soziopolitisch irreparabel erscheinen auch die zunehmende Häufigkeit, in denen *das Volk* durch *die Revolution* substituiert wird, sowie die Art, wie auf pathetische Weise Frankreich sprachlich verlassen wird, um auf gesamteuropäischer Ebene zu argumentieren, um den Gedanken der Revolution über die Grenzen Frankreichs hinauszutragen zu können.[85] In der tumultartigen Sitzung des Konvents am 9. *Thermidor*[86], dem Tag seiner Verhaftung, wird Robespierre vom Abgeordneten Billaud-Varenne beschuldigt, *"... das Wort Tugend immer dann im Munde zu führen, wenn er das Verbrechen verteidigt."*[87]

Die Bedeutungsräume der Begriffe *Freiheit* und *Tugend* werden durch die *dýnamis* der Revolution zu einer Rechtfertigung von Gewalt erweitert, strukturell ähnlich, wie dies bei den Begriffen des *Guten* und *Gottgewollten* im Deuteronomium der Fall ist. Auf diese gedehnten, geweiteten Bedeutungshorizonte werden in den Jahrzehnten nach der *großartigsten bürgerlichen Revolution*[88] sozialistische Utopien aufbauen und ihre Formulierungen von Tugend und Freiheit, die von der

---

85 Vgl. Guilhaumou, J.: „Sprache und Politik in der Französischen Revolution", S. 143 f. Eines von zahlreichen Beispielen findet sich in der Rede Robespierres, gehalten am 7. Mai 1794 vor dem Nationalkonvent: *„Europa liegt vor dem Schatten der Tyrannen auf den Knien, wir aber bestrafen sie. ... Europa begreift nicht, daß man ohne Könige und Adelige leben kann; wir dagegen begreifen nicht, daß man mit ihnen leben kann"*; in Robespierre, M.: „Ausgewählte Texte", S. 657.
86 Datum und Monatsbezeichnung folgen dem Revolutionskalender, der *9. Thermidor* des *An II de la République* entspricht dem 27. Juli 1794. Der aufgrund eines Schusses in den Unterkiefer schwerstverletzte Maximilien Robespierre wird bereits einen Tag später, am 28. Juli 1794, durch die Guillotine hingerichtet.
87 Zit. in Markov, W.: „Revolution im Zeugenstand. Frankreich 1789–1799", Bd. II, S. 633.
88 Der assertorische Superlativ ist A. Soboul entlehnt; vgl. ders.: „Die große Französische Revolution: ein Abriß ihrer Geschichte (1789–1799)", S. 572.

Französischen Revolution inspiriert sind, installieren. *„Das Prinzip der Freiheit des Willens also hat sich gegen das vorhandene Recht geltend gemacht"*, verkündet Hegel zunächst voll Genugtuung; die Transformation des allgemeinen Willens in eine staatliche Verfassung sei erfolgt, endlich habe sich der Mensch *„auf den Kopf, das ist auf den Gedanken [ge]stellt, und die Wirklichkeit nach diesem erbaut. ... Es war dieses somit ein herrlicher Sonnenaufgang. Alle denkenden Wesen haben diese Epoche mitgefeiert."*[89] Die aufstehenden Utopien, allen voran die sozialistischen, werden in revolutionärer Sukzession ebenfalls versuchen, den allgemeinen Willen von der Ideologie in die Tat umzusetzen, und sie werden die Freiheit, im Vermeinen tugendhaft zu handeln, an ihre zahlreichen Banner heften. Dennoch werden sie nicht den *allgemeinen Willen*, mit den Worten Hegels sohin weder *„den Inhalt der Freiheit, die Objektivität derselben"*, noch *„die Form der Freiheit, worin das Subjekt sich tätig weiß"*[90], verwirklichen, sondern zuerst von den Totalitarismen der Sprache und danach von jenen der politischen Tat eingeholt werden, um an dem selbst gesetzten Postulat der *Freiheit des Willens* zu scheitern.

---

89 Hegel, G. W. F.: „Philosophie der Geschichte", S. 529; Hegels Ambivalenz zwischen der Bewunderung für das weltgeschichtliche Ereignis der Revolution und dem Entsetzen vor der aus seiner Sicht mit Notwendigkeit entstandenen Schreckensherrschaft findet sich in seiner detaillierten Herleitung, „Die absolute Freiheit und der Schrecken"; vgl. Hegel, G. W. F.: „Phänomenologie des Geistes", S. 431 ff.
90 Hegel, G. W. F.: „Philosophie der Geschichte", S. 529

Kapitel 5:
VOM WORT ZUR TAT: 1927 – ALS DIE REPUBLIK BRANNTE[1]

Mit dem endgültigen Zerfall der österreichisch-ungarischen Doppelmonarchie werden 1918 die Weichen für eine selbständige Republik Österreich, inmitten teils ebenfalls neuer Nationalstaaten gestellt.[2] Doch diese erste österreichische Republik ist weder eine ausschließlich von der Nachkriegsordnung oktroyierte Staatsgründung, noch eine von langer Hand geplante, oder einem allgemeinen Willen folgende, angestrebte und erkämpfte. Die historisch-politischen Entwicklungen, die letztlich in einer Staatsgründung Österreichs münden, sind in den Jahrzehnten des ausgehenden neunzehnten Jahrhunderts zu suchen, in deren Verlauf die inneren, adhäsiven Kräfte des monarchischen Gebildes allmählich nachlassen und von den zentrifugalen, jenen immer stärker auseinanderstrebenden nationalstaatlichen Kräften, bezwungen werden. Der innere Zusammenhalt des Vielvölkerstaates unterliegt schließlich der Summe seiner Partikularinteressen, noch bevor der Erste Weltkrieg Europa neu ordnet. Es erscheint daher *ex post* nachvoll-

---

1 Der vorliegende Text ist eine erweiterte und ergänzte Fassung des Kapitels „*Vom Wort zur Tat – politische Sprache und Gewalt*" des Autors, erschienen in der von Norbert Leser und Paul Sailer-Wlasits, aus Anlaß des 75. Jahrestages der blutigen Zusammenstöße des 15. Juli 1927 in Wien, herausgegebenen Studie: „1927 – Als die Republik brannte. Von Schattendorf bis Wien", S. 93–114.
2 Historische und politikwissenschaftliche Analysen zur Ersten Republik bieten u. a. Weinzierl, E. u. Skalnik, K. (Hrsg.): „Österreich 1918–1938: Geschichte der Ersten Republik", Bde. I–II, Wien 1983; Botz, G.: „Gewalt in der Politik. Attentate, Zusammenstöße, Putschversuche, Unruhen in Österreich 1918–1938", München 1983; Leichter, O.: „Glanz und Ende der Ersten Republik", Wien 1964; Konrad, H. (Hrsg.): „… der Rest ist Österreich: Das Werden der Ersten Republik", Bde. I–II, Wien 2008.

ziehbar, daß sich das entstandene prinzipielle Mißtrauen in eine staatliche Überlebensfähigkeit der vergleichsweise kleinen Republik während der wirtschaftlich prekären Nachkriegszeit nicht abschwächt, sondern allmählich weiter verstärkt. Dazu zählt auch, daß nicht versöhnende, sondern polarisierende Aspekte im Aufeinandertreffen monarchistisch-restaurativer, christlichsozialer, großdeutscher, sozialistischer und revisionistischer Positionen während der ersten Jahre der Ersten Republik vorherrschen. Einer sich immer stärker differenzierenden Parteienlandschaft inmitten einer Zivilgesellschaft, die in diesem kleinen Staat nur wenige zukunftsorientierte Perspektiven zu entwickeln vermag, ist das Trennende bereits in die Wiege gelegt.

Der soziopolitische Diskurs während der Ersten Republik, besonders jener der Zwanzigerjahre, kann als paradigmatisch bezeichnet werden, da die sprichwörtliche Eskalation vom Wort zur Tat nicht nur wie nach einem zeitlichen Plan abläuft, sondern sogar die spätere fatale politische Beschleunigung hin zum Faschismus und Totalitarismus in einem ersten Ansatz vorweggenommen und mit dieser auch ein unumkehrbarer sprachlicher Weg eingeschlagen wird. Am Beispiel dieser ihre politische Stabilität erst entwickelnden jungen Republik vermag das Phänomen des Verbalradikalismus aus mehreren Perspektiven zugleich veranschaulicht und in einen synoptischen Blick genommen zu werden.

Ein von seiner politischen Gesamtdimension zunächst eher unbedeutend scheinendes Ereignis im burgenländischen Ort Schattendorf gewinnt durch das Zusammenfallen und die Verkettung von politischen, rechtlichen, kulturellen, sozialen und sprachlichen Entwicklungen gewaltig an Dynamik und Spannung. Ausgelöst durch ein Gerichtsurteil, entlädt sich der politische Druck am 15. Juli 1927 explosionsartig in Wien und markiert damit einen tragischen Höhepunkt jener Polarisierung, bei der die Tat das Wort maßlos überschreitet und eine „*verwundete Republik*"³, neunundachtzig Tote und einen brennenden Justizpalast zurückläßt.⁴

Im östlichsten Bundesland Österreichs, dem Burgenland, besteht unter anderem aufgrund der erst im Jahre 1921 umgesetzten staatlichen Zugehörigkeit zu Österreich eine Koalition aus Christlichsozialen und Sozialdemokraten, um auf breitestmöglicher Basis das jüngste Bundesland sowohl in seiner Anfangsphase innenpolitisch zu stabilisieren, als auch außenpolitisch vor den Ansprüchen Ungarns zu schützen. *In praxi* stehen, trotz der Koalition auf Landesebene, beinahe im gesamten Verlauf der Zwanzigerjahre gegenseitige Störaktionen politischer Versammlungen linker und rechter Provenienz an der Tagesordnung. Auch die Gewaltbereitschaft der Beteiligten nimmt mit den Jahren tendenziell zu, daher trägt die Existenz paramilitärischer Vereinigungen, welche der christlichsozialen bzw. der sozialdemokratischen Partei nahestehen, die Frontkämpfervereinigung bzw. der Republikanische Schutzbund, auch nicht zur weiteren Deeskalation bei. Die paramilitärischen Vereinigungen sind eher als Zeichen der Machtdemonstration zu bewerten, sowohl gegenüber der eigenen politischen Klientel im Sinne der Demonstration von Stärke, als auch gegenüber dem politischen Gegner. Die expansive politische Strategie der Frontkämpfervereinigung und des Republikanischen Schutzbundes, die sich durch Gründung zahlreicher Ortsgruppen und deren Agitationen auf kommunalpolitischer Ebene bemerkbar macht, ist auch an diversen Vereinsaufmärschen und entspre-

---

3 Der Ausdruck *verwundete Republik* entstammt der Rede von Bundeskanzler Ignaz Seipel, gehalten in der Sondersitzung des Österreichischen Nationalrates am 26. Juli 1927; vgl.: „Stenographische Protokolle über die Sitzungen des Nationalrates (III. Gesetzgebungsperiode) der Republik Österreich 1927 bis 1928", Bd. I, S. 129 ff., Wien 1928.
4 vgl. die ausführliche Darstellung von G. Botz in Leser, N. u. Sailer-Wlasits, P. (Hrsg.): „1927 – Als die Republik brannte. Von Schattendorf bis Wien", S. 11–52

chenden Gegenveranstaltungen ablesbar. Diese wirken *per se* polarisierend, jedoch nicht aufgrund der unmittelbaren Ausübung physischer Gewalt, sondern aufgrund ihrer verbalen und nonverbalen Wirkung im Sinne einer realpolitischen Drohgebärde.

Eine winterliche Episode im burgenländischen Ort Schattendorf, der in unmittelbarer Nähe zur ungarischen Grenze liegt, bildet den historischen Ausgangspunkt: Am 30. Jänner 1927 stoßen Mitglieder der Frontkämpfer auf eine Abordnung des Republikanischen Schutzbundes. Bei diesem zwar ideologisch aufgeladenen, jedoch nur spärlich bewaffneten Zusammenstoß werden tragischerweise zwei Menschen getötet, ein Kind und ein Kriegsinvalide, beide aus sozialdemokratischem Umfeld. An diesem 30. Jänner halten die Frontkämpfer in ihrem Vereinslokal, dem Gasthof Tscharmann, eine behördlich angemeldete Versammlung ab. Auch die Ortsgruppe des Schutzbundes legt eine – entgegen der üblichen Usancen behördlich *nicht rechtzeitig* angemeldete – Veranstaltung in ihrem Vereinslokal, dem Gasthof Moser, für den gleichen Tag und Zeitpunkt fest; ein Konflikt erscheint damit höchstwahrscheinlich. Nach mehreren kleineren Zusammenstößen kommt es vor dem Versammlungslokal der Frontkämpfer, dem Gasthof Tscharmann, zu dem tödlichen Zwischenfall: Die beiden Söhne des Gastwirtes, Josef und Hieronymus Tscharmann,[5] und der

---

5 Hieronymus Tscharmann, der letzte im Jahre 1984 noch lebende Mittäter und Schütze jener verhängnisvollen Schüsse von Schattendorf, erklärte in einem persönlichen Interview, das Norbert Leser und Paul Sailer-Wlasits mit ihm im August 1984, anläßlich der Recherche, die Ereignisse des 30. Jänner 1927 in Schattendorf betreffend, führten, daß seine Schüsse, die seines Bruders Josef und seines Schwagers Johann Pinter ausschließlich zur Selbstverteidigung abgegeben worden seien. Die Gewehrschüsse seien zudem „überkopf" abgegeben worden, und zwar – wie Hieronymus Tscharmann auch gestisch andeutete – aus einer kauernden Position unterhalb und im Schutze des Fenstersimses durch ein geöffnetes, vergittertes Fenster in Richtung der Hausdächer

Schwiegersohn des Wirtes, Johann Pinter, flüchten vor den zahlenmäßig überlegenen Schutzbündlern in die Privaträume und beginnen, in den Innenhof des Gasthauses gerichtete Warnschüsse abzugeben. Einige Zeit später geben sie von einem vergitterten Fenster eines an der straßenseitigen Front des Gasthauses gelegenen Wohnraumes Schüsse auf die Straße ab, in Richtung der vorbeiziehenden Schutzbündler. Wer von den drei Männern den tödlichen Schuß abgegeben hatte, ließ sich, obwohl die meisten technischen Indizien auf Johann Pinter zu deuten schienen, weder von den damaligen Schießsachverständigen mit allerletzter Sicherheit feststellen, noch im nachhinein eindeutig rekonstruieren. Abgesehen von mehreren durch die Schrotladungen verletzten Menschen werden ein achtjähriges Kind, Josef Grössing, und Matthias Csmarits, ein vierzigjähriger Arbeiter und Kriegsinvalide des Ersten Weltkrieges, der selbst Mitglied des Republikanischen Schutzbundes ist, getötet. Unmittelbar nach diesen Ereignissen verlassen die Täter fluchtartig den Schauplatz und verstecken sich z. T. im nahegelegenen Ungarn. Schon die ersten Presseberichte lösen Protestkundgebungen in Wien und zahlreichen anderen Orten Ostösterreichs aus; die Arbeiter-Zeitung

---

der gegenüberliegenden Straßenseite. In Verbindung mit den Schießsachverständigengutachten und den verschiedenen Aussagen der Beschuldigten, von den ersten Einvernahmen am 31. Jänner in Mattersburg bis zum Ende des Gerichtsverfahrens in Wien am 14. Juli 1927 (vgl. u. a. Gerichtsakt: „Landesgericht für Strafsachen II., Wien, Vr. III 411/27") kann davon ausgegangen werden, daß die wahrscheinliche Ursache für das Abgeben von Schüssen vermutlich nicht in einer wie immer gearteten konkreten Tötungsabsicht der drei „Todesschützen" begründet lag, sondern in deren subjektiv empfundener Bedrohung. Dennoch hätten die Folgen der sorglosen Anwendung von Feuerwaffen in unmittelbarer Nähe einer Menschenmenge *zumindest* im Sinne einer Notwehrüberschreitung und grob fahrlässigen Tötung qualifiziert und verurteilt werden müssen. Vgl. Leser, N. u. Sailer-Wlasits, P. (Hrsg.): „1927 – Als die Republik brannte. Von Schattendorf bis Wien", S. 193 ff.

titelt verbalradikal präjudizierend: *„Von Frontkämpfern ermordet!"*

Die eigentliche Eskalation der Ereignisse von Schattendorf erfolgt erst Monate später, jedoch nicht in direkter Konsekution der Ereignisabfolge, sondern aufgrund des Freispruches in dem in Wien stattfindenden Prozeß vor einem Geschwornengericht gegen die drei Täter von Schattendorf.[6] Bereits am frühen Morgen des Folgetages, dem 15. Juli 1927, beginnen Protestkundgebungen und Spontanstreiks in Wien, ausgehend von den Wiener Elektrizitätswerken und anderen Betrieben. Der Parteivorstand der Sozialdemokratie, allen voran Otto Bauer, gibt trotz der prekären Lage keine klaren Anweisungen an die sich damit selbst überlassene aufgebrachte Basis, und Otto Bauer vermeidet es sogar, eine Abordnung der empörten sozialdemokratischen Basis zu empfangen. Insgesamt wird die Heftigkeit der Proteste unterschätzt, sowohl deren rasche quantitative Entwicklung über eine kritische Masse hinaus, als auch der Grad an Aufgeladenheit und die bereits angewachsene Gewaltbereitschaft. Selbst Julius Deutsch gibt in seiner Funktion als Obmann des Republikanischen Schutzbundes nicht den Einsatzbefehl an den Schutzbund, die Demonstrationszüge zu ordnen und zu kanalisieren. Erst als die Situation beginnt, außer Kontrolle zu geraten, fordert er für diesen Zweck unbewaffnete Polizeikontingente an. Immer mehr Demonstranten drängen von allen Richtungen in die Innenstadt Wiens, auf die Ringstraße und den Platz zwischen Parlament und Justizpalast, erste Zusammenstöße mit der Exekutive sind unvermeidlich.

---

[6] Die damalige Rechtslage die Geschwornengerichte betreffend erforderte eine Zweidrittelmehrheit der Geschwornen, die jedoch bei keiner der Schuldfragen des „Schattendorf-Prozesses" erreicht wurde, wodurch der Schwurgerichtshof den Freispruch aufgrund des Wahrspruches der Geschwornen verkünden *mußte*. Vgl. Dax, W.: „Der »Schattendorf-Prozeß« – rechtliche Grundlagen und Hintergründe", in Leser, N. u. Sailer-Wlasits, P. (Hrsg.): „1927 – Als die Republik brannte. Von Schattendorf bis Wien", S. 123–141.

Einige von der Polizei gegen die Demonstranten durchgeführte Reiterattacken lassen die Situation weiter eskalieren, da berittene Polizei im Einsatz gegen Zivilisten sofort Bilder aus der Zeit des erst kürzlich überwundenen feudalen Absolutismus wiedererstehen läßt. Schließlich wendet sich die Aggression der Masse gegen den Justizpalast, als Symbol der Justiz, deren Freispruch als Fehlurteil angesehen wird. Demonstranten dringen in den Justizpalast ein, Vandalismus und Brandstiftung folgen, die Feuerwehr wird von der Menschenmenge zunächst daran gehindert, einzugreifen. Polizeipräsident Johannes Schober erkennt, daß die Polizei nicht mehr Herr der Lage ist, und fordert Verstärkung durch das Bundesheer. Dieser Forderung wird jedoch nicht entsprochen, statt dessen werden Waffen des Bundesheeres an die Polizei verteilt. Die nachhaltige Behinderung der Feuerwehr durch die Demonstranten führt letztlich zu dem fatalen Schießbefehl Johannes Schobers an die Polizei. Neunundachtzig Tote, davon vier auf seiten der Polizei, und an die 2000 Verletzte lautet die tragische Bilanz des 15. Juli 1927. Große Teile des Justizpalastes brennen bis auf die Grundfesten nieder, der Brand vernichtet kostbare historische Akten und Archive, sogar die Verzichtserklärung Kaiser Karls aus dem Jahre 1918 verbrennt im Justizpalast. Erst am Abend des 16. Juli herrscht wieder weitestgehend Ruhe in Wien.

I. Das „*Linzer Programm*"[7] als kollektive Sprachpraxis

Die Lektüre des Parade-Parteiprogramms des Austromarxismus läßt jene Aspekte politischer Sprache hervortreten, die eine Eskalation des soziopolitischen Klimas

---

7 „Protokoll des sozialdemokratischen Parteitages 1926. Abgehalten in Linz vom 30. Oktober bis 3. November 1926", Wien 1926, nachfolgend zitiert als „Linzer Programm".

begünstigen und beschleunigen. Ideologischer Sprachgebrauch, rhetorische Sprachlenkung und identitätsstiftende Sprachregelung, mit allen positiven und negativen Konnotationen, werden in diesem Programm referentiell zum Zweck der eigenen Legitimation und zur Decouvrierung der Widersprüchlichkeit des politischen Gegners bzw. seines Stereotyps eingesetzt. Im Linzer Programm wird darüber hinaus auch noch die Krise der frühen parlamentarischen Demokratie in Österreich reflektiert und ein Klischee, eine Karikatur der Bourgeoisie entworfen. Drei Monate vor dem Zusammenstoß von Schattendorf findet in Linz, vom 30. Oktober bis zum 4. November 1926, der Parteitag der sozialdemokratischen Partei statt. Politische Rhetorik und Metaphorik führen zu jenen Verbalisierungstendenzen, die alle nicht zur Deeskalation beitragen, sondern die antagonistische Struktur des herrschenden politischen Diskurses mit performativem bzw. perlokutionärem Vokabular weiter verschärfen und den Boden für den gewalttätigen Zusammenprall von Macht und Ohnmacht am 15. Juli 1927 in der Art aufbereiten, daß nur noch der sprichwörtliche Funke hinzukommen muß, um die Katastrophe unabwendbar zu machen.

Die textuelle Organisation des Parteiprogramms entspricht bereits in seinen ersten drei Punkten der Form von These, Antithese und Synthese: Unter „*I. Der Kapitalismus*"[8] werden die kapitalistische Gesellschaftsordnung und ihre Dependenzstrukturen aufgezählt und einer Kritik unterzogen. Antithetisch dazu werden unter „*II. Der Klassenkampf*" jene gesellschaftspolitischen Verdienste des Sozialismus wertend aufgezählt, die gegen den Kapitalismus und die Bourgeoisie bereits durchgesetzt werden konnten. Dazu zählen der maßgebliche Einfluß auf den Gebieten der Gesetzgebung, der Verwaltung und des Arbeiterschutzes. Am Ende des Ab-

---

8 „Linzer Programm", S. 168 ff.

schnittes wird proklamiert, der Klassenkampf zwischen Kapital und Arbeit, zwischen Unterdrückung und Ausbeutung sei bis zur Erreichung einer neuen Gesellschaftsordnung weiterzuführen. Mittels Syllogismen wird rhetorisch auf die Synthese vorbereitet: *„III. Der Kampf um die Staatsmacht"*. Bereits diese deklarative Terminologie kann von christlichsozialer Seite als politische Handlungsanleitung im Sinne des Mobilisierungsbestrebens aufgefaßt werden: *„Die sozialdemokratische Arbeiterpartei erstrebt die Eroberung der Herrschaft in der demokratischen Republik, nicht um die Demokratie aufzuheben, sondern um sie in den Dienst der Arbeiterklasse zu stellen, den Staatsapparat den Bedürfnissen der Arbeiterklasse anzupassen und ihn als Machtmittel zu benützen, um dem Großkapital und dem Großgrundbesitz die in ihrem Eigentum konzentrierten Produktions- und Tauschmittel zu entreißen und sie in den Gemeinbesitz des ganzen Volkes zu überführen."*[9]

Zwar ist sowohl vor als auch nach dieser prekären Passage mehrfach die Rede von *„demokratischen Kampfmitteln"*, doch ist es nicht primär der *demokratische Kampf* um die Hegemonie, sondern das *Ergebnis* eines potentiellen Machtkampfes, welches den politischen Gegner beunruhigen muß. Denn das Bedeutungsäquivalent des Entreißens von Produktions- und Tauschmitteln auf der Basis von staatlich legitimierter Macht lautet schlicht Expropriation. Der an sich streng marxistische Ansatz wird nicht weiter vertieft, daher läßt das Parteiprogramm auch die Frage offen, wie die Gesellschaft zu dem enteigneten Privatbesitz gelangen könne, ohne gleichzeitig die Rolle eines Subjektes *über* den individuellen Subjekten des Volkes zu spielen. Die Formulierung, *„den Staatsapparat ... als Machtmittel zu benützen"*, irritiert auf einer perlokutionären Ebene auch zu sehr, als daß sie als bloße ästhetische Paraphrasierung

---

9 ebda.: S. 175

der Klassenkampfterminologie abgetan hätte werden können.

Im Parteitagsprotokoll sind die ursprünglichen Entwürfe und Formulierungen jener Passagen enthalten, welche die Diskussionsgrundlage für das Parteiprogramm bilden, jedoch nach Abschluß der Beratungen nur in abgeschwächter Form Eingang in das offizielle Schlußdokument finden. Einer dieser Entwürfe, ebenfalls zu Pkt. III gehörend, lautet: *„Die Bourgeoisie wird nicht freiwillig ihre Machtstellung räumen. Findet sie sich mit der ihr von der Arbeiterklasse aufgezwungenen demokratischen Republik ab, solange sie die Republik zu beherrschen vermag, so wird sie die demokratische Republik zu stürzen, eine monarchistische oder faschistische Diktatur aufzurichten versuchen, sobald das allgemeine Wahlrecht die Staatsmacht der Arbeiterklasse zu überantworten drohen oder schon überantwortet haben wird."* Und schließlich: *„Würde durch einen solchen Versuch der Bourgeoisie die Demokratie gesprengt, dann könnte die Arbeiterklasse die Staatsmacht nur noch im Bürgerkrieg erobern und in der Zeit des Bürgerkrieges nur mit den Mitteln der Diktatur ausüben."*[10] Die erste Auffälligkeit dieser Passage ist zunächst der syntaktische Wechsel der Person: Im Unterschied zu vorangehenden Abschnitten tritt hier die sozialdemokratische Partei nicht mehr in der ersten Person auf, sondern schiebt rhetorisch die dritte Person in Form der Arbeiterklasse in den Vordergrund. Damit wird insinuiert, daß nicht mehr die sozialdemokratische Partei selbst, sondern ein nicht näher bestimmbares überparteiliches Kollektiv, *die Arbeiterklasse*, spricht, agiert und die Verantwortung trägt. Rhetorisch sind dadurch sowohl die Partei als auch ihre führenden Exponenten aus der moralischen Letztverantwortung entlassen und haben mittels Autodispens die Verantwortung an die übergeordnete abstrakte In-

---

10 ebda.: S. 177

stanz der Arbeiterklasse delegiert.[11] Im *Linzer Programm* wird durch den syntaktischen Wechsel der Person auch die unmittelbare Verbindung von sozialdemokratischer Partei und Autorenschaft des Textes unterbrochen: Nicht die sozialdemokratische Partei erscheint explizit als potentieller Machtfaktor, sondern die Arbeiterklasse ist Trägerin der Handlung; nicht die sozialdemokratische Partei verschränkt sich mit der Staatsmacht, sondern die Arbeiterklasse. Die programmatische Verwendung von Vokabular im sprachlichen Umfeld der *Sprengung von Klassenstrukturen* ist *per se* als perlokutionäre Tendenz qualifizierbar. Selbst die gezielte Verwendungsweise der Bezeichnung *Arbeiterklasse*, als Begriff eine dialektische Negation der bürgerlichen Gesellschaft, ist trotz seiner Evokation von Solidarität nicht dazu geeignet, gesamtgesellschaftlich integrativ zu wirken, sondern betreibt im *Linzer Programm* Ausschließung.

Otto Bauer, der dominierende Redner des gesamten Parteitages,[12] definiert mit Hilfe von Kriegsmetaphern zunächst einige Prämissen des Klassenkampfes. Er spricht von der „*Prüfung des Kampfgeländes*"[13], vom „*Kampfboden*"[14], auf dem der Klassenkampf zu erfolgen habe, und beschwört die Einheit des Proletariats, das die Macht nur erringen könne, wenn die „*ganze Arbeiterklasse ein Heer in diesem Kampfe bildet*"[15]. Der Terminus *Kampf* ist in Otto Bauers Stellungnahme die bei weitem am häufigsten zu Anwendung gelangende Metapher für po-

---

11 Die rhetorische Operation des syntaktischen Wechsels der Person samt Delegation von Verantwortung ist keineswegs neu, wie die erfolgreichen päpstlichen Aufrufe zu den Kreuzzügen oder die Appelle der Führer totalitäre Regime zeigen.
12 Vgl. ebda.: S. 247 ff.; wie aus den Protokollen des Parteitages hervorgeht, wurde die Revision des Parteiprogrammes an allen Verhandlungstagen des Parteitages zunächst von Otto Bauer vorgenommen.
13 ebda.: S. 256
14 ebda.: S. 414
15 ebda.: S. 257

litische Ziele. Er setzt *Kampf* im Sinne einer rhetorisch-pathetischen Verstärkerfunktion ein, wenn er fragt: *"Wie ist nun der Kampf selbst zu führen, wie die Schlacht selber zu schlagen, mit welchen Mitteln der Gegner zu besiegen?"*[16] Das Übergewicht an agonalen und kriegerischen Termini ist in seiner politischen Diktion unübersehbar, die Metaphern reichen von der *"Mobilisierung der Parteimitglieder"* über *"Terraingewinne"*, *"politische Manöver"* bis hin zu *"Scheingefechten"*, *"verhärteten Fronten"* und schließlich *"Kapitulation"*. Bauer betont jedoch auch den defensiven Charakter der Anwendung von Gewalt; erst wenn die Demokratie – ohne diese näher zu bestimmen – ernsthaft in Gefahr und alle anderen Mittel ausgeschöpft seien, erst vor die Wahl gestellt, sich mit *"... Waffen zu verteidigen oder in völlige Knechtschaft zu fallen"*[17], sei der Weg der Gewalt legitim beschreitbar.

II. Ideologische Sprachlenkung und der Schlüsselbegriff "Diktatur"

Trotz vielfacher Klarstellungen und Beteuerungen, die ideologische Aufrüstung und die physische Kampfbereitschaft hätten lediglich defensiven Charakter und seien nur für *jenen* Extremfall gedacht, bei welchem trotz eines demokratisch zustande gekommenen Sieges der Sozialdemokraten die Christlichsozialen an der Macht festhalten sollten, bleibt der Vorwurf bestehen, daß der ostentative Gebrauch und die oftmalige Paraphrasierung martialischer Wendungen beim politischen Gegner weder als politisches Taktieren noch als sozialromantische Emphase verstanden wird, sondern bolschewistische Schreckensbilder einer Diktatur des Proletariats entste-

---

16 ebda.: S. 263
17 ebda.: S. 266

hen lassen. Derartige Stereotype werden in weiterer Folge nicht abgebaut, sondern festigen und verstärken sich: *„Demokratisch, solange wir können, Diktatur nur, wenn man uns zwingt und soweit man uns zwingt."*[18] Je stärker an die Entschlossenheit und Bereitschaft appelliert wird, Gewalt nur als Defensivmittel anzuwenden, je öfter die Drohung implizit mitschwingt, daß der Gegner in einem einzigen Akt der Selbstverteidigung vernichtend geschlagen werden könnte, desto eher trägt diese emotive Terminologie zur Herausbildung und Unterstützung gesamtgesellschaftlicher Antagonismen bei, die sich, auf die Probe gestellt, oft nur noch durch explosive, sthenischen Affekten gleichenden Entladungen bürgerkriegsähnlichen Charakters auflösen lassen. Mit Elias Canetti kann daher fragend formuliert werden: *„Es wäre auch dazu zu sagen, daß es durch Worte, bewußt und immer wieder eingesetzte mißbrauchte Worte zu dieser Situation gekommen ist, in der Krieg unvermeidlich wurde. Wenn durch Worte soviel auszurichten ist – warum läßt es sich nicht durch Worte verhindern?"*[19] Otto Bauer seinerseits verkennt die politische Sprengkraft der Worte, wenn er im Hinblick auf terminologische Präzision abschätzig formuliert: *„Nun gestehe ich, daß ich nicht gern Streitigkeiten um Terminologien führe. So wichtig der Streit um die Sache ist, um die Ausdrucksweise ist er weniger wichtig."*[20] Weitaus weniger unbemerkt bleiben Verbalradikalismen jedenfalls bei den mit sprachlichen Nuancierungen vertrauten Schriftstellern, so notiert etwa Arthur Schnitzler 1927 in sein Tagebuch: *„Ich lese noch im Hildebrandt, Immermann und Melville ... – nicht nach Gebühr erschüttert – aber immer*

---

18 Ebda.: S. 272; aufgrund dieser und weiterer ähnlich lautender Formulierungen ortete die Kommunistische Partei im Linzer Programm eine politische Positionierung aus Schwäche und revisionistischen Verrat am Sozialismus.
19 Canetti, E.: „Das Gewissen der Worte", S. 275
20 Linzer Programm: S. 269

wieder einmal angeekelt von den Hetzpolitikern »hüben« und »drüben«."[21]

Die inhaltliche Diskussion um den Begriff der Diktatur und darüber, ob und welchen Stellenwert er im Linzer Programm innehaben soll, ist ein weiteres Beispiel dafür, wie mit der *Radikalisierung* der Worte – im Sinne der ideologischen Rückführung zu deren marxistischen Wurzeln sowie deren Auslegung und Praxis im Bolschewismus – nachhaltig und langfristig politische Unsicherheit generiert wird. Der Begriff der Diktatur findet letzten Endes doch substantiell Eingang in das Parteiprogramm, obwohl er nicht klar genug beschrieben und abgegrenzt wird, sondern die gesamte Debatte eher nur aufgrund eines politisch-taktischen Kompromisses übersteht. Die Delegierten einigen sich weder auf einen Ersatzbegriff, obwohl ein solcher von Friedrich Adler mit dem zumindest tendenziell entschärfenden Terminus *„Klassenherrschaft des Proletariats"* in die Diskussion eingebracht wird, noch auf die Einschränkung seiner Bedeutungsvielfalt, sondern lassen den politischen Terminus *Diktatur*, trotz seiner enormen Heterogenität und trotz der politischen und sprachlichen Praxis im Kontext der bolschewistischen Revolution, unverändert bestehen. Zwar bemühen sich die verschiedenen Redner, von Otto Bauer über Karl Renner bis Max Adler, in ihren Anträgen und Wortmeldungen redlich darum, terminologische Klarheit zu schaffen, doch die Vielfalt der Aspekte, die in diesem Begriff zwangsläufig mitgedacht werden, wird von keiner der maßgeblichen Persönlichkeiten semantisch verringert; denn die semantische Reduktion soll nicht erfolgen, vermutlich aus politisch-taktischen Erwägungen, um nach außen und dem politischen Gegner gegenüber keine Schwäche zu zeigen. Doch gerade diese vermeintliche Stärke der geschlosse-

---

21 Schnitzler, A.: „Tagebuch 1927–1930", Eintrag v. 15. Juli 1927, S. 66

nen ideologischen Position bietet die eigentliche Angriffsfläche und trägt im Laufe der folgenden Jahre als programmatische Referenz entscheidend zur Verschärfung des politischen Klimas bei. *"Jede Machtrhetorik steckt somit in dem Dilemma, Macht zeigen zu müssen und doch besser nicht zu zeigen. Beim Nichtzeigen droht die Macht zu verfallen, beim Zeigen droht sie Gegenmacht zu provozieren und ihr unterstelltes, lautloses Funktionieren zu stören."*[22]

Um die verbalradikale Tendenz – zeitlich *vor* dem Eintreten des Illokutionären und des Perlokutionären – in der Debatte des Parteitages von 1926 terminologisch festzumachen, sollen einige der Teilaspekte des Begriffsfeldes Diktatur einander gegenübergestellt werden, um zu zeigen, welche Attribute dem Begriff Diktatur quasimetaphorisch beigestellt werden. Während des Linzer Parteitages steht primär zur Diskussion, in welcher Hinsicht die Diktatur im Sinne von Marx und Engels als zusammengesetzter Begriff der *Diktatur des Proletariats* zu denken sei und nicht als kontextuell losgelöster Terminus der Gewaltherrschaft mißverstanden werden dürfe.[23] Die Diktatur des Proletariats stellt eine innerhalb der demokratischen Gesellschaftsordnung ausgeübte Hegemonie des Proletariats dar, wobei die Demokratie die Funktion des Überganges von der kapitalistischen zu klassenlosen Gesellschaft ausüben *kann* und daher aus marxistischer Perspektive die Begriffe von Demokratie und Diktatur nicht diametral entgegengesetzt sind.[24] Die politische Demokratie im Sinne der Rechts-

---

22 Bardmann, T. M.: „Rhetorik als Irritation der Politik: Niklas Luhmann", in Kopperschmidt, J. (Hrsg.): „Politik und Rhetorik", S. 249
23 vgl. Linzer Programm: S. 259 ff.
24 Auch wenn in den MEW (Marx-Engels-Werken) Textstellen zu finden sind, die auf Aspekte der Diktatur bezug nehmen, wie etwa ein gewaltsamer revolutionärer Prozeß, in dessen Verlauf demokratische Prinzipien evtl. mißachtet und verletzt werden könnten, ist der weitaus überwiegende Teil der MEW davon geprägt,

gleichheit ihrer Bürger wird sowohl von Max Adler als auch von Otto Bauer wiederholt nur als Zwischenstadium auf dem Weg zur sozialen Demokratie gewertet, als günstiger Kampfboden zur Überwindung und Beseitigung der Klassenherrschaft der Bourgeoisie.[25]

Die *Diktatur des Proletariats* beinhaltet als Begriff jedoch wesentlich mehr als die Zustandsbeschreibung einer konstanten Ausübung von Herrschaft, denn sie erscheint zunächst nicht dynamisch, sondern statisch zu sein. Sie suggeriert einen statischen, schwerfälligen Zustand der Hegemonie nach dem Ergreifen der Macht, mit dominierenden verwaltungsstaatlichen und totalitären Elementen. Im Begriff der *Diktatur des Proletariats* wird darüber hinaus der zur Erlangung der Macht notwendige revolutionäre Prozeß, sei er nun friedlich oder gewaltsam, stets mitgedacht. Dieser Verlauf ist daher im statischen Begriff der *Diktatur des Proletariats* impliziert, als gehöre er zur *Geschichte* dieses Begriffes, denn es stellt die *Diktatur des Proletariats* ein systemisches, zeitlich begrenztes Übergangsstadium von der kapitalistischen zur sozialistischen bzw. klassenlosen Gesellschaftsform dar. Die Diktatur des Proletariats trägt somit trotz ihres grundsätzlich statischen Charakters zwei dynamische Komponenten in sich: zum einen jene des zu Ende gelangten Prozesses der Machtergreifung, *ex post* betrachtet der Macht als *faktische Relation*, zum anderen eine *transitorische Komponente*, die das Übergangsstadium zum Sozialismus bezeichnet. Vom revolutionären Wort in den rhetorischen Bann geschlagen, argumentiert und empfiehlt auch Max Adler, den Terminus Diktatur im marxistischen Sinne im Parteiprogramm

---

daß die Diktatur des Proletariats zum einen ein zeitlich begrenztes Übergangsstadium auf dem Weg zur klassenlosen Gesellschaft darstellt und zum anderen, als konstitutiver Teil innerhalb einer demokratischen Republik wirkend, Hegemonie ausübt.
25 vgl. Linzer Programm: S. 310 f. und S. 414 f.

beizubehalten,[26] obwohl der Begriff der Diktatur zu diesem Zeitpunkt bereits seit einem Jahrzehnt immer weniger mit dem wissenschaftlich-marxistischen Begriff der Diktatur des Proletariats, sondern immer stärker mit der bolschewistischen Praxis der Diktatur konnotiert ist. Die Empfehlung, marxistische Terminologie beizubehalten, wie dies Max Adler mit dem Argument historisch-politischer Verpflichtung rät, wird von Karl Renner mit dem konsequent materialistischen Hinweis quittiert, die jüngste Geschichte Europas habe gezeigt, daß nicht theoretische Begriffe als politische Handlungsvoraussetzung angenommen würden, sondern umgekehrt die theoretischen Begriffe nach der fortschreitenden Praxis zu gestalten seien.[27] Renners pragmatische Argumentation zielt darauf ab, nach Möglichkeit die meisten Fehlinterpretationen hintanzuhalten und in der täglichen politischen Praxis mit wenig Erklärungsbedarf konfrontiert zu sein. Sein bonmothaft, fast polemisch an Max Adler gerichteter Hinweis, die österreichischen Sozialdemokraten hätten offenbar alles an der Demokratie erobert, nur nicht deren Begriff,[28] zeigt einmal mehr das sprachliche Dilemma des Parteiprogrammes vis-à-vis der österreichischen Arbeiterschaft als dessen Adressat: Um den linken Flügel der Partei und der Parteiführung zu integrieren, versucht man erst gar nicht, sich vom marxistischen Vokabular allzusehr zu emanzipieren und auch aus politisch-taktischen Gründen behält man das Vokabular bei, in der fälschlichen Annahme, daß eine *qua* Terminologie zur Schau gestellte ideologische Ge-

---

26 „*Die Diktatur des Proletariats wächst aus der Demokratie heraus, sie baut sich auf der Demokratie auf, weil die politische Demokratie immer Diktatur ist ... ich sehe gar nicht ein, daß wir auf die Kontinuität der marxistischen Tradition verzichten sollen, weil die Bolschewiki einen schlechten Gebrauch von diesem Worte gemacht haben.*" Wortmeldung von Max Adler, ebda.: S. 291.
27 vgl. die Wortmeldung von Karl Renner, ebda.: S. 295 ff.
28 ebda.: S. 295

schlossenheit dem bürgerlichen Lager Respekt abverlange. Daß das Versäumnis seitens der Sozialdemokratie, verbale Deeskalation zu betreiben, auch dazu führt, daß die Gesprächsbereitschaft auf christlichsozialer Seite tendenziell abnimmt und gleichzeitig die Unsicherheit der Christlichsozialen hinsichtlich der politischen Paktfähigkeit der Sozialdemokraten zunimmt, sind Nebeneffekte, die man nicht zu mildern versucht, sondern gerne als politische Rute im Fenster behält. Daß einige Delegierte, unter ihnen Karl Renner, die unmittelbare Wirkung des Verbalradikalismus prinzipiell erkennen, seine langfristige Auswirkung auf die Qualität des politischen Diskurses jedoch bagatellisieren, zeigt Renners Wortmeldung: *„Die Bourgeoisie hat ein Gruseln überlaufen, wie sie gelesen haben, »Eroberung der Macht«."*[29] Auch wenn in drei Punkten beispielhaft angeführt wird,[30] unter welchen Bedingungen sich die Arbeiterklasse gezwungen, aber auch legitimiert sähe, *„... den Widerstand der Bourgeoisie mit den Mitteln der Diktatur zu brechen ..."*[31], können diese Punkte auch als willkürliche, dem freien Ermessen preisgegebene und je nach Opportunität einzusetzende Mittel der Machtergreifung revolutionären Zuschnitts interpretiert werden.

Auch der Zusammenstoß zwischen Frontkämpfern und Republikanischem Schutzbund in Schattendorf am 30. Jänner 1927 wird trotz vorliegender Sachverhaltsdarstellung der Gendarmerie verbal verzerrt und politisch instrumentalisiert, wie die emotionale Stellungnahme Bauers zum Thema Schattendorf in seiner Rede im Nationalrat vom 3. März 1927 zeigt: *„Es ist nicht nur hier erwiesen worden, sondern es ist der Regierung aus sämt-*

---

29   ebda.: S. 297
30   Anm.: Diese drei Punkte lauten: *„... durch planmäßige Unterbindung des Wirtschaftslebens, durch gewaltsame Auflehnung, durch Verschwörung mit ausländischen gegenrevolutionären Mächten ..."*, ebda.: S. 411
31   ebda.: S. 411

lichen Mitteilungen bekannt, daß die Banden, die den Mord von Schattendorf auf dem Gewissen haben, Organe des Hochverrats sind, daß das im Burgenland Leute sind, die burgenländische Filiale der Levente, der ungarischen irredentistischen militärischen Organisation, darstellen, und es ist der Regierung bekannt, daß diese Banden dort einen ruchlosen Mord begangen haben." Und Bauer fährt fort: *"Wir haben verlangt, daß man gegen diese Mordorganisation einschreite, wir haben verlangt, daß man gegen diese Gesellschaft die Bestimmungen des Gesetzes anwende, daß man diese Vorbereitung einer hochverräterischen Aktion ... gegen die Republik nicht dulde. Die Regierung hat nichts getan. Schützend hat der Herr Bundeskanzler seine Hand über die Hochverräter und Mörder vom Burgenlande gehalten."*[32] Das verwendete Vokabular *Banden* und *ruchloser Mord* sowie der direkte Konnex zu Bundeskanzler Seipel, was dessen politische Verantwortung anbelangt, kann der Wahlkampfstimmung für die bevorstehenden Nationalratswahlen am 24. April 1927 zugeschrieben werden. Doch die krasse Amplifikation, *hochverräterische Aktion gegen die Republik* im Kontext *ungarischer irredentistischer Organisationen*, kann und soll von den Abgeordneten im Plenum auch im Sinne des Linzer Programms aufgefaßt werden, wonach die Arbeiterklasse legitimiert sei, *"... den Widerstand der Bourgeoisie mit Mitteln der Diktatur zu brechen ..."*, sofern sich die Bourgeoisie der gesellschaftlichen Umwälzung durch die Arbeiterklasse mit Hilfe einer *"... Verschwörung mit ausländischen gegenrevolutionären Mächten ..."*[33] entgegenstellt. Vermutlich ist Bauer klar, daß er dem Geist

---

32 „Stenographisches Protokoll. 182. Sitzung des Nationalrates der Republik Österreich", 03. März 1927, S. 4598, in: „Stenographische Protokolle über die Sitzungen des Nationalrates (II. Gesetzgebungsperiode) der Republik Österreich 1926 bis 1927", Bd. IV, Wien 1927
33 Linzer Programm: S. 176

des Linzer Programms damit Gewalt antut, indem er aus einem peripheren Ereignis wie Schattendorf einen die Republik bedrohenden Tatbestand zu konstruieren versucht, doch für assertorische politische Rhetorik auf parlamentarischer Ebene reicht der an den Haaren herbeigezogene Vergleich der Schattendorfer Ereignisse mit Hochverrat jedenfalls aus, um sich nahtlos als weiterer Stein in das Mosaik politischer Polarisierung einzugliedern.

III. Das „Zentralorgan": epideiktische Metapher ohne Verantwortung?

Die Arbeiter-Zeitung, im Untertitel mit dem bedeutungsschweren, metaphorischen Zusatz „Zentralorgan" ausgestattet, welches die Assoziation einer gebündelten Stimme des Proletariats hervorrufen soll, spielt zwischen Jänner und Juli 1927 eine wichtige, ja sogar entscheidende Rolle: als textueller Ausdruck des politischen Willens der Arbeiterschaft, als Perzeptionshilfe soziopolitischer Realität und als unterstützendes direktes Kommunikations- und Organisationsmedium des Parteivorstandes. Ob die polarisierende politische Sprache in den Massenmedien und im Parlament das politische Klima in jedem Fall, also auch ohne Schattendorf und das Fehlurteil im nachfolgenden Prozeß, zu einer dem 15. Juli gleichenden Katastrophe verschärft hätte, oder ob dies durch mäßigende Worte zu verhindern oder in einen harmloseren Konflikt umlenkbar gewesen wäre, ist nicht entscheidbar. Nachdem sich der Urteilsspruch des Schattendorf-Prozesses in den Abendstunden des 14. Juli wie ein Lauffeuer durch die Arbeiterbezirke verbreitet und in Ermangelung klarer, rechtzeitiger Handlungsanweisungen des sozialdemokratischen Parteivorstandes für seine Basis in den Wiener Betrieben und im Republikanischen Schutzbund, spielt die Arbeiter-Zeitung mit ihrem Leitartikel am Morgen des 15. Juli 1927 die zeitlich erste wesentliche Verstärker- bzw. Auslöserrolle für die nachfolgenden Eskalationen, zeitlich noch weit vor dem fatalen Schießbefehl an die Polizei.

Isoliert betrachtet und ohne inhaltlichen Konnex zum Linzer Programm, bei dessen Diskussion sich auch Friedrich Austerlitz[34] mehrfach zu Wort gemeldet hatte, wäre sein Leitartikel am Morgen des 15. Juli in der Arbeiter-Zeitung wohl anders zu lesen und zu verstehen gewesen. Der Tenor seines Artikels stellt *keine* fundamentale Kritik an der Schwurgerichtsbarkeit *an sich* dar, deren Befürworter Austerlitz seit Jahren ist; der Artikel ist durchsetzt von generalisierenden Tiraden auf die Geschworenen selbst, denen jegliches Rechtsempfinden und -handeln abgesprochen wird, *„... die eidbrüchigen Gesellen auf der Geschworenenbank ... die sich über Recht und Gerechtigkeit so frech hinwegsetzen ... sind keine Geschworenen, sind ehrlose Gesetzbrecher ..."*, gefolgt von Angriffen auf die Gerichtsbarkeit samt Unterstellungen von Parteilichkeit: *„Diese feine Justiz wird es sich vielleicht als eine besondere Pflichterfüllung anrechnen, daß gegen die Schattendorfer Mörder die Anklage erhoben worden ist, und mit Stolz auf ihre Unbeugsamkeit darauf hinweisen, daß sogar Frontkämpfer, Angehörige also der gehätschelten Leibgarde der Regierungsparteien, angeklagt werden, wenn sie Menschenblut vergießen, selbst dann angeklagt werden, wenn die von ihnen Erschossenen Sozialdemokraten sind."*[35] Es folgt die

---

34 Friedrich Austerlitz war sozialdemokratischer Nationalratsabgeordneter, Mitglied des Parteivorstandes, Chefredakteur der Arbeiter-Zeitung und als solcher auch einflußreicher Befürworter der Schwurgerichtsbarkeit, die als bedeutende sozialdemokratische Errungenschaft im Bereich des Justizwesens Österreichs galt.
35 Austerlitz, F.: „Die Mörder von Schattendorf freigesprochen!", Leitartikel der „Arbeiter-Zeitung, Zentralorgan der Sozialdemokratie Deutschösterreichs", Ausgabe vom 15. Juli 1927, S. 1 f.

nicht minder harsche Kritik an der tendenziösen Berichterstattung von *Reichspost* und *Neue Freie Presse*, die als Sprachrohre des bürgerlichen Lagers[36] ein qualitativ wie quantitativ durchaus vergleichbares Maß an Verzerrung in ihrer Verteidigung der Frontkämpfer aufweisen, wie die Arbeiter-Zeitung dies mit umgekehrten Vorzeichen in ihren Anklagen tut: *„Was aber noch zu leisten war, das hat die Regierung durch ihre Zeitungen besorgt; denn an der infamen Hetze der zwei Regierungsblätter ... ist die Regierung geradezu unmittelbar mitschuldig. Diese Hetze war sorgsam vorbereitet, planmäßig angelegt. Zuerst wurde der Verhandlungsbericht geradezu teuflisch gefälscht ..."*[37]

Die entscheidende und in die Geschichte Österreichs eingegangene Passage ist der Schlußparagraph des Leitartikels, der an dieser Stelle einer neuerlichen Lektüre unterzogen werden soll: *„Denn wenn die Arbeiter erkennen müßten, daß es für sie in dieser kapitalistischen Ordnung keine Gerechtigkeit gibt, daß die Justiz zur Komödie herabsinkt, wenn ein den arbeitenden Menschen zugefügtes Unrecht zu sühnen ist, dann wird der Glaube an diese Gerechtigkeit vernichtet und das Vertrauen zu ihr verschüttet."* Friedrich Austerlitz fährt fort

---

36 Als Pendant zur *Arbeiter-Zeitung* hat in erster Linie die *Reichspost* die Rolle des Sprachrohres der christlichsozialen Partei inne. Ihre Artikel und Schlagzeilen weisen ähnliche verbale Kompromißferne auf wie jene der Arbeiter-Zeitung. So lauten beispielsweise einige ihrer Schlagzeilen, Titel und Untertitel in bezug auf den Entwurf des Linzer Programms: *„Der Köder für die Dreihunderttausend"* und *„Bei den Bolschewiken in die Schule gegangen – offizielle Radikalisierung"* (Reichspost, 9. Aug. 1926) oder, nach dem Zusammenstoß in Schattendorf: *„Ein Lügenüberfall"* und *„Erfolge der Hetzlügen"* (Reichspost, 31. Jän. 1927); und schließlich, nach dem Fehlurteil im Juli-Prozeß, der verhöhnende verbalradikale Schlag in das Gesicht der Arbeiterschaft: *„Ein klares Urteil"* (Reichspost, 15. Juli 1927).
37 Austerlitz, F.: „Die Mörder von Schattendorf freigesprochen!", Arbeiter-Zeitung, 15. Juli 1927, S. 2

und schließt: *"Denn die Versagung der Gerechtigkeit ist das Schlimmste, was den arbeitenden Menschen angetan werden kann, und wenn sie das einmal erkennen und ihr Bewußtsein von dieser niederdrückenden Tatsache erfüllt wird, so ist es um die Rechtsordnung geschehen. Die bürgerliche Welt warnt immerzu vor dem Bürgerkrieg; aber ist diese glatte, diese aufreizende Freisprechung von Menschen, die Arbeiter getötet haben, weil sie Arbeiter getötet haben, nicht schon selbst der Bürgerkrieg? Wir warnen sie alle, denn aus einer Aussaat von Unrecht, wie es gestern geschehen ist, kann nur schweres Unheil entstehen."*[38] Im gesamten Artikel suggeriert Austerlitz, der Wahrspruch der Geschworenen habe ein krasses Fehlurteil nach sich gezogen, die österreichische Gerichtsbarkeit habe letztlich ein politisches Urteil gefällt, und die mediale Hetze gegen die Sozialdemokratie im allgemeinen und den Republikanischen Schutzbund im besonderen sei von der Regierung nicht nur gebilligt, sondern sogar massiv unterstützt worden. In diesem Kontext wird konjunktivisch – *"wenn die Arbeiter erkennen müßten"* – die Bedingung dessen formuliert, wovon bereits *expressis verbis* im gesamten Artikel die Rede ist, nämlich, *"daß es für sie ... keine Gerechtigkeit gibt"*. In demselben Satz wird dieser beinahe zur Frage werdenden rhetorischen Bedingung auch gleich eine Antwort beigestellt und als unabänderliche Faktizität präsupponiert: *"... dann wird der Glaube an diese Gerechtigkeit vernichtet und das Vertrauen zu ihr verschüttet."* Gleich danach folgt der Wechsel von der konkreten, situativen Ebene der betroffenen Arbeiterschaft auf die abstrakte, quasi-normative Ebene des subjektiven Rechtsempfindens: *"... die Versagung der Gerechtigkeit ist das Schlimmste, was den arbeitenden Menschen angetan werden kann ..."*, wobei der Grund der Einschränkung auf die *arbeitenden* Menschen nicht als sachlich

---

38 ebda.: S. 2

kontextualisierte Begründung, sondern als paraphrasierende Verstärkerfunktion formuliert ist.

Seine Drohung mit Peripetie vollzieht der Artikel durch die Vorwegnahme der Konsequenz: „... *so ist es um die Rechtsordnung geschehen*", die, sobald die betroffene Arbeiterklasse das Versagen von Gerechtigkeit nur vollends erkannt hätte, nicht mehr vermeidbar wäre. Im Folgesatz wird, basierend auf dieser als potentiell erschüttert vorzustellenden Rechtsordnung, mittels rhetorischer Frage eine verhängnisvolle Gleichstellung von Freispruch und Bürgerkrieg vorgenommen: „... *aber ist diese ... Freisprechung ... nicht schon selbst der Bürgerkrieg?*" Hier tritt erstmals eine frappierende Assoziation zu dem im Linzer Programm beschlossenen Punkt „*III. Der Kampf um die Staatsmacht*" offen und unmittelbar zutage. Mit dem rhetorisch insinuierten Äquivalent von Freispruch und Bürgerkrieg wird ein geradezu explosiver sozialistischer Reflex ausgelöst, nämlich daß der bürgerkriegsäquivalente Freispruch bereits als Vorbote einer gewaltsamen Gegenrevolution der Bourgeoisie gewertet werden könne. Es beginnen daher die im Linzer Programm festgeschriebenen Bedingungen, unter welchen der Widerstand der Bourgeoisie mit Mitteln der Diktatur zu brechen sei, sprachlich an Relevanz zu gewinnen. Im Sinne der unmittelbaren verbalen Handlungsanleitung verläuft die Führung des Gedankens vom Stereotyp des Frontkämpfers als Typus des Täters schlechthin, über die Verschwörung der Justiz gegen die Arbeiterklasse, direkt zu einer im Sinne Max Webers[39] idealtypischen Rettung der Demokratie durch die Arbeiterschaft, die sich nun legitimiert und aufgefordert sieht, wie im Linzer Programm angekündigt, als äußerstes Mittel die Defensivgewalt anzuwenden. Im letzten Satz des Leitartikels wechselt die sprachliche Ebene er-

---

39 vgl. Weber, M.: „Gesammelte Aufsätze zur Wissenschaftslehre", S. 190 ff.

neut zum inkludierenden *Wir*, das bereits ein *Wir der Masse* im canettischen Sinne ist, und zwar in Form einer pathetischen Warnung, in der sich Autor und Adressat des Textes verbünden, um die zweite, noch unheilvollere Schlußfolgerung zu ziehen und eine Einschränkung der Handlungsalternativen zu konstruieren: *„Wir warnen sie alle, denn aus einer Aussaat von Unrecht ... kann nur schweres Unheil entstehen."*[40]

IV. HERMENEUTISCHE DIVERGENZ: DIE BEWERTUNG DES 15. JULI 1927

Die Katastrophe des 15. Juli erschüttert alle politischen Kräfte des Landes, auch über die Grenzen Österreichs hinaus wird das politische Beben registriert. Bundeskanzler Prälat Seipel hält am 26. Juli im Nationalrat eine für einen Professor der Moraltheologie, trotz allgemeiner Formulierungen von Betroffenheit, distanziert wirkende Rede[41] und verwendet als Substitution für die Ereignisse des 15. Juli folgende Begriffe, Metaphern und wertende Beschreibungen: *„... blutige Wirren ... verwundete Republik ... gefährliche Bewegung ... Unruhen ... Bewegung, aus der mehr als eine bloße Demonstration wurde ... Ausschreitungen ... nicht nur demonstrierende, sondern plündernde, brandstiftende, tätlich*

---

40 Die Argumentation führte zu weit, leitete man alleine aus dem Leitartikel der Arbeiter-Zeitung die Eskalation des 15. Juli ab, doch es spricht vieles dafür, daß die wirkungspsychologische Relevanz einer programmatischen Festlegung in Kombination mit massenmedial verstärkter Rhetorik emotional potenzierend wirkt und als sprichwörtlicher Funke das Pulverfaß zur Explosion brachte.

41 Rede von Bundeskanzler Ignaz Seipel, gehalten in der Sondersitzung des Österreichischen Nationalrates, am 26. Juli 1927; vgl.: „Stenographische Protokolle über die Sitzungen des Nationalrates (III. Gesetzgebungsperiode) der Republik Österreich 1927 bis 1928", Bd. I, S. 129 ff., Wien 1928.

vorgehende Massen ... wir waren nahe daran, von der Revolte in die Revolution hineinzukommen." Während Beschreibungen wie *gefährliche Bewegung, Unruhen, Ausschreitungen, mehr als eine bloße Demonstration* sich, dem Tatbestand entsprechend, sachlich nachvollziehbar und neutral auf die Schilderung der Dynamik der Ereignisse beziehen, fällt die Bezeichnung *blutige Wirren* aus dieser neutralen Wortwahl heraus: *Blutige Wirren* ist ein zusammengesetzter Terminus, der üblicherweise zur historischen Darstellung schwerer, langanhaltender, kriegs- und bürgerkriegsartiger Konflikte verwendet wird, so beispielsweise um die *blutigen Wirren* der mittelalterlichen Bauernkriege zu charakterisieren. Die rhetorische Intention Seipels ist es offenbar, beim Zuhörer eine gedankliche Verbindung zwischen dem 15. Juli 1927 und einer bürgerkriegsartigen, aufständischen und anarchischen Situation zu evozieren; aufgrund der zeitlichen Nähe soll aller Wahrscheinlichkeit nach die Assoziation *blutigen Wirren – Oktoberrevolution* bewirkt werden. Unter dieser Voraussetzung kann auch den Demonstranten, ohne narrativen Bruch, pauschal unterstellt werden, „*... nicht nur demonstrierende, sondern plündernde, brandstiftende, tätlich vorgehende Massen ...*" darzustellen. Damit werden Eigenschaften von Extremfällen, die sich weit außerhalb der Rechtsordnung bewegen, ohne zu differenzieren allen beteiligten Demonstranten attestiert. Bundeskanzler Seipel sucht die Schuld an der Eskalation primär bei Bürgermeister Seitz: Dieser habe strategisch falsch gehandelt, da er keine Militärassistenz zur Kalmierung der Lage anforderte, sondern persönlich und mit physischem Einsatz versuchte, zur Deeskalation beizutragen, und Seipel sucht die Schuld auch bei der sozialdemokratischen Opposition aufgrund deren Ausrufung des Verkehrsstreiks. Assertorisch ist auch Seipels Würdigung des Polizeieinsatzes, indem er sich nur auf die verletzten Polizisten bezieht und mit den Worten „*... da wird man* *wohl sagen können, daß diese Männer ihre Pflicht erfüllt haben. Gott sei Dank, Sie haben ihre Pflicht erfüllt ..."*,[42] rhetorisch sowohl über alle ordnenden Eingriffe wie über alle Überschreitungen der Exekutive den gleichen Mantel rechtsstaatlich-moralischer Pflichterfüllung ausbreitet. Auffällig ist schließlich die passivierte Metapher *verwundete Republik*: Beinahe poetisch umfaßt das Wort *verwundet* den bedauernswerten Gesamtzustand wie nach einem Schicksalsschlag. *Verwundung* in diesem Kontext fragt nicht nach den Effekten von *Hate-Speech*[43], nach Schuld oder soziopolitischer Spannung, die stark genug wäre, eine Gesellschaft zu spalten, *Verwundung* evoziert Trauer, Betroffenheit und Mitgefühl und führt den Gedanken direkt von der Verletzung zur Genesung. Damit steht das politische Aufarbeiten der *Verwundung* nicht mehr zur Debatte, sondern nur noch das Schließen der Wunden, ein vermeintlich Sanftmut und Güte ausstrahlender Vorgang, als verbalradikaler Sprechakt der Versöhnung.

Wie nicht anders zu erwarten, wird die Rede von Bundeskanzler Seipel seitens der Sozialdemokratie als pharisäerhafter Beilegungsversuch rigoros abgelehnt. Der Christlichsozialen Partei wird verbal die Rolle des Agens zugeschrieben, wie Otto Bauer unmittelbar nach der Stellungnahme Ignaz Seipels in einer Rede klarlegt. Anders als seine Wortmeldungen in den Monaten zwischen Jänner und Juli 1927 ist Bauers Rede eine trotz schwerster Betroffenheit pointierte, jedoch sachliche Anklage an die Regierung. Sein Sprachduktus ist deklarierend, einige Inhalte werden nicht narrativ überbracht, sondern geradezu rituell verkündet. Besonderes Augenmerk legt seine Rede auf die Gegenüberstellung der Methoden, mit welchen einer spontan agierenden Masse entgegenzutreten gewesen wäre, und auch auf die Frage,

---

42 ebda.: S. 131
43 vgl. Butler, J.: „Haß spricht. Zur Politik des Performativen", S. 13 ff.

warum einer Methode der Niederschlagung mittels Gewalt die Methode der Kalmierung mittels moralischen Appells und gleichzeitigen Einwirkens durch sozialdemokratische Funktionäre, unterstützt durch den Republikanischen Schutzbund, vorzuziehen gewesen wäre. Auch von dieser Rede seien jene Substitutionen genannt, die Bauer zur Darstellung des 15. Juli aus sozialdemokratischer Sicht verwendet: *„Ereignisse, die wir schaudernd erlebt haben ... Unglück ... ungeheure Katastrophe ... spontane Demonstration ... Schießen, das ist jetzt populär, auf Staatsbürger schießen, das erweckt jetzt Gefühle der Dankbarkeit ... immer wieder waren vor Gericht nicht die Mörder die Schuldigen, sondern die Ermordeten ... wilder Ausbruch der Empörung ... wilderregte Menge ... wilderregte Massen ... spontane Demonstration ... man hat unbewaffnete Menschen ganz einfach überfallen ... wir Wiener haben erlebt, was wirklich Terror ist ..."*[44]

Im Gegensatz zur Rede Ignaz Seipels dominieren in Otto Bauers Beschreibung des 15. Juli Begriffe der Aktivität: Die Erregung der Masse wird zu *dem* Legitimationsargument schlechthin stilisiert, die Dynamik der Demonstrationszüge und deren Tragweite werden rhetorisch bagatellisiert. Mit dem Bild der Reiterattacken als Symbol der Monarchie entwirft Bauer Bilder des Feldzuges gegen Unschuldige: *„... einige kleinere Zusammenstöße ... ohne Belang, wirklich Kleinigkeiten ... plötzlich Berittene auf der Ringstraße ... aus der Erregung, die sich nach den Reiterattacken entwickelt hat, entstanden dann die Dinge beim Justizpalast ..."*[45] Bauer argumentiert, daß gerade in jenem Moment, als mit Hil-

---

44 Rede von Otto Bauer, gehalten in der Sondersitzung des Österreichischen Nationalrates, 26. Juli 1927; vgl.: „Stenographische Protokolle über die Sitzungen des Nationalrates (III. Gesetzgebungsperiode) der Republik Österreich 1927 bis 1928", Bd. I, S. 133 ff., Wien 1928.
45 ebda.: S. 137 f.

fe des Schutzbundes den Löschfahrzeugen der Weg zum Justizpalast gebahnt worden sei, die ersten Gewehrsalven der Polizei fielen, und erst dies die Eskalation mit Todesfolgen nach sich gezogen habe. Der beabsichtigte Präzisionsverlust, der in dem verharmlosenden *die Dinge beim Justizpalast* zum Vorschein kommt, soll den Zuhörer gedanklich bei der Interpretation sozialdemokratischer Prägung halten und nicht von Bauers Darstellung des Kausalzusammenhanges ablenken. Während die christlichsoziale Kausalkette rhetorisch vom Gerichtsurteil über die Manipulation der sozialdemokratischen Anhänger zur Demonstration, sodann zu deren Eskalation und schließlich zur Wiederherstellung der Ordnung gelangt, stellt die sozialdemokratische Version der Kausalkette mittels Metalepsis das *explicans* als ihr *explicandum* dar: Nicht die vor dem Ausbruch stehende Eskalation der Demonstration ist die Ursache, die zur Wirkung des Schießbefehls führte, sondern die Wirkung des Schießbefehls wird als Ursache für den Beginn der *eigentlichen* Eskalation angenommen. Die Eskalation selbst ist daher aus sozialdemokratischem Verständnis die Wirkung von fatalen Ereignissen. Wie detailliert die Sachlage, die zeitliche Abfolge, *vermessene Schatten* oder die Kommunikationsstrukturen des 15. Juli 1927 auch *ex post* rekonstruiert werden mögen, sie werden die verbale Metalepsis nicht überwinden. Die Rückkehr zur *radix* des Konfliktes ist eine Rückkehr zu der versprachlichten Ursache sowie zu deren Wirkung, jedoch auch zu deren Umkehrung und erneuten Setzung, als Eingriff in die Kausalkette, welcher stets tief im politischen, sozialen und religiös-weltanschaulichen Bekenntnis wurzelt.

Wenige Jahre vor dem die Erste Republik erschütternden 15. Juli entsteht 1921 Walter Benjamins Abhandlung „*Zur Kritik der Gewalt*", ein Text, der den Begriff der Gewalt indirekt, über die Begriffe Recht und Gerechtigkeit, Rechtsetzung und Rechterhaltung, entwickelt. Rechtmäßige und unrechtmäßige Gewalt sind nach der jeweiligen *„allgemeinen historischen Anerkennung ihrer Zwecke"* hypothetisch differenzierbar, wobei Benjamin nur zwei Rechtssubjekte nennt, denen überhaupt das Recht auf Gewalt zukommt: dem Staat selbst und der *„organisierte[n] Arbeiterschaft"*.[46] Die von Benjamin im Kontext des Streikrechts entwickelte Argumentation zeigt den Streik als Passivum, als angedrohte Unterlassung; materiell hingegen wird mit ihm Druck und Gewalt ausgeübt, um *aktiv* bestimmte Interessen durchzusetzen. Aus der Perspektive der Rechtsordnung ist ein Generalstreik oder ein Generalstreik mit Demonstration, wie am 15. Juli, in der Lage, jene quantitativen und qualitativen Ausmaße anzunehmen, die dafür ausreichen, eine bestehende Rechtsordnung zu beseitigen, oder diese durch eine andere Rechtsordnung zu ersetzen. Diesem politischen Beispiel der normativen Kraft des Faktischen, einer auf solchem Wege potentiell rechtsetzenden Gewalt, muß daher, von einer Regierung und in abstracto von der Rechtsordnung selbst mit Respekt begegnet werden, *„… zumal das Drohende unverbrüchlich seiner Ordnung angehört …"*[47] Eine Warnung in der verbalen Form eines potentiellen Ultimatums, eines Generalstreiks, stand wie negative Performanz, als verbales Standardrepertoire der Sozialdemokraten jederzeit einsetzbar, ständig im Raum. Das Linzer Programm kann und muß daher mit dem Etikett der verbalradikalen Diktion versehen werden, da in ihm nicht bloß politische Ziele formuliert werden, sondern diese Absichten im Augenblick ihrer Genese bereits politisches Handeln vorzubereiten in der Lage sind.

Der Boden, den verbalradikale Sprache aufbereitet, führt dazu, daß sich dieser Diskurs allmählich als aner-

---

46 Benjamin, W.: „Zur Kritik der Gewalt", in ders.: „Gesammelte Schriften", Bd. II, Teil 1, S. 182 ff.
47 ebda.: S. 187 f.; vgl. auch Derrida, J.: „Gesetzeskraft. Der mystische Grund der Autorität", S. 72 ff.

kannter Diskurs durchzusetzen beginnt und sich in die reflexive Form der Betrachtung der je eigenen Geschichte einschleicht. Die introspektive Verengung des Diskurses, seine Eindimensionalität, trägt 1927 dazu bei, die große Bedrohung des Nationalsozialismus zu übersehen, zu spät zu erkennen oder trotz des Momentes der *Anagnorisis* zu bagatellisieren. Die politischen Konsequenzen wurden nicht rechtzeitig gezogen, daher waren sie danach nur noch erleidbar; vielleicht hätte der Diskurs im letzten Moment doch Teile jener Realität verändern können, die er bloß deskriptiv zu fassen in der Lage war.

Kapitel 6:

DIE SPRACHKATASTROPHE DES NATIONALSOZIALISMUS UND IHRE FOLGEN

„Ihre Sprache ist ihr Geist und ihr Geist ihre Sprache – man kann sich beide nie identisch genug denken."[1]

Während der dunkelsten Jahre des zwanzigsten Jahrhunderts bemächtigt sich, wie bereits oft in der Geschichte der Menschheit, erneut die Masse mit schrecklicher, politisch gelenkter Wucht zunächst der „deutschen Nation", um sich danach in äußerster Hybris an der Welt zu vergreifen. Unentrinnbar gerät dadurch auch die Sprache in den monströsen Würgegriff des geistfeindlichen Klimas, welches sich diese einverleibt und sie als deformiertes Wortgut wiedergibt, sie verzerrt restituiert. Im Land des deutschen Idealismus entstehen Begriffe, die, aus barbarischen Anschauungen gespeist, inhumanen und verrohten Vorstellungen entsprechen. Sie werden durch Wörter repräsentiert, die als Ausdrücke *Wörterbüchern von Unmenschen*[2] entsprungen zu sein scheinen und die in systematischen, erbarmungslosen und menschenverachtenden Propagandaschlachten verbreitet werden. Eine Analyse des nationalsozialistischen Diskurses soll daher in ihrer Verbalisierung sprachliche Bilder und Metaphern zulassen, um der sachlich-distanzierten Darlegung von sprachlichen Entgleisungen zusätzlich den nötigen Charakter der sprachlichen Verseuchungen und Vergiftungen verleihen zu können. Eine

---

1 Humboldt, W. v.: „Über die Verschiedenheit des menschlichen Sprachbaues und ihren Einfluß auf die geistige Entwicklung des Menschengeschlechts", § 7, S. 171

2 Der Titel der in Erstausgabe bereits im November 1945 erschienenen Sprachkritik von D. Sternberger, G. Storz und W. E. Süskind lautet: *„Aus dem Wörterbuch des Unmenschen"*.

komparative Analyse und Differenzierung der *nationalsozialistischen Sprache*[3] soll diskursanalytisch die wechselseitigen Relationen der Macht zum Vorschein bringen, die sich als Phänomen „... *von unzähligen Punkten aus und im Spiel ungleicher und beweglicher Beziehungen vollzieht.*"[4]

Der historisch betrachtet kurze Zeitraum von fünfzehn Jahren, zwischen etwa 1930 und 1945 kennt zwei Arten des nationalsozialistischen Verbalradikalismus: jenen der lauten, brüllenden und fanatisch-hysterischen Hetzreden eines Hitler oder Goebbels und den leisen, subkutanen und in tausenden umcodierten Wörtern schlummernden, latenten Verbalradikalismus. Der vordergründige Verbalradikalismus, jener der Massenveranstaltungen und Parteitagsreden, stellt die offensichtliche, manifeste Ebene des politischen Diskurses dar. Für sich alleine genommen sind die *Diskursstränge*[5] der sichtbaren, manifesten politischen Ebene einschüchternd, polarisierend und wirken *qua* Demagogie lenkend auf die Massen. Doch die Sichtbarkeit des Manifesten und dessen Absicht ermöglichen noch, sich zu diesem zu verhalten, ihm zustimmend, ablehnend oder indifferent zu begegnen. Vor dem lauten, offensichtlichen und unversteckt-unverhohlenen Verbalradikalismus kann man sich aufgrund seiner vordergründigen Überschaubarkeit zwar nur unzureichend, jedoch zumindest punktuell

---

3 Die Terminologie zur Beschreibung nationalsozialistischer Sprache folgt der u. a. von Polenz vorgeschlagenen Differenzierung von *Sprache des Nationalsozialismus* (Sprachgebrauch der NSDAP zwischen 1920 und 1945) und *Sprache im Nationalsozialismus* (Sprachgebrauch der NSDAP in Kombination mit der verwendeten politischen Sprache jeglicher weltanschaulicher Provenienz, während der Jahre 1933 bis 1945, im Gebiet des »Deutschen Reiches«). Vgl. Polenz, P. v.: „Deutsche Sprachgeschichte vom Spätmittelalter bis zur Gegenwart", Bd. III, S. 547.
4 Foucault, M.: „Sexualität und Wahrheit", Bd. I, S. 115
5 Die Bezeichnung *Diskursstränge* ist S. Jägers Terminologie entlehnt, vgl. Jäger, S.: „Kritische Diskursanalyse", S. 117.

durch physischen Rückzug schützen. Dem subkutanen, leisen und perfiden Verbalradikalismus aber, der sich unbemerkt in die Sprache des Alltags einschleicht, ist kaum zu entrinnen, denn er ist auf virale Weise durchsetzend, wächst ganz langsam an und durchtränkt allmählich sämtliche Bereiche des soziopolitischen Daseins. „*Worte können sein wie winzige Arsendosen: Sie werden unbemerkt verschluckt, sie scheinen keine Wirkung zu tun, und nach einiger Zeit ist die Wirkung doch da.*"[6] Dieser leise und perfide Verbalradikalismus hat ebenfalls eine Klientel an Sprachtätern: Seine Träger sind nicht die brüllenden Gleichgeschalteten, sondern die große Masse der Nicht-Exponierten, der bagatellisierenden Gleichgültigen, der opportunistisch-angepaßten Mitläufer; jene, die es offenbar kulturell mühelos über sich brachten, nationalsozialistische Terminologie nicht nur vor, sondern sogar nach 1945 weiterzuverwenden, durch die Jahrzehnte zu tradieren und an Generationen weiterzureichen, welche den leisen, arglistig-hämischen Verbalradikalismus bis zum heutigen Tag immer wieder in den soziopolitischen Diskurs einfließen lassen.[7]

---

6 Klemperer, V.: „LTI: Notizbuch eines Philologen", S. 21. „*LTI. Lingua Tertii Imperii. Die Sprache des Dritten Reiches*", lautet der Titel des bekanntesten Werkes von Victor Klemperer. Als jüdischer Romanist und Sprachwissenschaftler schreibt Klemperer inmitten der nationalsozialistischen Terrorherrschaft, die er in erster Linie nur durch die aufopfernde Hilfe seiner Ehefrau überlebt, kontinuierlich an seinen Tagebüchern, da ihm nicht nur seine Professur entzogen, sondern auch der Zugang zu sämtlichen Bibliotheken verboten war. Unmittelbar nach Kriegsende wertet Klemperer seine heterogenen Tagebucheinträge aus und verfaßt daraus ein Konzentrat, das die Sprache des nationalsozialistischen Alltags reproduzierend analysiert.
7 Vgl. Sternberger, D., Storz, G. u. Süskind W. E.: „*Aus dem Wörterbuch des Unmenschen*", S. 15. Im Vorwort der Neuauflage 1986 (sic!) zu dem 1945 in erster Auflage erschienenen Wörterbuch blickt D. Sternberger zurück: „*Als wir diesen kritischen Feldzug begannen, dachten wir ja, … wir könnten etwas dazu tun, den Sprach-Ungeist der Epoche vollends zu vertreiben … dann*

I. Das Leise und das Appellative

Das Sagen als Vorhabe, die vor jeder Mitteilung steht, vor jeder Übertragung von Zeichen, vor jeder Intention zur Kommunikation, ist ein stiller Vorgang im Zustand der *„Ausgesetztheit"*[8]. Diese Ausgesetztheit als Bedingung der Kommunikation gleicht einer Übereinkunft *vor* allem trivialen Übermitteln von Zeichen, vor aller Zeichenüberbringung, die ohne diese Ausgesetztheit das Sprechen nur auf die Übertragung von Gedanken in Worte reduzierte.[9] Die Ausgesetztheit der Sprache ist jenes erhebliche Risiko, jene Bedingung, in der etwa das dichterische Wort seine Spannung in sich hält. Es ist die über die bloße Mitteilung von Mitteilbarem hinausreichende Sprache, die in allen Genres und Epochen, in der Lyrik, im Drama, im Humanismus und in der Philosophie begegnet, die jedoch niemals in der Sprache des Appells entgegentritt. Die fatale Wirkung des Appells schmerzt stärker, als die bloße Auswirkung seines Tonfalls dies hervorzurufen vermag; der Appell wirkt auf den Begriff und seine Bedeutung wie ein Durchkreuzen der Ausgesetztheit, wie ein Zertreten des labilen Gleichgewichts des Sagens. Das Durchschreiten des verwundbaren Verhältnisses der Ausgesetztheit durch den Stechschritt des nationalsozialistischen Appells verweist auf jenen Punkt des Sagens, an dem *die Sprache in Armut*

---

mußten wir bei einigen dieser Wörter ... sogar eine fortgesetzte, sich noch steigernde epidemische Ausbreitung beobachten ... diese fortwuchernde Ausbreitung hält auch heute an, und wenn es nicht durchweg dieselben Unwörter sind ... so sind andere an ihre Stelle getreten ..."

8 Lévinas, E.: „Jenseits des Seins oder anders als Sein geschieht", S. 116
9 Vgl. ebda.: S. 116 ff.; vgl. auch Esterbauer, R.: „Appell und Zeugnis. Bemerkungen zu einer religiösen Sprachform", in Esterbauer, R., Ebenbauer, P. u. Wessely, C. (Hrsg.): „Religiöse Appelle und Parolen. Interdisziplinäre Analysen zu einer neuen Sprachform", S. 99 ff.

verfällt.[10] Die Rücksichtslosigkeit, mit der das totalitäre Sagen, als reduzierte Annäherung an den *anderen*, durchbrochen und damit die Bedingung des Sagens, die Ausgesetztheit, irreparabel zerschlagen wird, erzeugt betroffenes Schweigen, denn der Appell duldet keine Widerrede. Das Appellative ist der komprimierte Tonfall des Nationalsozialismus, es ist der kleinste und einzige gemeinsame Nenner des Totalitären. Als Vereinnahmung kann er niemals verbale Annäherung repräsentieren, sondern immer nur eindringendes Durchbrechen in den Bezug zum *anderen*, ein hartes Berühren desjenigen, der sich mit der Vorhabe *zu sagen* ausgesetzt und damit verwundbar gemacht hat.

Am *Tag von Potsdam*[11]*,* jener politischen Inszenierung der NSDAP zwecks Glaubhaftmachung demokratischer Gesinnung, mit der zu Ende gehenden demokratischen Rhetorik zur Verschleierung des Strebens nach Diktatur, zitiert Victor Klemperer in seinem Tagebucheintrag einen Aushang am Schwarzen Brett seiner Dresdener Hochschule: „*»Wenn der Jude deutsch schreibt, lügt er«; er solle künftig gezwungen sein, Bücher, die er*

---

10 Vgl. Klemperer, V.: „LTI: Notizbuch eines Philologen", S. 25 ff. Anm.: *„Ich kenne keine Mitteilungsart, die uns die Wirklichkeit der NS-Diktatur faßbarer machen kann, als es die Prosa Klemperers tut"*, stellt Martin Walser in seiner Laudatio fest. Walser, M.: „Das Prinzip Genauigkeit. Laudatio auf Victor Klemperer", S. 51.
11 Der *Tag von Potsdam*, der 21. März 1933, bezeichnet die Festakte in Potsdam zur Eröffnung der ersten Sitzung des am 5. März 1933 gewählten Reichstages. Hitler ist zu dieser Zeit bereits seit fünf Wochen ernannter Reichskanzler, es besteht noch eine Koalition der NSDAP mit einem Wahlbündnis aus drei bürgerlichen Kleinparteien; mittels Notverordnung vom 4. Februar 1933 sind die Presse- und die politische Versammlungsfreiheit bereits enorm eingeschränkt. Ein bekanntes Foto zeigt die möglicherweise letzte Verbeugung Hitlers vor Reichspräsident Hindenburg. Nur drei Tage nach dem *Tag von Potsdam* erfolgt die *De-facto*-Machtergreifung der Nationalsozialisten mittels Ermächtigungsgesetz vom 24. März 1933.

in deutscher Sprache veröffentliche, als »Übersetzungen aus dem Hebräischen« zu bezeichnen."[12] Der *Anschlag*, wie Klemperer den Aushang am Schwarzen Brett in seiner Doppelbedeutung nennt, ist im Zustand seines banalen Hängens geräuschlos und unbewegt, scheinbar wirkungslos. Nur im Moment seines *Anschlages* kann er auf zweifache Weise vernommen werden: als Metapher und als angeschlagene These, die unveränderbar festsetzt. Nicht erst der kollektive Singular *„der Jude"*, sondern bereits der Anschlag am Schwarzen Brett stellt den Appell dar, er beendet das Sagen, da er den, der sich zum Sagen bereit macht, der sich zur schriftlichen Niederlegung von zu Sagendem bekannt und entschlossen hat, aus dem Diskurs ausschließt. Derjenige, der sich anschickt, sich auszusetzen und am Diskurs teilzunehmen, wird aus diesem verbannt. Er muß seinen Beitrag als einen anderen, fremden Text kennzeichnen, als eine außerhalb des erwünschten Diskurses stehende Schrift, als Übersetzung. Der Materialismus gewinnt die Oberhand, indem die jüdische Herkunft des Verfassers diesen zwingt, sein geistiges Produkt als Andersheit zu deklarieren, diesem eine andere Herkunft zu attestieren, denn jede Übersetzung ist stets ein Hinübertragen – *metaphérein* – aus einer anderen Sprache, aus einem anderen Diskurs. Der Zwang des Hinübertragen-Müssens ist doppelte Metaphorik, Transgression und Durchbohrt-Werden durch den *Anschlag*, der aus einer verarmten Sprache stammend verübt wird, als negatives Kerygma jenseits christlicher Symbolik, appellativ in tausende *Sprachregelungen* verpackt. Das Gerundivum des *faciendum est* bietet gerade noch die Wahl zwischen demjenigen, das *ein zu Tuendes ist*, und jenem, das *getan werden kann*;

---

12 Tagebucheintrag V. Klemperers vom 21. März 1933, einen Aushang am Schwarzen Brett der Technischen Hochschule Dresden betreffend, an der Klemperer eine Professur für Romanistik innehatte; in Klemperer, V.: „LTI: Notizbuch eines Philologen", S. 35.

das *praktón* stellt vielleicht noch einen letzten Ausweg dar.¹³ Doch an jener Stelle, von der einst die *Ernennung*, der *Ruf* zur *Berufung* an Klemperer ausgegangen war, hängt nunmehr der *Aufruf* als *Warnruf* an denjenigen, der den Auftrag angenommen hat und sich fortan bereiterklärt hat, am Sagen teilzunehmen. Sogar die Anrede fehlt in der angeschlagenen Aufforderung der Nationalsozialisten, durch den kollektiven Singular wird der Appell zum Alarm.

II. Rasende Glaubenswut: der Fanatismus

Die phänomenologische Geschichte des *Fanatismus* schreibt sich von kultischen Ursprüngen her, und sein Begriff verweist auf eine imposante Etymologie: Der lateinische Terminus des *fanum* stellt als *étymon* des Fanatischen kein bloßes Synonym für *templum* dar, sondern unterscheidet sich zunächst vom Bauwerk des *templum*, dessen Grundlage das *fanum* im Sinne des sakralen Ortes, der Stätte des Tempelgeländes, bildet.¹⁴ Vor dem späterkommenden, nivellierenden Begriff des Heiligtums bezeichnet das *fanum* den definierten Platz selbst, der konsekriert und als Standort für die Errichtung eines *templum* bestimmt ist. Der Tempel selbst beherbergt die innerste Kammer, *cella*, deren Aufgabe das *celare*, das Verbergen des Allerheiligsten, des *ádyton* ist, zu dem nur ausgewählte Gottesdiener Zugang erhalten.¹⁵ Die

---

13 Vgl. Waldenfels, B.: „Bruchlinien der Erfahrung", S. 106. Zu Anruf, Aufruf, Appell und deren Gerichtetheiten sowie zu „*adressierten und unadressierten Aufforderungen*" vgl. ebda. S. 107 ff.; vgl. auch Allerkamp, A.: „Anruf, Adresse, Appell. Figurationen der Kommunikation in Philosophie und Literatur", S. 315 ff.
14 vgl. Becker, W. A.: „Handbuch der römischen Alterthümer", Bd. IV, S. 434 ff.
15 Zur Neuübertragung der Termini *initia regis* und *adytum* bei M. T. Varro vgl. Sailer-Wlasits, P.: „Hermeneutik des Mythos. Philosophie der Mythologie zwischen Lógos und Léxis", S. 119 ff.

Ausdehnung des Ortes, die räumliche Begrenzung des *fanum*, wird von den *pontifices*, welche die kultische Weihe, das Konsekrieren, vornehmen, bestimmt, wie M. T. Varro berichtet.[16] Das *profanum* liegt daher *per definitionem* räumlich *vor* und damit *außerhalb* des geheiligten Ortes, doch gleichzeitig in dessen Nahebereich. Es bleibt mit dem *fanum* verbunden, wie in Erwartung eines heiligenden Aktes, der durch den Priester vollführt wird. Erst durch dieses Ritual kann von einem Außerhalb, *profanum*, im Durchgang durch die kultischen Weihen in das Innere, das *fanum*, gelangt werden, als Prozeß der Teilwerdung durch Nähe.

Jegliches Profane wird erst durch eine segnende Tathandlung zeremoniell an das Heilige herangeführt. Die Annäherung besteht in ihrem Kern aus dem feierlichen Herstellen einer Verbindung, daher wird das ehemals Profane im vereinenden Annähern an das Heilige stets auch gebunden. Die Bindung an das Heilige *fanatisiert*, sie begeistert den *fanaticus*, und in einem viel späteren, ekstatischeren Stadium der *Fanatisierung* schlägt die Begeisterung in Raserei um. Die Entfesselung von positiver Energie vor einem sakralen Hintergrund prägt den Mystiker. Selbst jene, die in Meditationen selbstvergessen wirken, werden oftmals, sobald sie sich vom religiösen Eifer erfassen lassen, zu himmelsstürmenden Schwärmern oder auch zu dogmatischen Verfechtern, sie schwingen sich auf zu *Zeloten*, zu apodiktischen Kämpfern im Zustand der Glaubenswut.[17] Die Besonderheit

---

16 Varro, M. T.: „De Lingua latina", Buch VI, St. 54. *„Hinc fana nominata, quod pontifices in sacrando fati sint finem; hinc profanum, quod est ante fanum coniunctum fano"*. Heilige Orte werden Varro zufolge benannt, indem von Priestern in einem Akt der Konsekration räumliche Begrenzungen definiert werden. Aus diesen Definitionen und Abgrenzungen des *fanum* ergibt sich erst die lokale Präposition des *pro-fanum*, welches als Metapher zu jenem *Profanen* wird, das als Synonym für jegliches Außerhalb des Sakralen steht.
17 Vgl. AT, 4. Mose, 25, 11: *„Der Priester Pinhas, der Sohn Eleasars, des Sohnes Aarons, des Priesters, hat meinen Zorn von den*

des Fanatismus liegt nicht nur in seiner kultischen Herkunft begründet, sondern in dem durch seinen Begriff erzeugten und im Nahbereich des religiösen Eifers angesiedelten superlativischen Bedeutungsraum. Der kategorische Ausschluß von Zurückhaltung kennzeichnet den Fanatismus. Bereits in seinem Indikativ, *fanatisch*, klingt der Superlativ durch und nimmt das höchste adjektivische Gradationspotential vorweg. Die Stufe selbstkritischer Bescheidenheit ist im Fanatismus nicht reflexiv bewältigt, sondern übersprungen. Der Fanatismus begnügt sich nicht mit dem Teil, er geht stets auf das Ganze, er *ist* stets das Ganze, phänomenologisch betrachtet.

Angesichts der massiven Präsenz des Fanatismus verbleibt kein Raum für Zweifel, und auf seinem Ungeist ist der Kern nationalsozialistischer Ideologie errichtet: auf religiösem Führerkult, unbedingtem Gehorsam, rituellen Abläufen und kultisch strukturierten Zeremonien. Die NSDAP versteht sich nur in ihren Anfängen als Partei im Sinne von *pars*, dem Teil eines politischen Gefüges. An ihrem totalitären Höhepunkt, dem Gipfel der politisch-militärischen Macht, mit ihrer demagogischen Beherrschung der Massen, ist die NSDAP bereits längst durch Fanatismus zusammengehalten und legt ihr Selbstverständnis von *Teilheit* endgültig ab. Sie ist nicht länger *pars*, Teil, sie ist in ihrer Selbstwahrnehmung bereits *das Ganze* geworden. Das *totum* des Totalitarismus hat von ihr Besitz ergriffen und sie nicht als Partei, als Teilheit im politischen System, sondern als Ungeteiltes *an die Stelle* des politischen Systems gesetzt, *als das politische System*

Söhnen Israel abgewendet, indem er in meinem Eifer mitten unter ihnen geeifert hat. So habe ich die Söhne Israel in meinem Eifer nicht vernichtet." Die Stelle der Septuaginta nennt Pinhas als den ersten der biblischen Zeloten, die historisch während des ersten nachchristlichen Jahrhunderts als Widerstandskämpfer gegen die römische Okkupation auftraten. Die griechischen Bezeichnungen ζηλῶσαί und ζῆλον bleiben als *Eifer* und *Streben* negativ konnotiert und beinhalten Bedeutungen von Begierde und Beneiden bis *Eifersucht*.

selbst, als Realität gewordener totalitärer, fanatischer, demagogischer und damit negativ-identitätsstiftender Wortmißbrauch.

Klemperer widmet sich als Romanist in seiner *„LTI"* (*Lingua Tertii Imperii*) kurz dem Begriff des Fanatismus und bringt diesen auch in Verbindung mit der Französischen Revolution und mit Aussagen Jean-Jacques Rousseaus.[18] Der Begriff des Fanatischen und des Fanatismus sei, so Klemperer, während der gesamten Aufklärung pejorativ konnotiert und mit einem *„Gefühl der Abneigung"* verbunden gewesen. Terminologisch sei er stets *„zwischen Krankheit und Verbrechen"* angesiedelt gewesen, und aus diesem Grund habe seine ausschließlich *„im äußersten Tadelssinn"*[19] anzutreffende Verwendung niemals den Kontext der wütenden Ekstase verlassen. Doch im totalitären Sog der nationalsozialistischen Herrschaft, mit ihrer verbalradikalen, ideologisch motivierten Umcodierung der Bedeutung zahlreicher Wörter, kommt es – und auch dieses Phänomen kann mit umgekehrten Vorzeichen unter Verbalradikalismus subsumiert werden – zu einer positiven Codierung des Begriffes Fanatismus. Mehrere Entwicklungen scheinen bei dieser Attribuierung positiver Aspekte eine Rolle gespielt zu haben, denn der Gebrauch der Wörter *Fanatismus* und *fanatisch* geht weit über einen leicht zu decou-

---

18 vgl. Klemperer, V.: „LTI: Notizbuch eines Philologen", S. 62 ff.
19 Ebda.: S. 62; Klemperers Behauptung, eine positive Codierung des Fanatismus gäbe es bereits in Rousseaus *Émile*, greift kurz und tendiert zu einem *argumentum a minore ad maius*, da Rousseau an einer Stelle des *Glaubensbekenntnisses des savoyischen Vikars*, in einer Fußnote und mit Bezug auf P. Bayle, lediglich feststellt, der Fanatismus sei wesentlich verderblicher als der Atheismus, da er grausamer und blutdürstiger sei, doch könnten, im Gegensatz zum Atheismus, seine außerordentliche Kräfte unter der Bedingung einer besseren Lenkung höchste tugendhafte Tatkraft entwickeln. Vgl. Rousseau, J.-J.: „Emil oder über die Erziehung", Buch IV, S. 333.

vrierenden Euphemismus hinaus. Fanatismus wird positiv umgewertet und zu einer erstrebenswerten Tugend im Sinne des positiven Heroismus erklärt und sodann von der nationalsozialistischen Propaganda wie eine historisch gewachsene, mythologisch fundierte deutsche Grundtugend dargestellt. Die vertikale Struktur des Nationalsozialismus mit ihrer politischen Leitfigur, welcher zum Teil mit kultischer, prophetischer Verehrung und gleichsam religiöser, messianischer Achtung begegnet wird,[20] entspricht der äußeren Bedingung des Fanatismus, seinem faktischen Umfeld und der politischen Grundstimmung. Zu dieser äußeren Struktur gesellt sich der politisch-taktische Wortmißbrauch in Form der positiven Wertverschiebung des Begriffes Fanatismus selbst. Verstärkt wird diese Umwertung zudem durch die superlativische Ausdrucksweise führender Exponenten der NSDAP sowie deren mittels *Elativen*[21] in das Monumentale gesteigerte Sprache. In dieser verbalradikal aufbereiteten nationalen Atmosphäre kommen sodann auch die religiösen Attribute des Fanatismus zum Vorschein: Von *„fanatischen Bekenntnissen"*, *„fanatischen Gelöbnissen"* sowie von immer verbissene-

---

20 *„... Wir wollen dem Schicksal danken, daß es uns in der Zeit unseres tiefsten Niederbruchs den Führer schenkte. ... Die deutsche Jugend aber trägt ihm ihre stärkste Gläubigkeit entgegen. Er ist unser! Er hat unser Volk zu dem gemacht, was es heute ist! Wo ständen wir jetzt, wenn er nicht gekommen wäre! ... Morgen feiern wir ihn in der fanatischen Hingabe an sein Werk. ... Er bringt uns wieder ganz stark zum Bewußtsein, was unser Leben durch ihn geworden ist."* Rundfunkansprache Goebbels', gesendet am 19. April 1941, dem Vorabend von Hitlers 52. Geburtstag; in Heiber, H. (Hrsg.): „Goebbels-Reden", Bd. II, S. 56 f.
21 Zu den Formen der Superlative in den Reden J. Goebbels' mit seinen adjektivisch bzw. adverbiell gebrauchten Superlativen und Elativen vgl. Beißwenger, M.: „Totalitäre Sprache und textuelle Konstruktion von Welt", S. 36 ff.; vgl. auch das Kapitel „Der Fluch des Superlativs" in Klemperer, V.: „LTI: Notizbuch eines Philologen", S. 228 ff.

rem „*fanatische*[m] *Glauben an den Endsieg*"²² ist die Rede. Alle diese sprachlichen Bekenntnisse haben in ihren jeweiligen fanatisch-superlativischen und monumental-pathetischen Varianten eine gemeinsame sprachliche Richtung: Sie sind auf eine eigentümliche Form der Erlösung hin ausgerichtet, insofern weisen sie Spuren religiösen Charakters auf.

Das Verbalradikale kommt in den Reden, Schriften und politischen Pamphleten der Nationalsozialisten sowohl metaphorisch als auch völlig unverdeckt zum Vorschein. Der Fanatismus scheint verbal alle Daseinsbereiche zu durchdringen, von der eklatanten Herabwürdigung und Verfolgung jeglicher Andersheit bis zur systematischen Aussonderung „entarteter Kunst" reicht das obskure Pathos der verbalen Steigerungsformen. Kein kultureller, zivilgesellschaftlicher oder militärischer Teil der Lebenswelt bleibt von den Diskurspraktiken des in seiner Abkürzung „RMVP" täuschend harmlos erscheinenden *Reichsministeriums für Volksaufklärung und Propaganda* ausgespart. Die arglistige Bosheit positiver Konnotationen aufgrund der Umcodierung des Begriffes Fanatismus wirkt auch aufgrund ihrer grundsätzlich herabgesetzten Perzeptionsmöglichkeit. Positive Konnotationen werden, metaphorisch gewendet, häufiger *über-lesen*, da sie weniger semantischen Sprengstoff enthalten. Als tödliche Wirkungen des sanften Wortes erzielen sie jedoch einen ähnlich nachhaltigen Effekt wie der aufgrund seiner negativen Konnotationen klare sprachliche Kontur verleihende Verbalradikalismus.

Die positive Besetzung des Begriffes Fanatismus verschwindet mit Kriegsende sehr rasch aus dem deutschen Sprachgebrauch. Dadurch herrscht wieder seine historisch gewachsene, überwiegend negative Denotation vor, die erst später, innerhalb der letzten Jahrzehnte des

---

22 Klemperer, V.: „LTI: Notizbuch eines Philologen", S. 65; vgl. Maas, U.: „»Als der Geist der Gemeinschaft eine Sprache fand«. Sprache im Nationalsozialismus", S. 140 ff.

zwanzigsten Jahrhunderts, mit dem diffusen Begriff des religiösen Fundamentalismus kontextualisiert wird. Das heimtückische Erbe der im Nationalsozialismus aus politischen Motiven vorgenommenen affirmativen und positiven Umwertung des Begriffes Fanatismus lebt jedoch fort, indem es in verharmloster, scheinbar apolitischer Form aus dem Angloamerikanischen in zahlreiche europäische Sprachen als *Fan* reimportiert wird.[23] Die zahllosen sprachlichen Wendungen der Jugendkultur vereinnahmen den Begriff des Fans, befreien diesen scheinbar rückstandslos von seiner politischen Belastetheit und verwenden ihn als emotive und pseudokulturelle Terminologie in scheinbar gefahrlos-unverfänglichen Bereichen des Alltagslebens. Scheinbar, denn in der Vehemenz der Erklärung, im Selbstgeständnis des Fanatikers, wird nach wie vor sprachliche Ausschließung betrieben. Der nicht im *Fan-Status* quasi-religiös Verharrende wird entweder aktiv isoliert oder hat sich bereits selbst isoliert, vorsorglich zur Seite begeben, um nicht gegen den uniformierten Strom der Fanatisierten schwimmen zu müssen. Sich von den sich mittels Insignien gleichdenkend darstellenden Fanatikern mitreißen zu lassen und die von diesen gemeinsam verwendete Sprache anzunehmen, zu einem Teil des Sprechchores zu werden und im Sinne von E. Canetti in der Masse aufgehend seine Individualität aufzugeben, sind keine harmlosen Praktiken.[24] Stereotypisierende *Fan-Clubs* etablieren gegenwärtig profane, losungswortartige Kommunikationscodes, sie überprüfen damit sprachlich, wie einst das *Schibboleth*[25],

---

23 Trotz zahlreicher Versuche, die Herkunft des Begriffes *Fan* – im englischen Sprachraum – in die Richtung des harmlosen *supporters* zu drängen und damit zu neutralisieren, erscheint die o. a. Etymologie des *Fanatismus* zwingend, wenngleich damit keine generalisierende Gleichsetzung von Fanatikern mit bloßen *Verehrern* einer Idee oder Person insinuiert werden soll.
24 vgl. Canetti, E.: „Masse und Macht", S. 10
25 vgl. Derrida, J.: „*Schibboleth. Für Paul Celan*", S. 51

ob die Zugehörigkeit des Einlaß Begehrenden zu Recht besteht oder ob ein Gegenspieler, als *der Feind* schlechthin, einzudringen versucht. Stichworte genügen, positive und negative *Codewerte* reichen zur Feststellung von Pseudoidentität aus, ausnahmslos, sei es im Bereich der Politik, Kirche, Jugendkultur oder im Sport. Diese Mechanismen nützten die Nationalsozialisten aus und „... *banden den Sport bewußt ein und instrumentalisierten ihn für verschiedene Zwecke: als Beispiel für das Überwinden von Klassengegensätzen in der ... Volksgemeinschaft, als Rückgriff auf »germanische« Werte, ... zur sinnfälligen Darstellung von ... Kraft, Ausdauer und Zähigkeit und als wirkungsvolle Kriegsvorbereitung.*"[26]

Die Rede Goebbels', gegen deren Ende er die fanatisierten Massen in Raserei versetzt und suggestiv fragt: „*Wollt ihr den totalen Krieg? Wollt ihr ihn, wenn nötig, totaler und radikaler, als wir ihn uns heute überhaupt erst vorstellen können?*"[27], findet absichtlich und gründlich geplant im Berliner Sportpalast statt, denn im geschlossenen Raum des Palastes des Sports mußte die Energie der Masse „*... sich nach innen entladen.*"[28] Als Arena für die politische Selbstdarstellung, als weihevoller Ort für Großinszenierungen, als Rahmen für ritualisierte NS-Rhetorik eignet sich der Palast des Sports nachweislich bestens, denn er ist die „*Kampfstätte der Bewegung*"[29] im doppelten Wortsinn. Den Sportpalast kennt die Masse, sie zeigt keine Schwellenangst vor die-

---

26 Kegel, J.: „»Wollt Ihr den totalen Krieg?« Eine semiotische und linguistische Gesamtanalyse der Rede Goebbels' im Berliner Sportpalast am 18. Februar 1943", S. 96 f.
27 Rede Goebbels' vom 18. Februar 1943, gehalten im Berliner Sportpalast, im Rahmen und als demagogischer Höhepunkt der Kundgebung des Gaues Berlin der NSDAP, in Heiber, H. (Hrsg.): „Goebbels-Reden", Bd. II, S. 205.
28 Canetti, E.: „Masse und Macht", S. 25
29 Kegel, J.: „»Wollt Ihr den totalen Krieg?« Eine semiotische und linguistische Gesamtanalyse der Rede Goebbels' im Berliner Sportpalast am 18. Februar 1943", S. 105

sem Herrschaftssitz. Die politische Veranstaltung entspricht als Gesamtinszenierung dem rhetorischen Aufbau einer politischen Rede. Wie in vielen der NS-Kundgebungen, Parteiveranstaltungen und Festreden, finden sich auch in dieser durchwegs theatralischen Ritualisierung Elemente von mißbräuchlich nutzbar gemachter liturgischer Dynamik. Das persuasive Vorsprechen der Parteiführer und die rhetorisch gelenkten Antworten der Masse steigern sich zu einem gemeinsamen religiösnarkotischen Begeisterungstaumel. An der Stelle des Altars steht das von NS-Symbolen gesäumte Podium als Fokus der gesamten Arena. Von diesem Podium aus werden Visionen verkündet, Versionen eines Reiches geschildert, Bilder einer besseren Welt vor dem geistigen Auge der Masse entworfen, eine *„Täuschung durch Inszenierung"*[30] herbeigeführt.

Die Masse, welche mit Erwartungen in den Sportpalast gekommen ist, mit Hoffnungen und Wünschen, sie ist berechenbar, ihre Reaktionen sind vorhersehbar, zweieinhalb Jahrtausende rhetorischer Praxis verfehlen auch im Sportpalast zu Berlin weder ihr Ziel noch ihre Wirkung, denn die aufgeladene Masse wird zu einem Körper, zu einer Emotion und zu einem Geist, *„... die Einzelheiten, die sie sonst unterscheiden und zu Individuen machen, verwischen sich."*[31] Die Profanität des Raumes der Sportarena ist von einer fanatisierten Masse in Beschlag genommen, sie steigert sich rituell von Rede zu Rede und von Vision zu Vision in einen rauschartigen Zustand, denn: *„Das glückliche Bewußtsein – der Glaube, daß das Wirkliche vernünftig ist ... reflektiert den neuen Konformismus ... verdrängt den Zusammenhang."*[32] Unter Verwendung klerikaler Topoi wendet sich Goebbels mit seiner siebenten Frage an die Masse: *„Gelobt*

---

30 Dieckmann, W.: „Politische Sprache. Politische Kommunikation", S. 271
31 Canetti, E.: „Masse und Macht", S. 25
32 Marcuse, H.: „Der eindimensionale Mensch", S. 103

Ihr mit heiligem Eid der Front, daß die Heimat mit starker, unerschütterlicher Moral hinter der Front steht und ihr alles geben wird, was sie zum Siege nötig hat?"[33] Für die gelenkte, stürmisch bejahende Masse ist der profane Raum, ist die Inszenierung längst zu einem temporären *fanum* geworden, ihre Erwartungshaltungen haben die Anwesenden gemeinsam in die Hände ihrer Führer gelegt. Deren bildhafte, suggestive Verbalisierung schürt mit den Stereotypen aus Nation und Rasse sowie mit den zahllosen sich steigernden Versprechungen von kommenden Siegen die Erwartungen der Zuhörer immer weiter, bis die aufgebaute Spannung sich an ihrem Höchststand physisch im Gebrüll nationalsozialistischer Parolen entlädt.[34] Die massenhypnotische Beherrschung durch das Wort setzt Energien frei, sie sollte im Nationalsozialismus niemals friedlich kanalisiert werden. Goebbels schließt daher sein wohl perfidestes Meisterstück des Verbalradikalismus mit den positiven Codes von Treue und innerer Aufrichtung, begleitet von einer Abnahme der *Denotation* zugunsten einer sprunghaft steigenden romantisch-pathetischen *Konnotation*: „*Der Führer hat befohlen, und wir werden ihm folgen! Wenn wir je treu und unverbrüchlich an den Sieg geglaubt haben, dann in dieser Stunde der nationalen Besinnung und der inneren Aufrichtung. Wir sehen ihn greifbar nahe vor uns liegen – wir müssen nur zufassen! Wir müssen nur die Entschlußkraft aufbringen, alles seinem Dienste unterzuordnen; das ist das Gebot der Stunde! Und darum lautet von jetzt ab die Parole: Nun, Volk, steh' auf – und Sturm, brich los!*"[35] Aufrufe und Propagandareden der NSDAP stellen kondensierte Sprache

---

33 Heiber, H. (Hrsg.): „Goebbels-Reden", Bd. II, S. 205
34 Vgl. auch Butler, J.: „Haß spricht. Zur Politik des Performativen", S. 221; Butler verweist darauf, daß sich der politische Sprechakt, „*... die Wirkungskraft der performativen Äußerung nie ganz von der körperlichen Kraft trennen läßt.*"
35 Heiber, H. (Hrsg.): „Goebbels-Reden", Bd. II, S. 207 f.

dar, Aneinanderreihungen deklarativer, programmatischer Phrasen mit starker sozialer Verbindlichkeit. Derartige, mit einfachen und unmißverständlichen, politisch-emotiven Schlagwörtern aufgebaute Appelle besitzen *„... einen so starken Eigenwert, daß sie der Determination durch den Kontext kaum mehr bedürfen."*[36]

III. „Wejen Ausdrücken"[37]

Nationalsozialistische Rituale streben stets einem Höhepunkt entgegen, wenn Hitler oder Goebbels, die Person entscheidet kaum, der Masse verkünden, nunmehr *als* das deutsche Volk zu sprechen, *als* die Masse selbst.[38] Das ist mehr als nur ein syntaktisch-rhetorischer Wechsel der Person, hier findet bereits eine Übertragung von Sprachgewalt statt, eine Verschmelzung von Sprachhorizonten. Die fanatisierten Anhänger, zunächst nur Enthusiasten und Schwärmer, bei ausreichender ideologischer Auflladung jedoch Dogmatiker und Glaubenskrieger, schleudern ihre Schlacht- und Heil-Rufe in die Menge. Sie tun dies jedoch nicht nur bei Kundgebungen und Massenveranstaltungen, sondern auch im Alltag, vielfach freiwillig, oft auch nur aufgrund der *Grußpflicht*[39], dann

---

36 Dieckmann, W.: „Sprache in der Politik", S. 103
37 Den entscheidenden Anstoß für die Ausarbeitung seiner „LTI" (*Lingua Tertii Imperii*) gab Klemperer, eigenen Angaben zufolge, sein unmittelbar nach Kriegsende geführtes Gespräch mit einer Berliner Arbeiterin: *„»Weswegen haben Sie denn gesessen?« fragte ich. »Na wejen Ausdrücken ...« (Sie hatte den Führer, die Symbole und die Einrichtungen des Dritten Reiches beleidigt.)"* Klemperer, V.: „LTI: Notizbuch eines Philologen", S. 301.
38 Vgl. die Rede Hitlers im Berliner Sportpalast, gehalten am 26. Sept. 1938: *„Jetzt spricht nicht mehr ein Führer oder ein Mann, jetzt spricht das deutsche Volk!"*, in Domarus, M. (Hrsg.): „Hitlers Reden und Proklamationen 1932–1945", Bd. I, S. 924.
39 vgl. Bauer, G.: „Sprache und Sprachlosigkeit im »Dritten Reich«", S. 117 ff.

jedoch mit anderer verbalradikaler Prosodie als in der Masse und zudem vermutlich auch anders intoniert als die frühen Heil-Rufe der österreichischen Deutschnationalen[40] zu Beginn des zwanzigsten Jahrhunderts. Dennoch sind es die gleichen Worte, von denen die Gefahr ausgeht, und sie sind gefährlich, weil sie nicht zögern, ein akzentfrei ausgesprochenes *Schibboleth* vernehmen lassen. Damit schleichen sie sich ein, wie der unsichtbare Feind, subkutan, als Wirkung des Giftes, wie Klemperer vermerkt.

Das von der Sprachwissenschaft systematisch kompilierte, historisch gewachsene antijüdische und antisemitische Vokabular der deutschen Sprache entstammt einem Zeitraum, der von der Reformation bis in die Gegenwart reicht.[41] Hunderte Ausdrücke, *antijüdische* Diffamierungen katholischer und evangelisch-lutherischer Provenienz, stehen am Beginn dieser Entwicklung, sowohl während der früheren Jahrhunderte des feudalen Absolutismus als auch zu Zeiten der Aufklärung. Den klerikalen Antijudaismen sind häufig ökonomische Motive beigemischt, die auf die jüdischen Aktivitäten im frühen Geldwesen bezug nehmen; Bezeichnungen wie *Geldjude*, *Ausplünderer* und *Handelsjude* zeugen davon. Zu diesen gesellen sich später zahllose herabwürdigende metaphorische Bezeichnungen aus dem Tierreich, wie *vertilgen*, *ausrotten*, *verjagen*, *Parasit* etc., und auch

---

40 „*Heil dem Führer*", vom *Verein der Salzburger Schönerianer*, eine Glückwunschanzeige von 1912, zum 70. Geburtstag des *Führers* der österreichischen Deutschnationalen, Georg v. Schönerer, dessen rassischer Antisemitismus einen sprachlichen Beitrag im Vorfeld der Sprache des Nationalsozialismus leistete; zit. in Polenz, P. v.: „Deutsche Sprachgeschichte vom Spätmittelalter bis zur Gegenwart", Bd. III, S. 540.
41 Vgl. Polenz, P. v.: „Deutsche Sprachgeschichte vom Spätmittelalter bis zur Gegenwart", Bde. I-III; vgl. auch Cobet, C.: „Der Wortschatz des Antisemitismus in der Bismarckzeit", S. 82 ff. u. S. 184 ff.; vgl. auch Schmitz-Berning, C.: „Vokabular des Nationalsozialismus", S. 54 ff. u. S. 481 ff.

diese Bezeichnungen sind nicht NSDAP-spezifisch, wiewohl sie seitens der NSDAP exzessiv verwendet werden.

Sichtbar sind diese metaphorischen Schmähungen auch in den Ausgaben des *Dudens* während des Nationalsozialismus. Diese enthalten zahlreiche stereotypisierende, der politischen Gleichschaltung dienende antisemitische Worte, wie etwa *Alljuda, artbewußt, entraßt, erbtüchtig, Rasseninstinkt, Umvolkung* und *Untermensch*.[42] Jedoch sind zahlreiche diffamierende Bezeichnungen, die auf den ersten Blick dem Nationalsozialismus zuordenbar scheinen, etwa jene aus dem rassischen, ethnozentrischen Bereich, vielfach bereits wesentlich älter. Sie gehen zum Teil zurück auf den Beginn des rassischen Antisemitismus zur Zeit des zunehmenden europäischen Nationalismus bzw. der Industriellen Revolution, und sie stammen teilweise auch aus der Übernahme des aus dem Kolonialismus und dem Sklavenhandel bekannten pejorativen und rassisch herabwürdigenden Vokabulars.[43] Zusätzliche direkte Tradierungen von Bezeichnungen ergeben sich auch aus dem Sprachgebrauch des österreichischen Deutschnationalismus sowie aus Übernahmen des einschlägigen politischen Wortschatzes der Weimarer Republik. Alle diese Einflüsse legen den verbalen Grund für die Sprache und den Sprachduktus des Nationalsozialismus und letztlich für jene verbale Pervertierung des Humanismus, die mit den gesetzlich als Neologismen eingeführten Propagandakomposita, wie etwa *Reichsvolk, Reichsführer, Reichskulturkammer*

---

42 Vgl. Sauer, W.: „Der *Duden* im »Dritten Reich«", in: Ehlich, K. (Hrsg.): „Sprache im Faschismus", S. 109. Sauer merkt an, daß die Bearbeitung der 11. Auflage des *Duden* von 1934 sich „... *mit bemerkenswerter Schnelligkeit an die neuen politischen Verhältnisse angepaßt* ..." habe und damit „... *eine »Gleichschaltung« des Wörterbuches überflüssig war*", ebda. S. 107.
43 Zur Sprachkritik im 18. und 19. Jahrhundert vgl. Schiewe, J.: „Die Macht der Sprache: eine Geschichte der Sprachkritik von der Antike bis zu Gegenwart", S. 66 ff. u. S. 150 ff.

etc., formal abgerundet werden sollte. Diese *konnotativen* Propagandakomposita sollten den Anschein einer rein *denotativen* Ebene verwaltungstechnischer Termini erwecken, zur Verwendung im Parteiapparat, den Behörden und im Militär vorgesehen, doch der *appellative* Charakter führte aufgrund der mit Notwendigkeit erfolgenden ununterbrochenen Wiederholung des Wortes *Reich* zur permanenten, unentrinnbaren Anwesenheit dieses Begriffes. Verbalradikalismus in der äußeren Form diskreditierender, diffamierender und scheinbar neutraler verwaltungssprachlicher Sprach*gewalt* scheint, in Anlehnung an H. Arendt, stets dann Anwendung zu finden, wenn die Macht und der Machterhalt sich in Gefahr wähnen.[44] Nicht nur die nationalsozialistischen Termini selbst, sondern maßgeblich auch die mit diesen kreierten Dichotomien lassen Verbalradikalismen entstehen, die politisch-systemisch der *Reduktion von Komplexität*[45] dienen und, damit verbunden, der einfacheren politischen Lenkung der Massen. Zu dieser sprachlichen Reduktion von Komplexität zählen sowohl der kollektive Singular, etwa *der Jude*, zwecks Vereinfachung und Entindividualisierung, als auch Metaphern, die zur Gattungstypisierung bzw. Spezies degradieren, wie etwa *Ungeziefer*, als auch die Simplifikation mittels Gesundkrank-Dichotomien und medizinischen Begriffen im Kontext der *völkischen Rassenhygiene*. Euphemismen dienen im Totalitarismus nicht primär der rhetorischen Überredung, sondern dazu, einen sprachlichen Beitrag zur *Größe des Reiches*, zur sprachlichen Überwältigung und kollektiven Euphorie des *Reichsvolkes* zu leisten.

---

44 vgl. Arendt, H.: „Macht und Gewalt", S. 57
45 *Reduktion von Komplexität* im Sinne der Systemtheorie N. Luhmanns, in der die Komplexität als „*nichthintergehbares Risiko*" systemimmanent bestehen bleibt. Vgl. Luhmann, N.: „Vertrauen. Ein Mechanismus der Reduktion sozialer Komplexität", S. 38

IV. Sprachwege in die Gegenwart

In der – historisch betrachtet – vergleichsweise kurzen Zeitspanne seit dem Ende der europäischen Totalitarismen, nach dem Zusammenbruch des Faschismus, Nationalsozialismus und Kommunismus, hat sich der Verbalradikalismus keineswegs aufgelöst. Er hat sich verlagert, verändert und versteckt und hat dadurch seine Symptomatik umcodiert; einer der Gründe warum sich die *Diskursanalyse*, angeleitet von M. Foucault, auf die archäologische Spurensuche begeben hat, um gültige und ungültige Wahrheiten von Diskursen zu decouvrieren:[46] *„Man muß den Diskurs als eine Gewalt begreifen, die wir den Dingen antun; jedenfalls als eine Praxis, die wir ihnen aufzwingen."*[47] Solche prinzipiellen Sprachinterventionen liefern positive und negative Perspektiven der begrifflichen Entwicklung. Manche positiven entpuppen sich als rhetorischer Schein, als positiv verkleideter Verbalradikalismus, indem etwa die Kriegsministerien in Friedenszeiten Verteidigungsministerien heißen, oder die Propaganda unter dem neutralen Titel der Information und Werbung firmiert.[48] Die Lenkung der öffentlichen Meinung wird im Laufe der Nachkriegsjahrzehnte institutionalisiert, an mediale Behörden und zahllose private Strukturen mit dem Ziel ausgelagert, die Glaubwürdigkeit innerhalb der *res publica* zu erhöhen. Doch

---

46 Vgl. Jäger, S.: „Von der Ideologiekritik zu Foucault und Derrida", in ders. (Hrsg.): „Wie kritisch ist die Kritische Diskursanalyse", S. 22 f. Zur Diskursanalyse bzw. Kritischen Diskursanalyse vgl. u. a. Fairclough, N.: „Critical Discourse Analysis: the Critical Study of Language", 1995; Wodak, R. u. Meyer, M. (Hrsg.): „Methods of Critical Discourse Analysis", 2009; Keller, R.: „Wissenssoziologische Diskursanalyse", 2005; Jäger, S.: „Kritische Diskursanalyse", 2004.
47 Foucault, M.: „Die Ordnung des Diskurses", S. 34 f.
48 vgl. Lübbe, H.: „Der Streit um Worte", in Kaltenbrunner, G.-K. (Hrsg.): „Sprache und Herrschaft. Die umfunktionierten Wörter", S. 89

nicht die Wahrheit, sondern das Für-wahr-gehalten-Werden, das *„möglicherweise Glaubenerweckende"*[49] gewinnt die rhetorische Debatte, und für den nur an der Wirkung des Wortes Interessierten, steht im „... *»Spielraum« zwischen dem Wahren und dem Falschen ... das Wahrscheinliche"*.[50] Die Wahrscheinlichkeit genügt seinen Ansprüchen, und der Schein des Wahren reicht zumeist auch zur Aufrechterhaltung der Macht durch den Gewinn demokratischer Wahlen aus, ebenso wie es für die öffentlichkeitswirksame Bekundung des je eigenen politischen Standortes auslangt. Das Wahrscheinliche kalmiert die ideologische Auseinandersetzung, da es diese sediert. Selbst die philosophische Disziplin der Hermeneutik wird in der Politik häufig mißbraucht, um die Wahrheit solange unter die Interpretation zu zwängen, bis die dargestellte Wahrheit als über jeden Zweifel erhaben kommuniziert werden kann, bis eine Mehrheit an Abnehmern der dargestellten Wahrheit als existent, als aufnahmebereite Rezipienten von sprachlich dargestellter Wahrscheinlichkeit angenommen werden kann. Die heterogenen Wechselwirkungen innerhalb des politischen Systems führen aufgrund der relativen Isolation politischer Entscheidungsträger zusätzlich zu dem Paradoxon, daß deren Entscheidungen *im Rahmen des politischen Systems* selbst zu einem Teil auf Verkürzung, aufbereiteter Interpretation und reproduzierter Wahrscheinlichkeit beruhen.

Die Tendenz zum Mangel an Präzision ist als faktische Voraussetzung und als Methode für den wirkungspsychologischen Erfolg der Sprache in der Politik mitverantwortlich. Als Zielsetzung der Sprache im Prozeß des Erlangens von Mehrheiten ist ein methodisch herbeigeführter bzw. beibehaltener Mangel an Präzision opportun. *Per intentionem* herbeigeführte Effekte auf

---
49 Aristoteles: „Rhetorik", 1355 b 1
50 Blumenberg. H.: „Paradigmen zu einer Metaphorologie", S. 91

der Grundlage von Präzisionsmangel, Verkürzung, Generalisierung oder Stereotyp sind neben anderen semantischen und syntaktischen Simplifikationen in der Lage, *per effectum* und dem Schein nach, Wahrheiten zum *Vorscheinen* zu bringen. Diese Herabsetzung von Differenziertheit führt von der Eindeutigkeit zur Mehrdeutigkeit, der jedoch keine intentionale Metaphorizität zugrunde liegt. Erst dieser besonderen Mehr- bzw. Vieldeutigkeit, die einer *Uneindeutigkeit* entspricht, ist eine gesellschaftliche Mehrheit gewillt zuzustimmen. Mehrheitsfähige politische Sprache erzeugt sohin jenen metaphorisch abgeschliffenen und abgenützten Identifikationsraum, in dem eine Mehrheit der Adressaten bereit ist, sich einzurichten, denn „... *die Grundlage der bürgerlichen Feststellung ist der gesunde Menschenverstand* ..."[51] In dieser bedrohlichen Form herabgesetzter Differenziertheit spielt die verbalradikale Sprache, noch vor dem Eintritt des performativen Effektes, bereits die Rolle einer ständigen Begleiterin politischer Macht.[52] Wie

---

51 Barthes, R.: „Mythen des Alltags", S. 146
52 Anm.: Wenn seitens der Politik zu Beginn des einundzwanzigsten Jahrhunderts ein „*Kreuzzug gegen den Terrorismus*" angekündigt wird, der ein Feldzug gegen das abstrakte „*bedrohende Böse*" sein soll, ist die rhetorische Überhöhung hin zu der ebenfalls genannten fiktiven „*Achse des Bösen*" eine sprachliche Strategie, die als Entwickeln einer allgemeinen Verschwörungsstrategie aus der deutschen Rhetorik der Dreißigerjahre des zwanzigsten Jahrhunderts bekannt ist und von totalitären Regimes verschiedener Jahrhunderte oft eingesetzt wurde und wird. An der realpolitischen Existenz der unbestimmten, fiktiven „*Achse des Bösen*", einer Metapher, solle nicht gezweifelt werden, da sie eine „*Verschwörung gegen die Demokratie und Freiheit*" darstelle. Angekündigte Kreuzzüge haben in der Menschheitsgeschichte, sei es für ein christliches Ziel oder gegen einen abstrakten Feind Terror, zumeist zu konkreten Kriegen geführt. In der metaphorischen Wendung des „*Krieges gegen den Terror*" wird nicht die Bezeichnung *Terror* metaphorisch gebraucht, sondern die Bezeichnung *Krieg*. Sie dient im perlokutionären Sinn einer Änderung der Codierung der Bezeichnung *Maßnahme*. Wenn daher an eine „*Koali-*

N. Elias ausführt, verkürzt sich die Kette aus Gewaltdenken, -sprechen und -handeln um ihre letztgenannte Konsequenz erst mit der Anerkennung der geschriebenen und gesprochenen Sprache als Form des politischen Agierens und Auseinandersetzens. Dadurch mäßigen sich zwar die Formen individueller und struktureller Gewalt von der Tat zum Wort, doch in bezug auf die politische Auseinandersetzung um Machtgewinn und Machterhalt stellt dies nur bei vordergründiger Betrachtung eine zivilisatorische Erfolgsgeschichte dar.

Die systemimmanenten Lügen und angeordneten Sprachregelungen des Propagandaministers von einst sind in Friedenszeiten nicht mit Verhaftung oder Deportation bedroht. Mit dem Abstand von Jahrzehnten werden diese Mechanismen sogar ökonomisiert, sodaß sich auf einem etablierten Markt von sprachlichen Wahrscheinlichkeiten Verkäufer und Käufer dieser politischen Wahrscheinlichkeiten gegenüberstehen. Je nach der Stufe des Zivilisationsprozesses findet der Abnehmer politischer Interpretationen mehr oder weniger Wahrheiten, mehr oder weniger Täuschung, mehr oder weniger Verbalradikalismen in seinem sprachlichen Warenangebot, aus dem er auswählen darf, vor. Der historisch kaum jemals widersprochenen Feststellung, daß jenen politischen Systemen, welche ausschließlich der Wahrheit verpflichtet sind, nur eine kurze Lebenszeit beschieden ist, jedoch mit Hilfe der Lüge, der Täuschung und der

---

tion der Willigen" appelliert wird, die in diesem zu führenden Krieg an der *„Frontlinie der Freiheit"* zu kämpfen habe, so stellt diese verbalradikale Terminologie einen monumentalen rhetorischen Selbstauftrag dar. Dieser soll, eingekleidet in die Freiheit der Rede, als *„Krieg gegen den Terror"* und *„Kreuzzug gegen den Terror"* in allegorisierender Weise Krieg und Kreuzzug verbal als christliche Fundierung der Machtausübung dokumentieren. In einer entdifferenzierten, bipolaren Sicht auf die Welt soll zudem jene sprachliche Grenze definiert werden, die auf politisch selbstlegitimierte Weise eine Abgrenzung zu einer beliebig erweiterbaren *„Achse des Bösen"* vollzieht.

gemilderten Form der Lüge, dem Schweigen wider besseres Wissen, Dynastien und politische ebenso wie wirtschaftliche Imperien gegründet wurden und werden, haftet ein gewisser Status des Gemeinplatzes und des Vorurteils an, da sich daraus die Lüge als Voraussetzung der Macht und des Machterhalts ableiten ließe.[53] Die totalitären politischen Systeme lassen die Probe dieser Aussage jedoch zumeist gelingen, denn die politische Wahrheit öffentlich auszusagen bedeutet in diesen Systemen oftmals, sein Leben zu riskieren.

Die Lüge schlicht als persönliche oder politische „Meinung" zu bezeichnen, ist jene Form des Verbalradikalismus, die als rhetorisch-euphemistische Strategie versucht, die Lüge in den Bereich der „bloßen Abweichung" von anderen Meinungen zu verschieben. Besonders perfide Lügner nehmen dafür auch gerne das Recht der freien Meinungsäußerung in Anspruch.[54] Doch sprachliche Umwertung als Element des Verbalradikalismus findet nicht nur nach wie vor statt, es entwickelt sich diese auch nach dem rhetorischen Grundsatz des *versimile*, des scheinbar Wahren, weiter. Die Abnehmer verbalradikaler Texte sind Sprachopfer der Täuschung, in einem totalitären Regime sogar Opfer von Geschichtsfälschung. Sie sind Sprachopfer auf einem Markt des „als" und des „als ob" im Sinne des *Illokutionären*.[55] Das

---

53 Vgl. Arendt, H.: „Wahrheit und Lüge in der Politik", S. 44. Hannah Arendt differenziert in ihrer Studie die wissenschaftlichen, mathematischen, philosophischen Vernunftwahrheiten von den rein faktischen Tatsachenwahrheiten und diese wiederum von der zum Ausdruck gebrachten Meinung. Auch nimmt Arendt zahlreiche Differenzierungen der Lügen vor, etwa wenn von der Geschichte der Diplomatie oder von Geschichte an sich die Rede ist.
54 vgl. ebda.: S. 73
55 Zur sprechakttheoretischen Unterscheidung der *performativen/konstativen* und *illokutionären/perlokutionären* Schemata vgl. u. a. Austin, J. L.: „Zur Theorie der Sprechakte", S. 112 ff.; vgl. auch ders.: „Gesammelte philosophische Aufsätze", S. 305 ff.

Sprachopfer des Verbalradikalen empfindet sich selbst jedoch nicht als *Opfer* eines Marktes, als Abnehmer von „*Image-Fabrikanten*"[56], genausowenig wie die Opfer der politischen Täuschung sich als Getäuschte bezeichnen, denn die Einsicht in diese Täuschung hätte sie bereits vor dem Opferstatus bewahrt und zu Systemkritikern gemacht.

V. Sprachrand und Sprachmitte

Systemkritische Positionen können aus Sicht der Inhaber von Hegemonie oftmals getrost an den politischen Rand gedrängt werden. Es besteht wenig Bemühung um das politisch Marginalisierte, denn der Kampf um die ideologische Mitte der Gesellschaft ist längst zu einem Wettbewerb der pragmatischen Konvergenz der Parteien zum Zweck der Sicherung von Mehrheiten geworden. Der Machterhalt wird kaum mehr durch marginalisierte Positionen gefährdet, sondern erst dann, wenn sein *Bild nach außen* ins Wanken gerät. Im politischen Diskurs wird *Image* auch nicht mehr mit *Bild* übersetzt, da es sich längst vom Begriff des Bildes entfernt hat. Das Bild ist rhetorisch von langer Hand zu seiner Wirkung transformiert worden, zum Ruf und zur Reputation, zum Ansehen. Das sprachliche Argument wird in der Politik, die auf die Mitte fokussiert, nicht primär auf seine Integrität hin überprüft, sondern auf seine „Mehrheitsfähigkeit", auf sein *perlokutionäres*[57] Prestigepotential, das mit dem Aussageakt selbst nicht einmal in direkter zeitlicher Verbindung zu stehen braucht. Jeder Verstoß gegen die politische Linie wird geahndet, zwar nicht mit drohender Deportation wie in totalitären Regimen, aber dennoch mit schwerwiegenden Konsequenzen politisch-sozialer Ausgrenzung.

---

56 Arendt, H.: „Wahrheit und Lüge in der Politik", S. 14
57 vgl. Austin, J. L.: „Zur Theorie der Sprechakte", S. 120 ff.

Die politisch-ideologische Tendenz zur Mitte entwickelt aus dem sozialistischen Arbeiterheer Europas sozialdemokratische Aufsteiger, ohne daß diese den eigenen sozioökonomischen Prozeß reflexiv mitzuvollziehen hätten. Die politisch-ideologische Tendenz zur Mitte gewährt dem *„Kleinbürgertum"*, das niemals in der Geschichte der Menschheit originärer Träger von Kultur, sondern, seinem *„Gesellschafts-Charakter"*[58] nach zumeist eine mäßig leidenschaftliche, opportunistische Mitläuferschicht war, in der Nachkriegszeit soziopolitische Sicherheit und Stabilität. Die Inanspruchnahme dieser nicht nur erworbenen, sondern auch erhaltenen Sicherheit samt zugefallenen Ressourcen läßt diese Gesellschaftsschichten den Verführungen des rücksichtslosen Konsumismus erliegen. Die Sprache jener in den Potemkinschen Dörfern der „Alles ist möglich"-Täuschungen heimisch gewordenen Mitte der Gesellschaft ging diesen sozioökonomischen Aufstieg der Jahrzehnte nach dem Zweiten Weltkrieg mit: Die Tendenz zur Mitte milderte etwa den Rassismus zu Xenophobie ab, als Affektverlagerung auf dem Weg eines fragwürdigen Zivilisationsprozesses, der die Sicherheit suggeriert, daß es zu keiner Entladung der Affekte mehr kommen könne, da diese bereits aus der Sphäre der unmittelbaren Entladung in eine Sphäre der gesetzlich normierten Gewalt des Staates übergegangen sind.[59]

Während in der Zwischenkriegszeit des zwanzigsten Jahrhunderts, in der Weimarer Republik und der Ersten Republik Österreichs, die ideologisch aufgeladene politische Linke für das Gros der Verbalradikalismen verantwortlich war, bis sie vom Nationalsozialismus und vom Kommunismus überflügelt wurde, entwickelt sich

---

58 Fromm, E.: „Die Furcht vor der Freiheit", S. 169
59 Vgl. Korte, H.: „Die etablierten Deutschen und ihre ausländischen Außenseiter", in Gleichmann, P., Goudsblom, J. u. Korte, H. (Hrsg.): „Macht und Zivilisation", S. 261 ff.; vgl. Elias, N.: „Über den Prozeß der Zivilisation", Bd. II, S. 322 ff.

in den Friedenszeiten der Nachkriegsordnung Europas die politische Rechte zur qualitativen und quantitativen Trägerin des Verbalradikalismus. Das vielfach nahe an deutschnationaler Sprachpraxis gelegene Vokabular und die Praxis der Bagatellisierung und Relativierung von damit hervorgerufenen Assoziationen werden von den meisten deutschen und österreichischen Rechtsparteien nicht historisch aufarbeitend beseitigt, sondern im Laufe der Nachkriegsjahrzehnte in erster Linie durch xenophobe Sprache und zentralismusfeindliches Anti-EU-Vokabular ersetzt.[60] Zahlreiche den Informationsmangel und die Selbsttäuschung nützende Szenarien der Bedrohung, die nicht auf der Ebene des konkreten Schreckens, der unmittelbaren Furcht sprachlich greifen, sondern die Grundbefindlichkeit der Angst berühren, finden Eingang in den politischen Diskurs.[61] Parteien des extremen rechten Spektrums operieren sprachlich mit Angstbildern und treffen damit den Kern der Befürchtungen großer Teile der Bevölkerung, indem diese ihre erworbenen und die ihnen zugefallenen Rechte gefährdet sehen. Erst durch die Übernahme von verbalradikalem Voka-

---

60 Der Wiederaufbau Österreichs nach dem Zweiten Weltkrieg steht als kontroversiell ablaufender Diskurs immer wieder im Zeichen der Umcodierung, in der die Befreiung vom Nationalsozialismus vielfach als Besatzung bezeichnet wird. Eine Fülle verbalradikaler Verteidigungsreflexe und terminologischer Umwertungen decken sich mit dem Selbstverständnis vom österreichischen Opfermythos. Das identitätsstiftende Thema der Nationalität wird von den Parteien der extremen Rechten nach Kriegsende zerteilt und auf zwei Ebenen transferiert, jene der staatsbürgerlichen Zugehörigkeit und jene der nationalen Zugehörigkeit. Eine Folge dessen ist, daß die Rechtsparteien spezifisch österreichnationale Aspekte zugunsten eines ostentativen Deutschnationalismus über Jahrzehnte in den Hintergrund treten lassen. Hingegen transformieren die österreichische(n) Mitte-Rechts-Partei(en) sowie deren Vorfeldorganisationen ihr politisches Vokabular am prononciertesten in die Richtung einer mehrheitsfähigen bürgerlichen Sprache.
61 Arendt, H.: „Wahrheit und Lüge in der Politik", S. 34

bular finden sich Teile dieser politischen Klientel in der Situation einer politischen Stellungnahme wieder, in der vermeintlichen Rolle des wehrhaften Urteilsvermögens, und verbleiben dennoch in der politischen „*Selbsttäuschung*"[62] verhaftet. Verbalradikalismen extremer Rechtsparteien operieren daher nach wie vor mit jenen sprachlichen Verkürzungen, die am effizientesten dazu in der Lage sind, Assoziationen, Bilder und Analogien hervorzurufen, welche trotz Herabsetzung der systemischen Komplexität die Wirklichkeit scheinbar erklären und begründen.

VI. „*Hate speech*"[63] und Zivilisationsprozess

Überall dort, wo die verbalradikale Sprache beginnt, in das Performative überzugehen, an jenen Stellen, wo durch den „*Modus der Anrede*"[64] die Performanz anhebt, *kann* Verbalradikalismus zur direkten Verletzung der Person werden. Im Ansetzen des Performativen werden nicht die Dinge in Gang gebracht und stören als „angestoßener Diskurs" die *Ordnung der Dinge*, sie setzen bereits davor an, an der Statik der Ordnung, an der Möglichkeit, überhaupt Ordnung zu sein. Der Eingriff des Verbalradikalen, etwa auch innerhalb eines *perlokutionären* oder *illokutionären* Sprechaktes im Sinne Austins, läßt das Verstehen dennoch *stets und zunächst* in die Möglichkeit dringen.[65] Selbst wenn sich die *illokutionäre* Sprachhandlung oder die *perlokutionäre* Folgewirkung einstellt, was nicht bestritten werden soll, hält die Mög-

---

62 ebda.: S. 41
63 Vgl. Butler, J.: „Hass spricht. Zur Politik des Performativen"; der Originaltitel lautet: „*Excitable Speech. A Politics of the Performative*".
64 ebda.: S. 10
65 Vgl. Austin, J. L.: „Zur Theorie der Sprechakte", S. 112 ff., vgl. auch Heidegger, M.: „Sein und Zeit", S. 145 ff.

lichkeit stets jenen Raum offen, in dem sich der hermeneutische Prozeß vollzieht. Denn es wird zunächst durch die sich mit Notwendigkeit vollziehende „... *Auslegung ... das Verstehen nicht etwas anderes, sondern es selbst. Auslegung gründet existenzial im Verstehen, und nicht entsteht dieses durch jene. Die Auslegung ist nicht die Kenntnisnahme des Verstandenen, sondern die Ausarbeitung der im Verstehen entworfenen Möglichkeiten.*"[66] Danach erst setzt das Performative ein; als Vollzug ist es jene Durchführung, jener Treibsatz, der den Worten *mitgegeben* ist. Die Macht und Autorität von Sprache – und in diesem Sinne widerspricht etwa Bourdieu der Theorie der Sprechakte Austins – gelangt stets nur *„von außen"* in die Sprache, als *„... delegierte Macht des Sprechers."*[67] Austin deklariert, daß die performative Kraft im Rahmen der Iterabilität und des Zitathaften verlorengeht, er spricht davon, daß performative Aussagen *„unernst oder nichtig"* werden, wenn diese etwa von einem *„Schauspieler auf der Bühne"*[68] gesprochen werden und daß die Wiederholung dem Performativen die Kraft entziehe, die Sprache *auszehre*. Doch gerade der Verbalradikalismus zeigt, sowohl als illokutionärer wie auch als perlokutionärer Akt, daß die Iteration dem Sprechakt keinen Abbruch tut, stets unter der Voraussetzung, daß die Wiederholung nicht eine ist, die einem einfachen Zitat entspricht, sondern als *„differentielle Typologie von Iteration"*[69] eine besondere, die Autorität erneuernde Wiederholung darstellt. Bourdieu räumt ein, daß performative Aussagen durchaus gelingen könnten,

---

66 Heidegger, M.: „Sein und Zeit", S. 148
67 Bourdieu, P.: „Was heißt sprechen? Die Ökonomie des sprachlichen Tausches", S. 73
68 Austin, J. L.: „Zur Theorie der Sprechakte", S. 43
69 Derrida, J.: „Signatur, Ereignis, Kontext", in ders.: „Randgänge der Philosophie", S. 310; zur Debatte Derrida–Searle vgl. u. a. die umfassende Darstellung von Rolf, E.: „Der andere Austin", S. 137 ff.

wenn den Worten die nötige Autorität mitgegeben wäre und erinnert daran, daß auch ein Ritual nur unter der Bedingung des Zusammenfallens von Autorität und Anerkennung erfolgreich ablaufen kann: *„Die Sprache der Autorität regiert immer nur dank der Kollaboration der Regierten ..."*[70]

Der Verbalradikalismus selbst verliert durch den besonderen Typus der Iteration nichts von seiner performativen Kraft, da jeder iterative Durchgang eine Wiederholung darstellt, die einer Erneuerung von Autorität gleichkommt. Denn der Prozeß der Erneuerung, als zwingendes Durchlaufen der Hermeneutik, fördert im Erneuern kein erneutes zweites Sprechen des Gleichen zutage, sondern es erfolgt im hermeneutischen Durchlauf stets eine Revision, eine Anreicherung der Iteration, ein erneutes vorstellendes Anschauen und Anhören des Textes. Daher ist die erfolgreiche Revision, als bestätigender, genehmigender Hinblick auch eine Erneuerung der Autorität, ein Zusprechen von Geltung und Gewähr, eine Wiederherstellung von Bedeutung. Die Autorität spricht nach erfolgreicher Revision nicht nur *erneut*, sondern gibt ihren Worten den Nachdruck *als* Autorität. Das stete Durchlaufen des hermeneutischen Prozesses zwecks Erneuerung der Autorität reichert auch das Verbalradikale an. Als erneuerte Autorität der Macht des Wortes, als das erneut Mitgegebene, stärkt sie die Beständigkeit des Verbalradikalen. Selbst ein Zitat verwundet.

Im Angesicht einer sich über mehrere Millennien erstreckenden Geistesgeschichte besteht kaum zureichend Grund für die Annahme, daß das Phänomen des Verbalradikalismus künftig durch bloße Appelle abgeschwächt werden kann. Aufrufe zur Mäßigung werden weiterhin rasch verhallen oder bereits vor ihrem Verhallen von

---

[70] Bourdieu, P.: „Was heißt sprechen? Die Ökonomie des sprachlichen Tausches", S. 79

neuen herannahenden Verbalradikalismen übertönt werden. Verbalradikale Sprache setzt Entscheidungen voraus, die getroffen werden, noch bevor ein Diskurs eröffnet und in Gang gesetzt wird. Verbalradikales Sprechen hält sich niemals entscheidungslos in der Möglichkeit zu Wort zu kommen auf, sondern hat, sobald es erklungen ist, seine Entscheidung längst getroffen. Der dann sichtbar werdende verbalradikale Diskurs ist nicht die Saat, sondern die Ernte einer Sprache, welcher eine Übertretung des antizipativen Sprach- und Bedeutungshorizontes zugrundeliegt, niemals kontingent, sondern von zerstörerischer Üppigkeit und negativer Kreativität, denn: *„Der Schoß ist fruchtbar noch, aus dem das kroch!"*[71] Der Zivilisationsprozeß der Sprache ist nicht an sein Ende gelangt, nur weil er die Möglichkeit zur Reife hatte. Der Charakter eines sich zivilisierenden Diskurses verbleibt, wie in den vergangenen wechselvollen Jahrtausenden, wohl auch zukünftig in unheilvoller Synchronie mit dem *Prozeß der Zivilisation* verbunden, jener Entwicklung, von der Norbert Elias meint, sie sei nach wie vor erst im Entstehen begriffen.[72]

---

71 Brecht, B.: „Der Aufstieg des Arturo Ui", S. 127
72 vgl. Elias, N.: „Über den Prozeß der Zivilisation", Bd. II, S. 454

Literaturverzeichnis

Allerkamp, Andrea: „Anruf, Adresse, Appell. Figurationen der Kommunikation in Philosophie und Literatur", Bielefeld 2005
Althusser, Louis: „Ideologie und ideologische Staatsapparate", Hamburg 2010
„Sur le Contrat Social", Houilles 2009
Angehrn, Emil u. Küchenhoff, Joachim (Hrsg.): „Macht und Ohnmacht der Sprache. Philosophische und psychoanalytische Perspektiven", Weilerswist 2012
Arendt, Hannah : „Macht und Gewalt", München 1990
„Über die Revolution", München 1965
„Wahrheit und Lüge in der Politik", München 1972
Aristoteles: „Poetik", Stuttgart 1994
„Politik", Hamburg 1958
„Politikon", Oxford 1962
„Rhetorik", München 1993
„Rhetorik", GW, Bd. IV, Berlin 2002
Armanski, Gerhard: „Es begann in Clermont. Der erste Kreuzzug und die Genese der Gewalt in Europa", Pfaffenweiler 1995
Arnim, Hans von (Hrsg.): „Stoicorum Veterum Fragmenta", Bde. I–IV, Stuttgart 1964
Asbridge, Thomas: „Die Kreuzzüge", Stuttgart 2010
Assmann, Aleida u. Jan (Hrsg.): „Kanon und Zensur", München 1987
Assmann, Jan: „Das kulturelle Gedächtnis. Schrift, Erinnerung und politische Identität in frühen Hochkulturen", München 2005
„Die mosaische Unterscheidung oder der Preis des Monotheismus", München 2003
„Monotheismus und die Sprache der Gewalt", Wien 2006
Aßfahl, Gerhard: „Vergleich und Metapher bei Quintilian", Stuttgart 1932
Auffarth, Christoph: „Irdische Wege und himmlischer Lohn. Kreuzzug, Jerusalem und Fegefeuer in religionswissenschaftlicher Perspektive", Göttingen 2002
Augustinus, Aurelius: „Contra Faustum Libri XXXIII", in: „Corpus Scriptorum Ecclesiasticorum Latinorum", Bd. XXV, S. 249–797, Wien 1891

„De doctrina christiana", in: „Oeuvres de Saint Augustin. La Doctrine Chrétienne", Bd. XI, Paris 1997
„De Civitate Dei Libri XXII", Bde. I–II, Stuttgart 1993
„Die Bekenntnisse", Einsiedeln 1985
„Die christliche Bildung", Stuttgart 2002
Austin, John Langshaw: „Gesammelte philosophische Aufsätze", Stuttgart 1986
„Zur Theorie der Sprechakte", Stuttgart 2002

Balibar, Renée: „Le colinguisme", Paris 1993
„L'institution du français. Essai sur le colinguisme des Carolingiens à la République", Paris 1985
Barr, James: „Biblical Faith and Natural Theology", Oxford 1993
„Comparative Philology and the Text of the Old Testament", Winona Lake 1987
Barthes, Roland: „Mythen des Alltags", Frankfurt 1992
Barwick, Karl: „Das rednerische Bildungsideal Ciceros", Berlin 1963
„Probleme der stoischen Sprachlehre und Rhetorik", Berlin 1957
Bauer, Gerhard: „Sprache und Sprachlosigkeit im »Dritten Reich«", Köln 1990
Becker, Alfons: „Papst Urban II. (1088–1099)", Bde. I–II, Stuttgart 1964 u. 1988
Becker, Carl: „The Declaration of Independence", New York 1922
Becker, Joachim: „Gottesfurcht im Alten Testament", Rom 1965
Becker, Wilhelm A.: „Handbuch der römischen Alterthümer", Bd. IV, Leipzig 1856
Beißwenger, Michael: „Totalitäre Sprache und textuelle Konstruktion von Welt", Stuttgart 2000
Bellamy, Alex J.: „Just Wars. From Cicero to Iraq", Cambridge 2006
Benjamin, Walter: „Gesammelte Schriften", Bd. II, Frankfurt 1991
Black, Max: „Language and Philosophy", Ithaka NY 1963
„Models and Metaphors", Ithaka NY 1981
Blumenberg, Hans: „Die Lesbarkeit der Welt", Frankfurt 1993
„Paradigmen zu einer Metaphorologie", Bonn 1960
Bohleber, Werner u. Drews, Jörg (Hrsg.): „»Gift, das du unbewußt eintrinkst«. Der Nationalsozialismus und die deutsche Sprache", Bielefeld 1991
Botz, Gerhard: „Gewalt in der Politik. Attentate, Zusammenstöße, Putschversuche, Unruhen in Österreich 1918–1938", München 1983

Bourdieu, Pierre: „Was heißt sprechen? Die Ökonomie des sprachlichen Tausches", Wien 1990

Brandt, Friedrich: „Gläntzende Taubenflügel. Ausführlicher Bericht von dem Leben und Todt Herrn Friederich Taubmanns", Kopenhagen 1675

Braulik, Georg: „Die Mittel deuteronomischer Rhetorik", Rom 1978

„Studien zum Deuteronomium und seiner Nachgeschichte", Stuttgart 2001

Brecht, Bertolt: „Der Aufstieg des Arturo Ui", Frankfurt 2004

Brown, Peter: „Macht und Rhetorik in der Spätantike. Der Weg zu einem »christlichen Imperium«", München 1995

Brox, Norbert: „Kirchengeschichte des Altertums", Düsseldorf 1995

„Zeuge und Märtyrer. Untersuchungen zur frühchristlichen Zeugnis-Terminologie", München 1961

Bruns, Peter u. Gresser, Georg (Hrsg.): „Vom Schisma zu den Kreuzzügen", Paderborn 2005

Burckhardt, Jacob: „Griechische Kulturgeschichte", GW, Basel 1956

Busse, Winfried u. Trabant, Jürgen (Hrsg.): „Les Idéologues. Sémiotique, théories et politiques linguistiques pendant la Révolution française", Amsterdam 1986

Butler, Judith: „Haß spricht. Zur Politik des Performativen", Frankfurt 2006

Canetti, Elias: „Das Gewissen der Worte", Frankfurt 1985

„Masse und Macht", Frankfurt 1989

Cassirer, Ernst; Starobinski, Jean u. Darnton, Robert: „Drei Vorschläge, Rousseau zu lesen", Frankfurt 1989

Causeret, Charles: „Étude sur la langue de la rhétorique et de la critique littéraire dans Cicéron", Paris 1886

Christ, Karl: „Krise und Untergang der römischen Republik", Darmstadt 2000

Cicero, Marcus Tullius: „Ad C. Herennium: de ratione dicendi", London 1989"

„Akademische Abhandlungen. Lucullus", Hamburg 1995

„Brutus", München 1990

„De officiis", Frankfurt 1991

„De Oratore", Lib. I–III, Düsseldorf 2007

„Die Reden gegen Verres", Düsseldorf 1999

„Epistolae ad familiares", München 1989

„Gespräche in Tusculum", München 1970

„Orator", München 1988
„Sämtliche Reden", Bde. I–VI, Zürich 1980
„Staatsreden.", Bde. I–III, Berlin 1981
„Vier Reden gegen Catilina", Stuttgart 1998
Clairvaux, Bernhard von: „Bernhard von Clairvaux. Sämtliche Werke" (Hrsg. Winkler, G. B.), Bd. III, Innsbruck 1992
Classen, Carl Joachim: „Recht – Rhetorik – Politik: Untersuchungen zu Ciceros rhetorischer Strategie", Darmstadt 1985
Clauss, Manfred: „Kaiser und Gott. Herrscherkult im römischen Reich", Stuttgart 1999
Cobet, Christoph: „Der Wortschatz des Antisemitismus in der Bismarckzeit", München 1973
Corbineau-Hoffmann, Angelika u. Nicklas, Pascal (Hrsg.): „Gewalt der Sprache – Sprache der Gewalt", Hildesheim 2000
Craig, Christopher, P.: „Form as Argument in Cicero's Speeches. A Study of Dilemma", Atlanta 1993
Crenshaw, James L. and Willis, John T. (Hrsg.): „Essays in Old Testament Ethics", New York 1974
Crüsemann, Frank: „Das »portative Vaterland«. Struktur und Genese des alttestamentlichen Kanons", in: Assmann, Aleida u. Jan (Hrsg.): „Kanon und Zensur", S. 63–79, München 1987

Deleuze, Gilles: „Foucault", Frankfurt 1987
Delgado, Richard and Jean Stefancic: „Understanding Words that Wound", Boulder 2004
Derrida, Jacques: „Die Schrift und die Differenz", Frankfurt 2000
„Die Stimme und das Phänomen", Frankfurt 1979
„Dissemination", Wien 1995
„Einsprachigkeit", München 2003
„Gesetzeskraft. Der mystische Grund der Autorität", Frankfurt 1991
„Grammatologie", Frankfurt 1994
„Randgänge der Philosophie", Wien 1988
„Schibboleth. Für Paul Celan" Wien 1996
„Wie nicht sprechen. Verneinungen", Wien 1989
Dieckmann, Walther: „Politische Sprache. Politische Kommunikation", Heidelberg 1981
„Sprache in der Politik", Heidelberg 1969
Domarus, Max (Hrsg.): „Hitlers Reden und Proklamationen 1932–1945", München 1965
Döring, Klaus u. Ebert, Theodor (Hrsg.): „Dialektiker und Stoiker. Zur Logik der Stoa und ihrer Vorläufer", Stuttgart 1993

Dörrie, Heinrich: „Platonica Minora", München 1976
Dougnac, Françoise u. Geffroy, Annie (Hrsg.): „Dictionnaire des usages socio-politiques (1770–1815)", Bd. IV, Paris 1989
Duerr, Hans Peter: „Der Mythos vom Zivilisationsprozeß", Bde. I–V, Frankfurt 1997–2002

Ebeling, Gerhard: Evangelische Evangelienauslegung: eine Untersuchung zu Luthers Hermeneutik", Tübingen 1991
Ehlich, Konrad (Hrsg.): „Sprache im Faschismus", Frankfurt 1995
Elias, Norbert: „Engagement und Distanzierung", Frankfurt 1987
„Über den Prozeß der Zivilisation", Bde. I–II, Frankfurt 1976
Elshtain, Jean B. (Hrsg.): „Just War Theory", Oxford 1992
Ennius, Quintus: „Ennianae poesis reliquiae", Leipzig 1903
Epictetus: „Unterredungen Epiktets", (aufgez. v. Flavius Arrianus), Altona / Hamburg 1801
Erdmann, Carl: „Die Entstehung des Kreuzzugsgedankens", Stuttgart 1965
Esterbauer, R., Ebenbauer, P. u. Wessely, C. (Hrsg.): „Religiöse Appelle und Parolen. Interdisziplinäre Analysen zu einer neuen Sprachform", Stuttgart 2008
Eusebius: „Die Kirchengeschichte", (Hrsg. Mommsen T.), Berlin 1999

Fairclough, Norman: „Critical Discourse Analysis: the Critical Study of Language", Harlow 1995
Feichter, Helmut: „Das Linzer Programm der österreichischen Sozialdemokratie", Wien 1973
Foucault, Michel: „Archäologie des Wissens", Frankfurt 1992
„Die Ordnung der Dinge", Frankfurt 1988
„Die Ordnung des Diskurses", Frankfurt 1991
„In Verteidigung der Gesellschaft", Frankfurt 2001
„Sexualität und Wahrheit", Bd. I, Frankfurt 1989
„Überwachen und Strafen", Frankfurt 2001
Friedrich, Udo u. Quast, Bruno (Hrsg.): „Präsenz des Mythos. Konfiguration einer Denkform in Mittelalter und Neuzeit", Berlin 2004
Fromm, Erich: „Die Furcht vor der Freiheit", Frankfurt 1980

Fuhrmann, Manfred (Hrsg.): „Terror und Spiel. Probleme der Mythenrezeption", München 1971
Fuhrmann, Manfred: „Die antike Rhetorik", München 1984
„Geschichte der römischen Literatur" Stuttgart 1999

Furet, François: „Jean-Jacques Rousseau und die Französische Revolution", Wien 1994
Furet, François u. Richet, Denis: „Die Französische Revolution", Frankfurt 1968
Furet François u. Halévi, Ran (Hrsg.): „Orateurs de la Révolution française", Bd. I, Paris 1989
Furet, François u. Ozouf, Mona (Hrsg.): „Kritisches Wörterbuch der Französischen Revolution. Institutionen und Neuerungen, Ideen, Deutungen und Darstellungen", Bd. II, Frankfurt 1996

Gadamer, Hans-Georg: „Gesammelte Werke", Bde. I–X, Tübingen 1999
„Wahrheit und Methode", Tübingen 1990
Gallo, Max: „Robespierre", Stuttgart 2007
Garz, Detlef (Hrsg.): „Die Welt als Text", Frankfurt 1994
Gerhardt, Volker u. Herold, Norbert (Hrsg.): „Wahrheit und Begründung", Würzburg 1985
Gleichmann, Peter; Goudsblom, Johan u. Korte, Hermann (Hrsg.): „Macht und Zivilisation", Frankfurt 1984
Goethe, Johann Wolfgang von: „Faust", Leipzig 1983
Grimm, Jacob u. Wilhelm: „Deutsches Wörterbuch", München 1999
Grotius, Hugo: „Vom Recht des Krieges und des Friedens", Bücher I–II, Tübingen 1950
Guilhaumou, Jacques: „Sprache und Politik in der Französischen Revolution", Frankfurt 1989
Gumbrecht, Hans Ulrich: „Funktionen parlamentarischer Rhetorik in der Französischen Revolution", München 1978

Habermas, Jürgen: „Der philosophische Diskurs der Moderne", Frankfurt 1985
„Moralbewußtsein und kommunikatives Handeln", Frankfurt 1983
Haendler, Gert: „Die Rolle des Papsttums in der Kirchengeschichte bis 1200", Göttingen 1993
Hagenmeyer, Heinrich (Hrsg.): „Fulcheri Cartonensis Historia Hierosolymitana", Heidelberg 1913
Haller, Johannes: „Das Papsttum. Idee und Wirklichkeit" Bde. I–V, München 1965
Hamp, Vinzenz u. Stenzel, Meinrad u. Kürzinger, Josef (Hrsg.): „Die Heilige Schrift des Alten und Neuen Testaments", Augsburg 1994

Hébert, Jacques-René: „Den Papst an die Laterne, die Pfaffen in die Klapse! Schriften zu Kirche und Religion 1790–1794", Freiburg 2003
„Père Duchesne", (Reihentitel: „Je suis le véritable Père Duchesne, foutre."), 1790–1794, Domaine public Bibliothèque Nationale de France, Paris
Hegel, Georg Wilhelm Friedrich: „Enzyklopädie der philosophischen Wissenschaften", Bde. I–III, Frankfurt 1996
„Phänomenologie des Geistes", Frankfurt 1989
„Vorlesungen über die Geschichte der Philosophie", Bde. I–III, Frankfurt 1998
„Vorlesungen über die Philosophie der Geschichte", Frankfurt 1970
Heiber, Helmut (Hrsg.): „Goebbels-Reden", Bde. I–II, Düsseldorf 1971–1972
Heidegger, Martin: „Der Satz vom Grund", Stuttgart 1997
„Identität und Differenz", Stuttgart 1996
„Sein und Zeit", Tübingen 1993
„Unterwegs zur Sprache", Stuttgart 1997
Hellwig, Antje: „Untersuchungen zur Theorie der Rhetorik bei Platon und Aristoteles", Göttingen 1973
Hiestand, Rudolf: „Gott will es! – Will Gott es wirklich? Die Kreuzzugsidee in der Kritik ihrer Zeit", Stuttgart 1998
Hobbes, Thomas: „Leviathan oder Stoff, Form und Gewalt eines kirchlichen und bürgerlichen Staates", Frankfurt 2011
Hobbs, T. Raymond: „A Time for War. A Study of Warfare in the Old Testament", Wilmington 1989
Höffe, Otfried: „Ethik und Politik. Grundmodelle und -probleme der praktischen Philosophie", Frankfurt 1979
Homer: „Ilias", München 1974
„Odyssee", München 1990
Hülser, Karlheinz (Hrsg.): „Die Fragmente zur Dialektik der Stoiker", Bde. I–IV, Stuttgart 1986–1988
Humboldt, Wilhelm von: „Über die Verschiedenheit des menschlichen Sprachbaues und ihren Einfluß auf die geistige Entwicklung des Menschengeschlechts", Paderborn 1998

Jäger, Siegfried: „Kritische Diskursanalyse", Münster 2004
Jäger, Siegfried (Hrsg.): „Wie kritisch ist die Kritische Diskursanalyse?", Münster 2008

Janssen, Dieter u. Quante, Michael (Hrsg.): „Gerechter Krieg. Ideengeschichtliche, rechtsphilosophische und ethische Beiträge", Paderborn 2003

Kaltenbrunner, Gerd-Klaus (Hrsg.): „Sprache und Herrschaft. Die umfunktionierten Wörter", München 1975
Kant, Immanuel: „Die Metaphysik der Sitten", Frankfurt 1991
„Kritik der praktischen Vernunft. Grundlegung zur Metaphysik der Sitten", Frankfurt 1991
„Kritik der reinen Vernunft", Bde. I–II, Frankfurt 1992
„Kritik der Urteilskraft", Frankfurt 1992
„Über den Gemeinspruch: Das mag in der Theorie richtig sein, taugt aber nicht für die Praxis", in „Kants Werke", Bd. VIII, S. 273–313, Berlin 1968
Kaster, Robert A.: „Guardians of Language: The Grammarian and Society in Late Antiquity", Berkeley 1988
Kegel, Jens: „»Wollt Ihr den totalen Krieg?« Eine semiotische und linguistische Gesamtanalyse der Rede Goebbels' im Berliner Sportpalast am 18. Februar 1943", Tübingen 2006
Keller, Reiner: „Wissenssoziologische Diskursanalyse", Wiesbaden 2005
Kennedy, George, A.: „A New History of Classical Rhetoric", Princeton 1994
„Classical Rhetoric and Its Christian and Secular Tradition from Ancient to Modern Times", Chapel Hill 1999
„Comparative Rhetoric", New York 1998
Kleemeier, Ulrike: „Grundfragen einer philosophischen Theorie des Krieges", Berlin 2002
Klein, Richard (Hrsg.): „Das frühe Christentum bis zum Ende der Verfolgungen", Bde. I–II, Darmstadt 1993
Klemperer, Victor: „LTI. Notizbuch eines Philologen", Leipzig 1991
Klingner, Friedrich: „Römische Geisteswelt", München 1965
Kindermann, Heinz: „Theatergeschichte Europas. Theater der Antike und des Mittelalters", Bd. I, Salzburg 1957
Konrad, Helmut (Hrsg.): „... der Rest ist Österreich: Das Werden der Ersten Republik", Bde. I–II, Wien 2008.
Kopperschmidt, Josef (Hrsg.): „Politik und Rhetorik. Funktionsmodelle politischer Rede", Opladen 1995
Koselleck, Reinhart: „Zur historisch-politischen Semantik asymmetrischer Gegenbegriffe", in Weinrich, Harald (Hrsg.): „Positionen der Negativität", S. 65–104, München 1975
Koslowski, Peter: „Die religiöse Dimension der Gesellschaft", Tübingen 1985

Lafargue, Paul: „Die französische Sprache vor und nach der Revolution", in Baumgarten, Jürgen (Hrsg.): „Paul Lafargue. Die französische Sprache vor und nach der Revolution. Die Anfänge der Romantik", Hamburg 1988

Lakanal, Joseph: „Rapport sur J. J. Rousseau fait au nom du Comité d'Instruction Publique", 29 Fructidor an II, Paris 1794 (Digitalisat der theologischen Fakultätsbibliothek Lausanne)

Lange, Gerhard: „Sprachform und Sprechform in Hitlers Reden", in: „Muttersprache. Zeitschrift zur Pflege und Erforschung der deutschen Sprache", Jahrgang 78, S. 342–349, Mannheim 1968

Lefèvre, Eckard: „Panaitios' und Ciceros Pflichtenlehre: vom philosophischen Traktat zum politischen Lehrbuch", Stuttgart 2001

Lehmann, Hartmut u. Oexle, Otto G. (Hrsg.): „Nationalsozialismus in den Kulturwissenschaften", Bd. I, Göttingen 2004

Leichter, Otto: „Glanz und Ende der Ersten Republik", Wien 1964

Lenchak, Timothy A.: „»Choose Life!« A Rhetorical-Critical Investigation of Deuteronomy 28,69–30,20", Rom 1993

Leser, Norbert: „Zwischen Reformismus und Bolschewismus. Der Austromarxismus als Theorie und Praxis", Wien 1985

Leser, Norbert u. Sailer-Wlasits, Paul (Hrsg.): „1927 – Als die Republik brannte. Von Schattendorf bis Wien", Wien 2002

Lévinas, Emmanuel: „Die Spur des Anderen", München 1998
„Die Zeit und der Andere", Hamburg 1995
„Gott, der Tod und die Zeit", Wien, 1996
„Humanismus des anderen Menschen", Hamburg 1989
„Jenseits des Seins oder anders als Sein geschieht", München 1992

Libanios: „Kaiserreden", Stuttgart 2002

Lind, Millard C.: „Yahweh is a Warrior. The Theology of Warfare in Ancient Israel", Scottdale 1980

Lindemann, Andreas (Hrsg.): „Die Clemensbriefe", Tübingen 1992

Locke, John: „Zwei Abhandlungen über die Regierung", Frankfurt 1977

Lohfink, Norbert: „Krieg und Staat im alten Israel", Barsbüttel 1992
„Studien zum Deuteronomium und zur deuteronomistischen Literatur", Bd. III u. V, Stuttgart 1995 u. 2005

Lohfink, Norbert (Hrsg.): „Das Deuteronomium. Entstehung, Gestalt und Botschaft", Leuven 1985

Luhmann, Niklas: „Vertrauen. Ein Mechanismus der Reduktion sozialer Komplexität", Stuttgart 2000

Luther, Martin: „Die Bibel. Die Ganze Heilige Schrift des Alten und Neuen Testaments", Dreieich 1986

Lyotard, Jean-François: „Der Widerstreit", München 1989

Maas, Utz: „»Als der Geist der Gemeinschaft eine Sprache fand«. Sprache im Nationalsozialismus", Opladen 1984
  „Sprachpolitik und politische Sprachwissenschaft", Frankfurt 1989
Mantovani, Mauro: „Bellum iustum. Die Idee des gerechten Krieges in der römischen Kaiserzeit", Bern 1990
Marcuse, Herbert: „Der eindimensionale Mensch", Darmstadt 1985
Markov, Walter: „Die Freiheiten des Priesters Roux", Berlin 1967
  „Exkurse zu Jacques Roux", Berlin 1970
  „Revolution im Zeugenstand. Frankreich 1789–1799", Bde. I–II, Leipzig 1982
  „Volksbewegungen der Französischen Revolution", Frankfurt 1976
Marouzeau, Jules: „Quelques aspects de la formation du latin littéraire", Paris 1949
Mayer, Hans Eberhard: „Geschichte der Kreuzzüge", Stuttgart 1980
McCarthy, Dennis J.: „The Wrath of Yahweh and the Structural Unity of the Deuteronomistic History", in Crenshaw, James L. u. Willis John T. (Hrsg.): „Essays in Old Testament Ethics", S. 97–107, New York 1974
Michel, Alain: „Rhétorique et philosophie chez Cicéron", Paris 1960
Mommsen, Theodor: „Römische Geschichte", Bde. I–V, Berlin 1903–1904
Montesquieu, Charles-Louis de: „Vom Geist der Gesetze", Stuttgart 1994
Musenides, Takis: „Aischylos und sein Theater", in ders.: „Die Bühnenkunst der Antike", Bd. I, Berlin 1937

Origenes: „De principiis libri IV", Darmstadt 1992
Otto, Rudolf: „Das Heilige: Über das Irrationale in der Idee des Göttlichen und sein Verhältnis zum Rationalen", Gotha 1926

Pascal, Blaise: „Oeuvres Complètes", Paris 1954
Platon: „Sämtliche Dialoge" (Übers. Otto Apelt), Bde. I–VII, Hamburg 1993
  „Sämtliche Werke" (Übers. Friedrich Schleiermacher), Bde. I–X, Frankfurt 1991
Plinius Caecilius Secundus, Gaius: „C. Plini Caecili Secundi epistularum libri novem; C. Plini Caecili Secundi epistularum ad Traianum liber.", Leipzig 1992

Pohlenz, Max: „Die Stoa. Geschichte einer geistigen Bewegung", Göttingen 1970
  „Zenon und Chrysipp", in Gesellschaft der Wissenschaften zu Göttingen/Kees, H. (Hrsg.): „Nachrichten aus der Altertumswissenschaft", Bd. II, S. 173–210, Göttingen 1938
Polenz, Peter von: „Deutsche Sprachgeschichte vom Spätmittelalter bis zur Gegenwart", Bd. III, Berlin 1999

Quintilianus, Marcus Fabius: „Institutio oratoria", Lib. I–XII, Bde. I–II, Darmstadt 1988

Rad, Gerhard von: „Der Heilige Krieg im alten Israel", Göttingen 1952
Reichardt, Rolf: „Das Blut der Freiheit. Französische Revolution und demokratische Kultur", Frankfurt 2002
Rief, Josef: „»Bellum« im Denken und in den Gedanken Augustins", Barsbüttel 1990
Riley, Patrick: „The general will before Rousseau. The transformation of the divine into the civic", Princeton 1986
Riley-Smith, Jonathan: „Wozu heilige Kriege? Anlässe und Motive der Kreuzzüge" Berlin 2005
Riley-Smith, Louise a. Jonathan: „The Crusades. Idea and Reality, 1095–1274", London 1981
Robespierre, Maximilien: „Ausgewählte Texte", Hamburg 1971
Rolf, Eckard: „Der andere Austin", Bielefeld 2009
  „Metaphertheorien", Berlin 2005
Rosenfeld, Sophia: „A Revolution in Language. The Problem of Signs in Late Eighteenth-Century France", Stanford 2001
Rotelle, John E. (Hrsg.): „Teaching Christianity. De Doctrina Christiana", New York 1996
Rousseau, Jean-Jacques: „Abhandlung von dem Ursprung der Ungleichheit unter den Menschen", Weimar 2000
  „Emil oder über die Erziehung", Paderborn 1971
  „Essay über den Ursprung der Sprachen", in ders.: „Musik und Sprache.", S. 99–168, Wilhelmshaven 1984
  „Oeuvres Complètes", Bde. I–V, Paris 1964
  „Vom Gesellschaftsvertrag oder Grundlagen des politischen Rechts", Frankfurt 1996
Roux, Jacques: „Freiheit wird die Welt erobern. Reden und Schriften", Leipzig 1985
  „Scripta et acta", Berlin 1969
Rowlett, Lori L.: „Joshua and the Rhetoric of Violence", Sheffield 1996

Russell, Frederick H.: „The Just War in the Middle Ages", Cambridge 1977
Russo, Antonio: „La filosofia della retorica in Aristotele", Napoli 1962

Sailer-Wlasits, Paul: „Die Rückseite der Sprache. Philosophie der Metapher", Wien 2003
„Hermeneutik des Mythos. Philosophie der Mythologie zwischen Lógos und Léxis", Wien 2007
Saussure, Ferdinand de: „Grundfragen der allgemeinen Sprachwissenschaft", Berlin 1967
Schiewe, Jürgen: „Die Macht der Sprache. Eine Geschichte der Sprachkritik von der Antike bis zur Gegenwart", München 1998
Schmitz-Berning, Cornelia: „Vokabular des Nationalsozialismus", Berlin 2000
Schnitzler, Arthur: „Tagebuch 1927–1930", Wien 1997
Schoedel, William R.: „Die Briefe des Ignatius von Antiochien", München 1990
Scholl, Reinhold: „Historische Beiträge zu den julianischen Reden des Libanios", Stuttgart 1994
Schopenhauer, Arthur: „Die Welt als Wille und Vorstellung", Bde. I–II, Wiesbaden 1972
Schulte, Hans Kurt: „Orator. Untersuchungen über das ciceronianische Bildungsideal", Tübingen 1935
Searle, John R.: „Ausdruck und Bedeutung. Untersuchungen zur Sprechakttheorie", Frankfurt 1982
„Speech Acts – An Essay in the Philosophy of Language", Cambridge 1988
Sieburg, Friedrich: „Robespierre. Eine Biographie", Stuttgart 1958
Soboul, Albert: „Die große Französische Revolution: ein Abriß ihrer Geschichte (1789–1799)", Frankfurt 1988
Sorabji, Richard u. Rodin, David (Hrsg.): „The Ethics of War. Shared Problems in Different Traditions", Aldershot 2006
Stern, Philip D.: „The Biblical Herem: A Window on Israel's Religious Experience", Atlanta 1991
Sternberger, Dolf; Storz, Gerhard u. Süskind W. E.: „Aus dem Wörterbuch des Unmenschen", Frankfurt 1989
Stroh, Wilfried: „Die Macht der Rede", Berlin 2009
Suchan, Monika: „Macht verschafft sich Moral? Gewalt in der Politik der Reformpäpste", Stuttgart 2002

Tacitus, Cornelius P.: „Dialogus de oratoribus. Das Gespräch über die Redner", Düsseldorf 1998
„Dialogus de oratoribus. Streitgespräch über die Redner", Stuttgart 2005

Voltaire: „Mélanges", Paris 1961

Waldenfels, Bernhard: „Bruchlinien der Erfahrung. Phänomenologie, Psychoanalyse, Phänomenotechnik", Frankfurt 2002
Walser, Martin: „Das Prinzip Genauigkeit. Laudatio auf Victor Klemperer", Frankfurt 1996
Weber, Max: „Gesammelte Aufsätze zur Religionssoziologie", Bd. III, Tübingen 1976
„Gesammelte Aufsätze zur Wissenschaftslehre", Tübingen 1988
Weinzierl, Erika u. Skalnik, Kurt (Hrsg.): „Österreich 1918–1938: Geschichte der Ersten Republik", Bde. I–II, Wien 1983
Weische, Alfons: „Ciceros Nachahmung der attischen Redner", Heidelberg 1972
„Studien zur politischen Sprache der römischen Republik", Münster 1975
Weissenberg, Timo J.: „Die Friedenslehre des Augustinus. Theologische Grundlagen und ethische Entfaltung", Stuttgart 2005
Wendland, Paul: „Die hellenistisch-römische Kultur in ihren Beziehungen zum Judentum und Christentum", Tübingen 1912
Wodak, Ruth u. a.: „Zur diskursiven Konstruktion nationaler Identität", Frankfurt 1998
Wodak, Ruth u. Meyer, Michael (Hrsg.): „Methods of Critical Discourse Analysis", London 2009

Younger, K. Lawson: „Ancient Conquest Accounts. A Study in Ancient Near Eastern and Biblical History Writing", Sheffield 1990

Zöllner, Walter: „Geschichte der Kreuzzüge", Berlin 1990

Personenindex

Aaron 216
Abraham Ibn Esra 24
Adler, Friedrich 190
Adler, Max 190, 192, 193
Alarich I. 89
Alexios I. 113
Althusser, Louis 156
Aper, Iulius 82, 83
Arendt, Hannah 17, 135, 162, 168, 228, 233, 234, 236
Aristoteles 31, 48, 49, 52–55, 58–60, 69, 73, 76–81, 99, 103, 104, 143, 230
Armanski, Gerhard 121
Arnauld, Antoine 147
Arnim, Hans von 56
Asbridge, Thomas 116, 122, 123, 130
Aßfahl, Gerhard 84
Auffarth, Christoph 117
Augustinus, Aurelius 13, 65, 89, 90, 97–103, 106–111
Austerlitz, Friedrich 197–199
Austin, John Langshaw 36, 60, 77, 101, 111, 233, 234, 237, 238

Bacon, Francis 145
Balderich von Dol 114, 120
Balibar, Renée 141, 169
Bardmann, Theodor M. 191
Barr, James 29, 30, 34, 36, 39
Barthes, Roland 231
Barwick, Karl 64, 78
Bauer, Gerhard 225
Bauer, Otto 182, 187–190, 194, 195, 203–205
Bayle, Pierre 218
Becker, Alfons 113, 114, 122

Becker, Carl 145
Becker, Joachim 41, 42
Becker, Wilhelm A. 215
Beißwenger, Michael 219
Benjamin, Walter 205, 206
Bernhard von Clairvaux 123, 125–128
Billaud-Varenne, Jacques Nicolas 174
Black, Max 61
Blumenberg, Hans 230
Bordes, Charles 154
Botz, Gerhard 177, 179
Bourdieu, Pierre 238, 239
Brandt, Friedrich 44
Braulik, Georg 20, 24, 25, 27, 33
Brecht, Bertolt 240
Brown, Peter 71
Brox, Norbert 94
Buber, Martin 34, 45
Buchez, Philippe 138
Butler, Judith 203, 224, 237

Caesar, Gaius Iulius 74, 84
Caesar Strabo, Gaius Iulius 74
Canetti, Elias 34, 189, 221–223
Cassirer, Ernst 151, 154
Cassius Severus 84
Catilina 72, 77
Cato (Marcus Porcius Cato Censorius) 67, 71, 84, 85
Causeret, Charles 81
Christ, Karl 67
Chrysippos 57
Cicero, Marcus Tullius 47, 57, 64, 67, 69–78, 80–82, 84, 100, 101, 103–105, 107

Classen, Carl Joachim 74, 77
Clauss, Manfred 93
Clemens von Rom 94
Cobet, Christoph 226
Cotta, Gaius Aurelius 74
Courtois, Edme-Bonaventure 135, 173
Crassus, Lucius Licinius 74, 76
Crenshaw, James L. 36, 41
Csmarits, Matthias 181

Danton, Georges Jacques 139, 163
Darnton, Robert 151, 154
Decius, Gaius Messius Quintus Traianus 90
Deleuze, Gilles 63
Demosthenes 69, 70
Derrida, Jacques 63, 137, 206, 221, 229, 238
Deutsch, Julius 182
Dieckmann, Walther 223, 225
Diogenes Laertios 56
Diokletian (Aurelius Gaius Valerius Diocletianus) 90, 118
Domergue, François-Urbain 168
Domitian (Titus Flavius Domitianus) 90, 94
Dörrie, Heinrich 171
Dougnac, Françoise 140, 142, 169
Duerr, Hans Peter 133

Ehlich, Konrad 227
Eisenhower, Dwight D. 133
Eleasar 216
Elias, Norbert 92, 133, 189, 232, 235, 240
Elshtain, Jean B. 106
Empedokles 47

Engels, Friedrich 191
Ennius, Quintus 68, 70, 71
Epiktet (Epíktētos) 96
Epikur (Epíkouros) 96
Erdmann, Carl 113, 116, 120, 122, 131
Esterbauer, Reinhold 212
Eugen III. 122, 124, 125, 129
Eusebius von Caesarea 91, 93

Fairclough, Norman 229
Faustus von Mileve 107, 108
Fichte, Johann Gottlieb 155
Foucault, Michel 62, 63, 137, 210, 229
Fournier, Georges 169
Friedrich I. 130, 131
Fromm, Erich 235
Fuhrmann, Manfred 48, 51, 69, 77, 85
Fulcher von Chartres 114, 115, 118–120
Furet, François 140, 160–162, 170

Gadamer, Hans-Georg 46
Gallo, Max 171
Gardy, Philippe 169
Geffroy, Annie 140, 142
Geißner, Hellmut 168
Gleichmann, Peter 235
Goebbels, Joseph 210, 219, 222–225
Goethe, Johann Wolfgang von 47, 173
Gorgias von Leontinoi 48–53, 55
Goudsblom, Johan 235
Gregor VII. 113
Gregor VIII. 117, 130
Grimm, Jacob u. Wilhelm 28
Grössing, Josef 181
Grotius, Hugo 142, 143
Guibert von Nogent 114, 120

Guilhaumou, Jacques 140, 168, 174
Gumbrecht, Hans Ulrich 165

Haendler, Gert 65
Hagenmeyer, Heinrich 89, 114, 115, 118–120, 122
Halévi, Ran 170
Haller, Johannes 65, 120, 123, 129
Hébert, Jacques-René 140, 169, 170
Hegel, Georg Wilhelm Friedrich 136, 158, 172, 175
Heiber, Helmut 219, 222, 224
Heidegger, Martin 79, 237, 238
Hellwig, Antje 48, 78
Herodianus 59
Hiestand, Rudolf 122, 129, 132
Hill, Edmund 98
Hindenburg, Paul von 213
Hitler, Adolf 210, 213, 225
Hobbes, Thomas 143, 144, 158
Hobbs, T. Raymond 23, 35
Höffe, Otfried 143
Hülser, Karlheinz 56–59, 62
Humboldt, Wilhelm von 209
Hypereides 70

Ignatius von Antiochien 94
Innocentius I. 65
Isokrates 48, 69, 70
Iulianus, Flavius Claudius 98

Jäger, Siegfried 210, 229
Janssen, Dieter 104, 105
Jefferson, Thomas 145
Johannes X. 112
Joschija 33
Josua 33, 38

Kaltenbrunner, Gerd-Klaus 229

Kant, Immanuel 44, 157, 158, 162
Karl I. 143
Kegel, Jens 222
Keller, Reiner 229
Kennedy, George, A. 24, 100
Kindermann, Heinz 54
Kleemeier, Ulrike 103, 105
Klein, Richard 91, 93, 96, 97
Klemperer, Victor 211, 213–215, 218–220, 225, 226
Klingner, Friedrich 67, 75, 83, 85
Konrad III. 123
Konrad, Helmut 177
Kopperschmidt, Josef 168, 191
Korax 47
Korte, Hermann 235
Koselleck, Reinhart 119

Lafargue, Paul 141
Laiou, Angeliki E. 127
Lakanal, Joseph 160, 161
Laktanz (Lucius Caelius Firmianus) 91
Lambert von Arras 115
Latry, Guy 169
Lefèvre, Eckard 104
Lehmann, Hartmut 133
Leichter, Otto 177
Lenchak, Timothy A. 25
Leopold II. 165
Leser, Norbert 177, 179–182
Lessing, Gotthold Ephraim 132
Lévinas, Emmanuel 43, 212
Lind, Millard C. 26, 35, 44
Locke, John 144–146
Lohfink, Norbert 19, 20, 25, 33, 35, 36, 45
Louvet, Jean-Baptiste 159
Ludwig VII. 123
Ludwig XVI. (Louis Capet) 164–166

Lübbe, Hermann 229
Luhmann, Niklas 191, 228
Luther, Martin 42, 45
Lykurgos 70
Lysias 69, 70

Maas, Utz 220
Malebranche, Nicolas 147
Mantovani, Mauro 105
Marat, Jean-Paul 139
Marc Anton 74
Marcellinus, Flavius 90
Marcus Antonius 67, 74
Marcuse, Herbert 223
Marie Antoinette 165
Markov, Walter 138, 139, 163, 165, 168, 173, 174
Marouzeau, Jules 67–69
Marx, Karl 141, 191
Maternus, Curiatius 82, 87
Mayer, Hans Eberhard 114, 116, 117, 119, 122, 125
McCarthy, Dennis J. 36, 41
Mesalla, Vipstanus 82
Meyer, Michael 229
Meyerbeer, Giacomo 132
Michel, Alain 75
Mirabeau, Honoré-Gabriel de 170
Mommsen, Theodor 66, 67, 71
Montesquieu, Charles-Louis de 138, 143, 145–147
Mose (Moses) 11, 19, 22, 25, 40, 42, 216
Musenides, Takis 54

Newton, Isaac 145

Oexle, Otto G. 133
Og 32
Origenes 99, 100
Otto, Rudolf 21, 40

Panaitios 104
Pascal, Blaise 138, 147
Paulus von Tarsus 92
Payan, Joseph-François de 135, 173
Pelagius 65
Philipp II. 130
Pinchas, ben Eleasar 216
Pinter, Johann 180, 181
Piso, Lucius Calpurnius 84
Platon 43, 47–53, 55, 57, 64, 72, 78, 96–143
Plautus 68
Plinius, Gaius Caecilius Secundus 82, 91, 93, 97
Plutarch 57
Pohlenz, Max 57, 59, 69
Polenz, Peter von 210, 226
Porphyrius 59
Proudhon, Pierre-Joseph 141

Quante, Michael 104, 105
Quintilianus, Marcus Fabius 58, 69, 80, 82, 84, 87

Rad, Gerhard von 33–35
Ramsey, Paul 106
Reichardt, Rolf 167
Renner, Karl 190, 193, 194
Richard I. 130
Richet, Denis 140, 162, 170
Ricœur, Paul 47, 48, 56
Rief, Josef 108
Riley-Smith, Jonathan 121, 122
Robert von Reims 114, 120
Robespierre, Maximilien 14, 135, 138–140, 159, 160, 163–167, 171–174
Rodin, David 127
Rolf, Eckard 61, 238
Rosenfeld, Sophia 167
Rotelle, John E. 98

Rousseau, Jean-Jacques 135–137, 143, 147, 148, 150–152, 154, 155, 157, 159–161, 166, 218
Roux, Jacques 138, 164
Rowlett, Lori L. 24
Rufus, Publius Sulpicius 74
Russell, Frederick H. 104, 105

Sailer-Wlasits, Paul 40, 61, 171, 177, 179–182, 215
Saint-Just, Louis Antoine de 135, 140, 167, 173
Saladin 129
Sauer, Wolfgang W. 227
Scaevola, Quintus Mucius 74
Schiewe, Jürgen 227
Schmitz-Berning, Cornelia 226
Schnitzler, Arthur 189, 190
Schober, Johannes 183
Schönerer, Georg von 226
Schopenhauer, Arthur 157
Schuster, Mauriz 93
Searle, John R. 77, 86, 238
Seipel, Ignaz 179, 195, 201–203
Sextus Empiricus 57
Sihon 27, 32
Skalnik, Kurt 177
Soboul, Albert 137, 167, 173, 174
Sokrates 48–51, 96
Sorabji, Richard 105, 127
Starobinski, Jean 151, 154
Stern, Philip D. 20, 29, 42, 43
Sternberger, Dolf 209, 211
Storz, Gerhard 209, 211
Stroh, Wilfried 47, 69, 76, 85
Suchan, Monika 123
Süskind, Wilhelm E. 209, 211

Tacitus, Publius Cornelius 82–85, 87

Tertullian (Quintus Septimius Florens Tertullianus) 91
Theisias 47
Theodosius I. 112
Trajan (Marcus Ulpius Traianus) 90, 93
Trumbull, John 145
Tscharmann, Hieronymus 180
Tscharmann, Josef 180

Urban II. 13, 89, 113–115, 117–119, 122–124

Vahlen, Johannes 71
Valerian (Publius Licinius Valerianus) 90
Varro, Marcus Terentius 215, 216
Verdi, Giuseppe 132
Verres, Gaius 77
Vespasianus, Titus Flavius 82
Volkmer, Hans 82
Voltaire (François-Marie Arouet) 135

Waldenfels, Bernhard 115, 215
Walser, Martin 213
Weber, Max 23, 200
Weinrich, Harald 119
Weinzierl, Erika 177
Weische, Alfons 69, 72
Wendland, Paul 66, 70, 86
Willis, John T. 36, 41
Wodak, Ruth 229
Wright, George Ernest 36

Younger, Lawson K. 35

Zenon von Kition 57
Zöllner, Walter 112, 118, 122, 132
Zosimus 65

Der Autor

Dr. Mag. Paul Sailer-Wlasits

Geboren 1964 in Wien. Studium der Philosophie, Schwerpunkt Sprachphilosophie, Dr. phil. Universität Wien. Zweitstudium Politikwissenschaft und Theaterwissenschaft, Mag. Politikwiss. Universität Wien.

Forschungsgebiete:
Sprachphilosophie, Hermeneutik, Metaphorologie, Diskursanalyse, Ästhetik, Philosophie der Mythologie, vorsokratische Philosophie.

Publikationen:
Texte zu zeitgenössischer bildender Kunst und philosophischer Ästhetik sowie zahlreiche Theaterkritiken.
„Geschichte des Wiener Konzerthauses" (1988).
Zuletzt in der EDITION VA bENE erschienen: „1927 – Als die Republik brannte. Von Schattendorf bis Wien" (2. Aufl., 2002). „Die Rückseite der Sprache. Philosophie der Metapher" (2003). „Hermeneutik des Mythos. Philosophie der Mythologie zwischen Lógos und Léxis" (2007).

Reihe: „Eine Analyse"
Paul Sailer-Wlasits
Die Rückseite der Sprache
Philosophie der Metapher
200 Seiten,
Format 21 x 13 cm
Broschiert
ISBN 3-85167-144-9
€ 21,90

Im Unausgesprochenen der Metapher zeigt sich das Wesen des Bezeichnens. Die textuelle Abwesenheit des mit der Metapher Gemeinten entspricht dem Verweisen einer Spur; dem Legen einer Fährte, hin zum eigentlich Gemeinten, zum metaphorisch Verschobenen. Textuelle Abwesenheit ist beredtes Schweigen, erst der Kontext rettet die Metapher und bewahrt das Denken vor der Verlegenheit. Auf der Suche nach einem metaphernfreien Raum und nach einem Ausweg aus dem Gefangensein in der Uneigentlichkeit der Sprache und des Sprechens, unternimmt der Autor eine Grundlegung der Metapher, ihrer Genese und ihrer Hermeneutik. Der Weg führt direkt in das rhetorisch-dialektische Zentrum der antiken Welt, zu Platon und Aristoteles; von dort spannt sich der metaphorologische Bogen über Augustinus und Kant bis hin zu Heidegger, Blumenberg und Derrida.

Ein wichtiger Teil der Studie ist der „Metapher der Zeit" gewidmet. In dieser verneint sich die Metapher, indem sie sich bereits im Gebildetwerden dem textuellen Zugriff entzieht. Dennoch scheint die Metapher die einzige adäquate sprachliche Form zu sein, um sich der Uneigentlichkeit zu bemächtigen.

Mit der Annäherung an die Ästhetik der Metapher wird abschließend eine Möglichkeit einer neuen Lektüre der Metapher angeboten. Die hermetische Poesie Paul Celans und seine Sprache der „erschwiegenen" Worte ist einer der Ansätze, die bewußt der herkömmlichen Praxis des Lesens entgegengesetzt werden. Das Zusammendenken von Genese, Hermeneutik und philosophischer Ästhetik der Metapher führt den Gedanken näher an ihr Wesen heran.

Reihe: „Eine Analyse"
Paul Sailer-Wlasits
Hermeneutik des Mythos
Philosophie der Mythologie
zwischen Lógos und Léxis
216 Seiten,
Format 20,5 x 12,2 cm
broschiert
ISBN 978-3-85167-190-2
€ 19,80

Die herausragende Gemeinsamkeit der unzähligen vollständig oder nur fragmentarisch erhaltenen und überlieferten Mythen ist ihre immense textuelle Haltbarkeit. Alle Versuche, den Mythos gewaltsam zu rationalisieren, mit Hilfe einer allegorisierenden Hermeneutik zu entkleiden, den christlichen Mysterien unterzuordnen, oder poetisch zur Episode längst versunkener Vorstellungswelten zu degradieren, sind gescheitert. Der Autor folgt den verschlungenen geistesgeschichtlichen Wegen, auf denen der Mythos und mit ihm der narrative Grundbestand seines ursprünglichen Sagens die Jahrtausende überbrückt. Der Text des Mythos wird hinsichtlich seiner ursprünglich-transzendentalen Elemente freigelegt, um all jenes dem anschauenden Vorstellen zuführen zu können, was uns als Naturform des Geistes begegnet. Hesiod und Homer, Theagenes von Rhegion und Pherekydes von Syros, sie alle haben auf ihre je eigene Weise die Göttergeschichte in eine sprachliche Form gebracht. Ihr Erzählen verweist auf eine textuelle Spur, die den Mythos wirkungsgeschichtlich zwischen Lógos und Léxis situiert. Das Zu-Gehör-Bringen der glaublichen Narration ist in der Antike verankert, in der Moderne und Gegenwart stützt sich die hermeneutische Herleitung unter anderen auf Schelling, Cassirer, Heidegger und Blumenberg. Zusammen mit den Abnützungen, Verwerfungen und Brüchen des mythologischen Diskurses werden metaphorische und tautegorische Aspekte analysiert. Daher reicht die Lektüre der Theogonie von der polytheistischen Genese des Mythos über die Sprachgeschichte der Gottesnamen bis zur Ästhetik des Mythischen. Friedrich Hölderlins Hymnen und Gedichte, denen ein eigenes Kapitel gewidmet ist, stellen lebendiges Andenken an den Ursprung der Erzählung dar. Im hermeneutischen Vollzug steigen seine Götter zur ästhetischen Wirklichkeit und Wahrheit des Dichters auf.